PAULO FREIRE
MAIS DO QUE NUNCA

Uma biografia filosófica

Walter Kohan

PAULO FREIRE
MAIS DO QUE NUNCA

Uma biografia filosófica

1ª reimpressão

VESTÍGIO

Copyright © 2019 Walter Kohan
Copyright © 2019 Editora Vestígio

Todos os direitos reservados pela Editora Vestígio. Nenhuma parte desta publicação poderá ser reproduzida, seja por meios mecânicos, eletrônicos, seja via cópia xerográfica, sem a autorização prévia da Editora.

As fotografias do miolo foram gentilmente cedidas pelo Instituto Paulo Freire, e as caricaturas de Paulo Freire, por Claudius Ceccon.

GERENTE EDITORIAL
Arnaud Vin

EDITORA RESPONSÁVEL
Rejane Dias

PREPARAÇÃO DE TEXTO
Sonia Junqueira

REVISÃO
Bruna Emanuele Fernandes
Carla Neves

CAPA
Diogo Droschi
(Sobre imagem de ago.1979/FolhaPress)

DIAGRAMAÇÃO
Waldênia Alvarenga

Dados Internacionais de Catalogação na Publicação (CIP)
Câmara Brasileira do Livro, SP, Brasil

Kohan, Walter
  Paulo Freire, mais do que nunca : uma biografia filosófica / Walter Kohan. – 1. ed.; 1.reimp. – Belo Horizonte : Vestígio, 2019.

  ISBN 978-85-54126-45-2

  1. Biografia 2. Educação - Brasil 3. Educadores - Brasil - Biografia 4. Filosofia 5. Freire, Paulo, 1921-1997 6. Pensadores I. Título.

19-26805   CDD-370.92

Índices para catálogo sistemático:
1. Educadores : Biografia e obra 370.92

Iolanda Rodrigues Biode - Bibliotecária - CRB-8/10014

A **VESTÍGIO** É UMA EDITORA DO **GRUPO AUTÊNTICA**

São Paulo
Av. Paulista, 2.073, Conjunto Nacional, Horsa I
23º andar . Conj. 2310-2312 .
Cerqueira César . 01311-940 São Paulo . SP
Tel.: (55 11) 3034 4468

Belo Horizonte
Rua Carlos Turner, 420
Silveira . 31140-520
Belo Horizonte . MG
Tel.: (55 31) 3465 4500

www.editoravestigio.com.br

A Paulo Freire,
a sua vida de igualdade, amor, errância e infância;
às vidas esfarrapadas e oprimidas que, nela,
encontraram alegria e esperança.

Aos que vierem depois de nós

Realmente, vivemos tempos sombrios!
A inocência é loucura. Uma fronte sem rugas
denota insensibilidade. Aquele que ri
ainda não recebeu a terrível notícia
que está para chegar.
[...]
E, contudo, sabemos
que também o ódio contra a baixeza
endurece a voz. Ah, os que quisemos
preparar terreno para a bondade
não pudemos ser bons.
Vós, porém, quando chegar o momento
em que o homem seja bom para o homem,
lembrai-vos de nós com indulgência.

BERTOLT BRECHT
(Tradução de Manuel Bandeira)[1]

Agradecimentos

Algumas pessoas leram versões preliminares deste manuscrito e fizeram observações que permitiram não apenas aprimorá-lo, mas também perceber nele o que, sem essas leituras, não teríamos percebido. Carla Silva acompanhou a escrita do capítulo sobre infância fazendo contribuições agudas e significativas. Em vários momentos da escrita, Ivan Rubens Dário Jr., sempre com sua habitual paciência e generosidade, revisou o português e trouxe precisas referências. Laura Agratti leu e acompanhou várias versões preliminares com sensibilidade e senso crítico. Edna Olímpia da Cunha fez uma primeira revisão do português, corrigiu muitos erros e me fez sorrir com sua leitura amorosa, entusiasta, poética. Maximiliano Durán me ajudou a ver quanto do mestre inventor e de outras figuras, inclusive de mim mesmo, atravessam estas linhas. E também me permitiu aproximar mais ainda o pássaro andarilho de Paulo Freire. Fabiana Martins fez algumas correções e também vários comentários que me possibilitaram pensar em distintas questões ao longo do livro. Marcos Lorieri apontou castelhanismos e me ajudou, assim, a fortalecer o português e o estilo. Inés Fernández Mouján leu com paixão o manuscrito e fez pontes com vários interlocutores freireanos. Mauricio Langón não só me incentivou a escrever este livro, como também fez comentários suculentos à apresentação. Alejandro Cerletti apontou várias tensões do texto e fez algumas perguntas perturbadoras que me ajudaram a esclarecer certas ideias e apresentar outras de maneira diferente. Jorge Larrosa deu-me novo ânimo quando me disse que sua leitura do manuscrito o tinha inspirado a se colocar na "posição boa" justamente quando está lendo Paulo Freire com seus estudantes.

Carlos Skliar leu o texto amorosamente e me ajudou a repensar a própria estrutura e organização do livro, bem como algumas vozes que seria interessante acolher aqui. Facundo Giuliano me apresentou seu olhar crítico de Paulo Freire. Alessandra Oliveira dos Santos me fez ler o precioso texto de Alain Badiou sobre o amor. Barbara Weber me levou até Roberto Juarroz e me acolheu em Vancouver, junto a Ariadne, Elias e Kirk, com hospitalidade e sensibilidade. Karyne Dias Coutinho fez uma leitura que só uma menina muito "sabiolinda" pode fazer: cheia de sabedoria e lindeza. Esther Grossi, com sua energia e vitalidade extraordinárias, me ajudou a ver o que eu não estava vendo. Angela Biz Antunes e Moacir Gadotti abriram-me as portas do Instituto Paulo Freire e me presentearam com edições preciosas de livros escritos por ele e de livros em sua homenagem. Também leram uma versão preliminar deste livro e me ofereceram valiosíssimas observações e comentários. Lutgardes Costa Freire me recebeu com a generosidade, atenção e amorosidade próprias de um Freire. Os colegas do Departamento de Estudos da Infância (DEDI) e do Programa de Pós-Graduação em Educação (PROPEd) da Universidade do Estado do Rio de Janeiro (UERJ) me proporcionaram o tempo para poder estudar e escrever este livro. Os parceiros do Núcleo de Estudos de Filosofias e Infâncias (NEFI) da UERJ são fonte de inspiração permanente. O CNPq e a FAPERJ apoiaram a pesquisa que resultou na presente escrita. Rejane Dias, a editora, topou o projeto de publicar o livro com um entusiasmo e uma sensibilidade editoriais incomuns em nosso tempo. Agradeço profundamente a minhas filhas por serem quem são. Elas estão muito presentes nesta escrita, na inspiração, na alegria, na energia criativa que elas respiram e emanam. Das três, Giulietta foi quem me acompanhou em vários momentos de leitura e escrita em Vancouver. Igualmente Milena e Valeska, cada uma à sua maneira, estão muito presentes aqui, como em tudo o que faço.

Nota sobre as edições dos livros de Paulo Freire e a origem de algumas partes deste livro

A tento à importância da linguagem na expressão, tentei ler os textos de Paulo Freire na língua original em que foram escritos/falados – a maioria deles em português, mas também alguns em castelhano e inglês.

Sempre que possível, citei os textos de Freire utilizando as edições disponíveis em português. Coloquei o ano da edição atual e o da edição original para auxiliar na visualização temporal dessas obras. Mesmo assim, o ano da edição original nem sempre corresponde ao ano da escrita, uma vez que esses livros – em particular os que foram publicados nos últimos tempos da vida de Paulo Freire ou depois de sua morte – coletam textos de diversas datas.

No caso do diálogo com o educador M. Holton, indiquei, entre parênteses, a data e as páginas da edição original, em inglês; e, entre colchetes, a data e as páginas da edição traduzida para o português.

Alguns dos capítulos deste livro foram publicados como artigos. Porém, em todos os casos, essas versões primeiras foram revisadas e alteradas em função desta edição: uma versão anterior do Capítulo 1, "A vida", foi publicada como "Paulo Freire, a filosofia e a vida" em *Revista Educação Online*, Rio de Janeiro, v. 13, n. 29, p. 90-112, set./dez. 2018; o Capítulo 2, "A igualdade", está publicado como "Paulo Freire e o valor da igualdade em educação", em português e inglês, em *Educação e Pesquisa*, São Paulo, v. 45, 8 abr. 2019; uma versão algo diferente do Capítulo 4, "A errância", está publicada como "A errância latino-americana de um outro mestre andarilho: Paulo Freire" em *Utopía y Praxis Latinoamericana*, ano 24, n. extra 1, p. 117-127, 2019b. A versão publicada traz referências ao mestre Álvaro Márquez-Fernández, num número-homenagem que essa revista dedicou a seu fundador e principal animador; uma versão ligeiramente mais curta do Capítulo 5, "A infância", está publicada (em português e inglês) como "Paulo Freire: outras infâncias para a infância" em *Educação em Revista,* Belo Horizonte, v. 34, p. 1-33, 2018. Por último, uma versão parcialmente diferente do apêndice está publicada em inglês como "Paulo Freire and Philosophy for Children: A Critical Dialogue" em *Studies in Philosophy and Education*, v. 37, n. 6, p. 615-629, nov. 2018, e, em castelhano, como capítulo do livro que L. Pitluk organizou, *Filosofía para/con niños y niñas.* Rosario: Homo Sapiens, 2019, p. 29-53.

15 Apresentação:
Princípios (inícios) e sentidos de uma leitura

33 **Entrevista com Lutgardes Costa Freire
no Instituto Paulo Freire, São Paulo–SP, Brasil**

59 **A vida**
81 **A igualdade**
123 **O amor**
143 **A errância**
161 **A infância**

197 Epílogo:
**(Algumas) críticas a Paulo Freire. Para qual
política há lugar e tempo na educação?**

221 Apêndice:
**Paulo Freire, filosofia para crianças e
a "politicidade" da educação**

243 Notas

251 Anexo:
Entrevista com Esther Pillar Grossi

259 Referências

APRESENTAÇÃO

Princípios (inícios) e sentidos de uma leitura

[...] sempre digo que a única maneira que alguém tem de aplicar, no seu contexto, alguma das proposições que fiz é exatamente refazer-me, quer dizer, não seguir-me. Para seguir-me, o fundamental é não seguir-me.

(FREIRE. In: FREIRE; FAUNDEZ, 2017 [1985], p. 60)

Não tenho por que não repetir, nesta carta, que a afirmação segundo a qual a preocupação com o momento estético da linguagem não pode afligir ao cientista, mas ao artista, é falsa. Escrever bonito é dever de quem escreve, sem importar o quê e sobre o quê.

(FREIRE, 2015 [1994], p. 130)

Paulo Reglus Neves Freire, ou melhor, Paulo Freire,[2] é uma figura extraordinária não apenas para a educação brasileira, mas também para a educação latino-americana e mundial. Suas contribuições não se limitam a uma obra escrita, muito menos a um método, sequer a um paradigma teórico, mas dizem respeito também a uma prática e, de um modo mais geral, a uma vida dedicada à educação, uma vida feita escola, uma escola de vida, ou seja, uma maneira de ocupar o espaço de educador que o levou de viagem pelo mundo inteiro fazendo escola, educando em países da América Latina, nos Estados Unidos, na Europa, na África de língua portuguesa, na Ásia e na Oceania.

Esse parágrafo inicial é uma apreciação surgida de uma constatação mais ou menos evidente para qualquer um que trabalha com educação e circula no âmbito acadêmico no Brasil ou, mais ainda, fora dele. Uma pesquisa recente da Cátedra Paulo Freire da PUC-SP mostra que, entre 1991 e 2012, só no Brasil, nada menos que 1.852 trabalhos de pós-graduação (1.428 dissertações de mestrado acadêmico, 39 dissertações de mestrado profissional e 385 teses) fazem referência ao pensamento de Paulo Freire (Saul, 2016, p. 17).

Pode-se discutir sua maneira de entender a educação, algumas de suas experiências práticas, suas apostas políticas... Enfim, muito pode ser argumentado sobre ele, mas não há como negar que Paulo Freire dedicou sua vida à escola, à educação, e que por isso é reconhecido em todo o mundo educacional. Basta olhar as bibliografias de livros publicados ou de trabalhos acadêmicos realizados no campo da filosofia da educação, ou, ainda, os programas relacionados com essa disciplina em instituições de ensino superior localizadas em países de todos os continentes, e será difícil encontrar o nome de outro latino-americano, muito mais ainda com a frequência com que se encontra o do mais proeminente educador brasileiro. A *Pedagogia do oprimido* está entre os cem primeiros livros mais consultados no banco de dados The Open Syllabus Project, que inclui mais de um milhão de programas de universidades de língua inglesa dos últimos dez anos.

E muito embora as referências bibliográficas se concentrem quase exclusivamente na *Pedagogia do oprimido*, dificilmente, acreditamos, essa obra seria tão vastamente lida e estudada não fosse o peculiar movimento da vida do autor que a acompanha antes, durante e depois de sua publicação. Uma pesquisa recente no Google Scholar, realizada por Elliot Green,[3] mostra que *A pedagogia do oprimido* é, no mundo inteiro, a terceira obra mais citada no campo das ciências sociais. Os números e o dado impressionam: mais de 72 mil vezes citado, o livro é o primeiro do mundo na área de educação; considerando-se o conjunto das ciências sociais, aparece atrás apenas de *The Structure of Scientific Revolutions,* de T. Kuhn (filosofia), e, por muito pouco, de *Diffusion of Innovations,* de E. Rogers (sociologia). Um dado curioso: as edições do livro em castelhano e inglês têm mais citações que a edição em português: ninguém é profeta em sua terra. Ninguém é profeta em sua terra? Eis uma das perguntas que este livro busca pensar.

E não é apenas no campo específico da filosofia da educação e da educação popular ou de jovens e adultos que sua figura e esse livro em particular aparecem, mas também em campos muito diversos como antropologia, ciências da religião, teatro, psicologia, comunicação, enfermagem, serviço social, estudos culturais, letras, jornalismo etc.[4]

A vida de Paulo Freire envolve um peregrinar pelo Terceiro Mundo, embora sua base resida, num período extenso desse caminho, no Primeiro Mundo: depois do Golpe de 1964 e após uma rápida passagem pela Bolívia, ele mora vários anos no Chile, depois fica por quase um ano nos Estados Unidos e, finalmente, vai para a Suíça, onde, a partir do Conselho Mundial de Igrejas, em Genebra, do qual é consultor, faz campanhas de alfabetização em países como Nicarágua, Guiné-Bissau, São Tomé e Príncipe, Cabo Verde e Tanzânia. Recebe dezenas de doutorados *honoris causa* e muitos prêmios, entre eles o da Paz da UNESCO, em 1986. Seus principais trabalhos estão traduzidos em mais de vinte línguas. Sua relevância para o mundo da educação é destacada por importantes acadêmicos de diversos países. Senão, que o digam, a título de exemplo, alguns testemunhos sobre sua figura: "Paulo Freire é o intelectual orgânico exemplar de nosso tempo" (WEST, 1993, p. xiii); "O nome de Paulo Freire tem recebido proporções quase icônicas nos Estados Unidos, na América Latina e, inclusive, em muitas partes da Europa" (ARONOWITZ, 1993, p. 8); "O catalizador, senão o principal *animateur* da inovação e da mudança pedagógica na segunda metade do século" (TORRES, 1990, p. 12); "O educador mais importante do mundo nos últimos cinquenta anos" (MACEDO. In: WILSON; PARK; COLÓN-MUÑIZ, 2010, p. xv); "A vida e a obra de Freire estão inscritas no imaginário pedagógico do século XX, constituindo uma referência obrigatória para várias gerações de educadores" (NÓVOA, 1998, p. 185). A lista poderia preencher muitas e muitas páginas. Paulo Freire conseguiu até algumas façanhas simbólicas no Brasil, como desmentir ditados populares (ele é um profeta em sua terra) e inspirar milagres (em Brasília, cidade sem esquinas, a Universidade Católica (UCB) criou uma esquina chamada "inédito viável", um dos conceitos de Paulo Freire).

Assim, para o bem ou para o mal, a gosto ou a contragosto do próprio Paulo Freire, ele acaba se tornando um ícone, um mito, um símbolo que extrapola, e muito, o Brasil. Darei um exemplo pequeno, pessoal, apenas para ilustrar essa presença. Em 2013, fui convidado a participar de algumas atividades acadêmicas no Japão, nas universidades de Osaka e Sophia (em Tóquio). No aeroporto, me esperavam três estudantes da Universidade de Osaka: uma delas tinha uma placa com meu nome; outra, uma placa com a expressão "PFC" ("*philosophy for children*", filosofia para crianças), e a terceira vestia uma camiseta (muito bonita, por sinal) com a expressão "filosofia como libertação" (assim, em português) e um desenho-caricatura muito expressivo e bem-feito do rosto de Paulo Freire. Eu não iria fazer nada relativo a Paulo Freire nessa visita, nem constava nada significativo sobre sua obra no meu currículo acadêmico, o qual eles tinham lido, mas bastava que eu viesse do Brasil, do campo da filosofia e da educação para, como soube depois, fazerem uma camisa especial com o rosto de Paulo Freire para me receber.

Esse lugar simbólico tão significativo de Paulo Freire não é apenas produto de um trabalho acadêmico, mas de um compromisso militante contínuo em toda a sua vida. Sem pretender realizar uma periodização estrita,[5] poderíamos assinalar três etapas ou momentos marcantes na vida de Paulo Freire: a primeira é aquela que se inicia com o seu nascimento e que culmina quando o Programa Nacional de Alfabetização de Adultos, apenas iniciado sob sua coordenação, é suspenso pela ditadura instaurada no Brasil em 1964. Paulo Freire é encarcerado e deve se exilar primeiro na Bolívia, depois no Chile e mais tarde nos Estados Unidos e na Suíça. O segundo momento ocorre justamente durante esse exílio. No Chile, assessora o Ministério de Educação e o Instituto de Capacitação e Pesquisa para a Reforma Agrária; nos Estados Unidos, dá aulas na Universidade de Harvard e está em contato com diversas organizações e movimentos sociais; na Suíça, é consultor especial para educação do Conselho Mundial de Igrejas em Genebra, a partir do qual lança diversas campanhas de alfabetização, já citadas. A terceira etapa começa em 1980, com seu retorno ao Brasil, onde participa da fundação do Partido dos Trabalhadores, é secretário de educação da cidade de São Paulo na gestão de Luiza Erundina (cargo ao qual renuncia antes de terminar seu mandato), lidera várias organizações de educação popular e é professor em algumas universidades paulistas (UNICAMP, PUC-SP) até a sua morte, em 2 de maio de 1997.

Como consequência desse lugar simbólico tão significativo, resultado de seu compromisso militante com as camadas oprimidas-excluídas e de ter feito de sua própria vida uma causa a favor de suas convicções e ideias, a imagem de Paulo Freire não resulta indiferente a ninguém e se torna geradora dos mais profundos amores e desamores, paixões alegres e tristes, animosidades e rancores... Tudo numa dose só e muitas vezes misturado e confundido. E, sobretudo, exagerado.

No contexto da atual situação política no Brasil, as coisas ficam mais pronunciadas e excedidas. A partir do *impeachment* contra a presidente Dilma Rousseff, em agosto de 2016, tenta-se aplicar uma política educacional às avessas da que se praticava nos últimos governos do PT, o que situa Paulo Freire como um dos principais opositores. Já anteriormente, pelo menos desde as manifestações de rua de 2013, ele é colocado, por grupos como o Movimento Brasil Livre (MBL) e o Revoltados Online (RO), como o responsável por uma suposta "doutrinação marxista" nas escolas e a raiz de quase todos os problemas da educação no Brasil, mesmo que a realidade educacional brasileira efetiva tenha muito pouco a ver com os ensinamentos do educador de Pernambuco, e desconsiderando o fato de que ele próprio certamente concordaria com muitas das apreciações críticas ao sistema. No programa educacional do atual presidente do Brasil, Jair Bolsonaro, afirma-se a necessidade de mudar o método de gestão, modernizar o conteúdo, o que inclui a alfabetização, "expurgando a ideologia de Paulo Freire" (BOLSONARO, 2018, p. 46).

Como se chega a esse estado? A situação torna-se mais nítida quando o Governo Federal de Dilma Rousseff promulga, em abril de 2012, a Lei nº 12.612, que declara Paulo Freire patrono da educação brasileira. Não são muito evidentes os efeitos práticos dessa lei nas escolas, muito embora alguns programas dos últimos anos do governo Dilma se digam inspirados em Paulo Freire. É, mais do que outra coisa, o valor dos símbolos, das palavras, dos gestos. Trata-se de uma lei muito mais chamativa pelo seu conteúdo simbólico que pelos efeitos práticos palpáveis. Na notícia do portal do Ministério da Educação pode-se ler, entre os fundamentos da decisão:

Em sua obra mais conhecida, a *Pedagogia do oprimido*, o educador propõe um novo modelo de ensino, com uma dinâmica menos vertical entre professores e alunos e a sociedade na qual se inserem. O livro foi traduzido em mais de 40 idiomas (ROCHA, 2012).

A primeira parte é, pelo menos, muito discutível. Como veremos, não é especificamente um modelo de ensino que está em jogo em *Pedagogia do oprimido*. Em vez disso, o fundamental no livro é a crítica dos princípios políticos do que ali se nomeia como educação bancária e a afirmação de uma nova política para a educação, sem opressores nem oprimidos. O que está em jogo não é só um modelo de ensino, mas uma lógica da relação pedagógica que não tem a ver apenas com as instituições de ensino, mas com relações de poder que se exercem em diversos âmbitos do campo social.

Discutível ou não em seus fundamentos, o valor simbólico da homenagem é profundo e impactante. O dicionário diz que um patrono é um "padroeiro, protetor, defensor, padrinho, advogado". Todas essas palavras cabem muito bem a Paulo Freire, que era advogado de formação e conseguia exercer todos esses outros papéis por vocação. Porém, nem todos os brasileiros e brasileiras coincidem nessa apreciação.

Se grande parte dos educadores e educadoras no Brasil, em especial os que trabalham com os setores mais excluídos, consideram essa medida um simples ato de justiça, muitos setores contrários ao PT e ao que ele representa (o que chamam, com desprezo, de "petismo" ou "lulismo", uma imagem construída nos últimos anos na mídia que associa imediatamente o partido à corrupção e a tudo de ruim que acontece no Brasil) tentaram derrubar a homenagem tão logo acharam uma situação política favorável.

Em 2017, circula no Senado Federal uma ideia legislativa para revogar a citada lei. Após juntar rapidamente mais de vinte mil assinaturas, a ideia se transforma em sugestão legislativa (SUG 47/2017) em novembro de 2017. Na justificativa,[6] afirma-se que "Paulo Freire é considerado filosofo [sic] de esquerda e seu metodo de educação [sic] se baseia na luta de classes, o socio construtivismo [sic] é a materialização do marxismo cultural, os resultados são catastroficos e [sic] tal metódo [sic] ja demonstrou [sic] em todas as avaliações internacionais que é um fracasso retumbante". Os erros na digitação correspondem ao original que está na página do Senado Federal. Na aba "Mais detalhes" aparece, acrescentado: "O professor Pierluigi Piazzi ja alertava para o fracasso do metodo e vemos na pratica o declinio da eduacação brasileira, não é possivel manter como patrono da nossa educação o responsavel pelo metodo que levou a educação brasileira para o buraco". O texto aparece dessa forma, com erros de ortografia, de digitação, falta de acentos etc. Como se pode constatar, além dos erros de digitação que apresenta, o argumento é completamente falacioso e reducionista. É falacioso *ad hominem,* ou seja, supõe que basta a nomeação de alguém como "filósofo de esquerda" para desqualificá-lo. Reduz Paulo Freire a um método que, por outro lado, não se baseia na luta de classes, inverdade pela qual o pernambucano recebeu muitas críticas de diversos marxistas (cf., por exemplo, FREIRE, 2014 [1992]). Confunde Paulo Freire com o socioconstrutivismo e o marxismo cultural e refere-se a avaliações internacionais negativas inexistentes. Enfim, uma aberração linguística e conceitual, já que, além das marcas de uma escrita desatenta, expõe uma pobreza conceitual imprópria tratando-se de uma figura educacional da maior relevância. De qualquer forma, a sugestão é debatida pela comissão de Direitos Humanos e Legislação Participativa (CDH), que a recusa em 14 de dezembro de 2017 por considerá-la "fruto da ignorância sobre o legado do educador". Desse modo, a sugestão é arquivada e Paulo Freire continua sendo, pelo menos pela letra da lei e até segunda ordem, o patrono da educação brasileira. Em entrevista recente (29 de abril de 2019) com uma menina de 8 anos, Esther Castilho, o presidente J. Bolsonaro disse, numa intervenção que combina um raro gesto feminista e seu habitual desprezo antifreireano: "Quem sabe nós temos uma patrona da educação, não mais um patrono muito chato. Não precisa falar quem é, que temos até o momento, que vai ser mudado. Estamos esperando alguém diferente". Em qualquer caso, por tratar-se de uma Lei Federal, essa mudança terá que passar pelo Congresso.

Ao mesmo tempo, o Governo Federal atual consagra uma política educacional que vai na contramáo do pensamento de Paulo Freire.

O movimento Escola sem Partido (ESP) ganha, não sem resistências, adeptos no Congresso e nos meios de comunicação,[7] e a educação brasileira retrocede significativamente, particularmente em questões cruciais para o educador dos oprimidos e oprimidas, como a gestão democrática, a formação de professores e o combate ao analfabetismo.

Infelizmente, Paulo Freire continua sendo patrono de uma educação que se parece cada vez menos com seus desejos e ideias, com os ensinamentos de sua vida e seus escritos.

Nesse cenário, não é simples escrever um texto sobre ou a partir de Paulo Freire, principalmente pela posição, já descrita, em que ele tem sido colocado. Por se tratar de uma figura engajada, com um posicionamento político claramente definido, tem gerado ora admiração, ora rejeição, e até certo desprezo em círculos acadêmicos e políticos. Nesse sentido, o deslumbramento que sua figura provoca – tanto como o seu contrário, uma rejeição tão passional quanto – converge para uma postura acrítica, reverencial ou difamadora, as duas igualmente pouco responsáveis e interessantes para se pensar mais livremente a partir das tensões presentes na obra e na vida do educador de Pernambuco.

Assim, o primeiro movimento, necessário mas difícil, é tirar Paulo Freire do confronto político em que está inserido: a política que fazem os partidos e, mais precisamente, a que faz o PT e os que atacam o PT. Por isso, neste livro não entendo por política o que se faz dentro da lógica do sistema democrático representativo, mas, num sentido mais amplo, o exercício de poder a partir das relações que se estabelecem com outros e outras numa trama social e, mais especificamente, os modos de exercer o poder ao ensinar e aprender. Mais claramente ainda, inspiro-me em Paulo Freire não para defender ou atacar a política do PT, mas para pensar abertamente os sentidos políticos que se afirmam ao ensinar e aprender. Dito diferentemente, não sou petista nem antipetista e gostaria que este livro fosse lido fora desse eixo por todas e todos aqueles que desejam pensar mais amplamente o que está em jogo, politicamente, na tarefa de educar.

Por isso, tento entender o valor educacional e filosófico do pensamento e da vida desse homem que tanto provoca no campo da educação. Como é possível que, mundo afora, as edições de seus livros sejam lidas por milhões e aqui se pretenda expurgá-lo da educação brasileira?

Como apreciar o valor dessa figura fora da lógica do petismo ou do antipetismo? De que maneira considerar suas contribuições, a partir de uma perspectiva não partidária, para pensar, mais amplamente, a "politicidade" da educação?

Em outras palavras, há pelo menos dois sentidos da política: um mais restrito, específico (no caso do Brasil, o sistema instituído, os três poderes, as eleições, os partidos políticos); e um outro mais amplo, vindo da palavra grega *"polis"*, que significa "o modo pelo qual se exerce o poder numa comunidade". A educação é política não porque seja partidária, mas porque exige formas de exercer o poder, de organizar um coletivo, de fazer uma comunidade. É essa dimensão política que me proponho considerar neste livro: um exercício de pensamento, a partir das ideias e da vida de Paulo Freire, que resgate as suas contribuições para pensar a "politicidade" da educação fora das cegueiras partidárias.

O exercício é complexo não só pela disputa política em torno de seu nome. Paulo Freire é lido copiosamente, e também copiosamente se escreve sobre ele, com muitas apologias e outras tantas condenações. Mas não só. Ainda dentro do mundo "freireano", encontram-se as leituras mais dessemelhantes. Por exemplo, Ana Maria Araújo Freire ("Nita"), a viúva e continuadora "oficial" de seu legado, afirma que há um só Paulo Freire, aquele da *Pedagogia do oprimido,* e que este "dá a verdadeira *unidade* a toda a sua *obra,* em coerência e comunhão com toda a sua *vida*" (FREIRE, A. M., 2001, p. 31, grifos no original). Já a também freireana Rosa Maria Torres, em um trabalho intitulado, justamente, "Os múltiplos Paulo Freire", vê a infinidade de leituras do educador de Pernambuco como um sintoma da impossibilidade e até mesmo da inutilidade de tentar responder à pergunta "o que verdadeiramente disse Paulo Freire?" (TORRES, 1999). A infinidade de "Freires" seria mais um sintoma positivo da riqueza de seu pensamento do que um problema a ser resolvido.

Aqui, sou mais sensível a esta leitura: não pretendo de forma alguma elucidar "o verdadeiro Paulo Freire", muito menos o único ou o mais autêntico. Antes disso, proponho-me buscar, em sua vida e em seu pensamento, forças, inspirações a partir das quais poderemos pensar e enfrentar alguns dos desafios e problemas atuais da educação no Brasil.

Por isso, as dificuldades não diminuem: diante de tantas obras sobre o educador de Pernambuco, como não repetir o já escrito, como não abusar do já pensado e como recriar seu pensamento em nossa atualidade sem reproduzir o já produzido? Eis outro dos desafios deste livro.

Um eixo atravessa os princípios e sentidos de nossa leitura – justamente o que há talvez de mais polêmico na figura de Paulo Freire: a relação entre educação e política, ou, para dizer de outra forma, as implicações políticas na maneira de pensar e praticar a educação e, mais concretamente, a dimensão ou a forma política implícita nos modos de ensinar, de educar, de fazer escola, seja dentro ou fora das instituições educacionais, na educação formal ou informal, com crianças ou adultos, em contextos urbanos ou rurais, com educandos das mais diversas etnias, gêneros, classes sociais. Para dizer de maneira mais simples, específica e direta em forma de pergunta: em que sentido alguém que educa é também uma figura política e em que medida Paulo Freire ajuda a pensar de modo apropriado essa figura?

O que mais me inquieta, então, a partir da inspiração de Paulo Freire, é pensar filosoficamente uma posição política consistente para ocupar o lugar de quem educa. Quero propor uma política que valha a pena ser defendida, sensível à realidade brasileira e que a ajude a se tornar mais justa, bonita, digna de ser vivida por todas e todos os que vivem nessa terra.

Essa preocupação não é nova. Tenho feito esse movimento em trabalhos dos últimos quinze anos, pelo menos, a partir de uma interlocução com figuras como o Sócrates de Atenas (ou seria melhor dizer o par Sócrates-Platão?; cf. KOHAN, 2009), o par Joseph Jacotot–Jacques Rancière (cf. KOHAN, 2006), e Simón Rodríguez, o Sócrates de Caracas (ou o par Rodríguez-Bolívar?; cf. KOHAN, 2013).

O que Paulo Freire nos traz de específico e singular para pensar esse problema? Ao longo dos estudos que deram origem ao presente livro, percebi que a resposta a essa pergunta é bastante simples e categórica: muito! Penso que Paulo Freire, mesmo sendo um ferro quente no atual momento do Brasil, ou precisamente por isso, é uma figura extraordinária e preciosa para pensar o que importa pensar pelo menos por três razões: a) porque essa relação entre educação e política é um dos eixos fundamentais que estrutura seu pensamento, uma das principais referências mundiais no campo da filosofia da educação; b) porque ele não apenas pensa essa relação, mas tenta colocá-la em prática de diversas formas e em diferentes contextos; e, finalmente, c) porque sua vida e seu pensamento estão indissociavelmente ligados a uma realidade que ainda é a nossa, ou seja, ele é alguém que, mesmo durante o exílio, vive para e pensa obsessivamente em contribuir com a educação brasileira, com os problemas e as exigências que ainda a permeiam, passados já mais de vinte anos de sua morte. E mais um detalhe: nos dias de hoje, sua figura continua sendo o eixo de uma polêmica que o estudo de sua vida e obra pode nos ajudar a entender mais claramente.

Na hora de definir uma estrutura para este livro, hesitei, hesitei e hesitei. Considerei diversas alternativas. Optei por uma – não sem reparos, questionamentos, incertezas. Repito, mais uma vez, o sentido deste livro: filosoficamente pensar, junto com Paulo Freire, a especificidade do valor político da tarefa de educar. Acabei demarcando cinco princípios ou inícios que considero importantes para esse valor na medida em que, a meu ver, configuram esse espaço de uma forma emancipadora, liberadora, democrática – se fôssemos, por exemplo, usar termos do autor de *Pedagogia do oprimido*. Aqui, preferi chamar esses princípios de um início potente, alegre, justo de uma política para educar. Esses princípios, então, serão uma maneira de enfrentar, com Paulo Freire, esse problema. Neles encontraremos os sentidos políticos da tarefa de educar.

Alguns pensarão que esses princípios não fazem jus ao pensamento de Paulo Freire. Outros dirão que ele afirma princípios contrários aos que aqui proponho. Uns e outros podem estar certos. Isso não deveria nos assustar nem chamar exageradamente a nossa atenção. O próprio Paulo Freire o explicaria pelo caráter dialético e vivo de seu pensamento, e também pelos distintos interesses que movem leituras diversas. Faço uma leitura interessada, destacando alguns aspectos nem sempre observados, deixando de lado outros muitas vezes exaltados.

Afirmo uma determinada imagem do que significa "pensar e escrever filosoficamente" – certamente, não a única, apenas uma entre tantas possíveis. O fato de que sejam tantas e tão diversas as leituras que remetem a Paulo Freire não necessariamente deve apontar para contradições insuperáveis em sua obra, senão para tensões que ajudam a pensar filosoficamente – ou, pelo menos, é isso que espero, com a ajuda dos leitores: que este texto seja uma contribuição para problematizar uma questão que me parece significativa para qualquer um que entre numa sala de aula ou que pretenda definir uma política para a educação, e, mais concretamente, uma maneira de praticar a tarefa educativa em qualquer nível e contexto.

Um dos desafios do presente livro é escrever com a generosidade e a abertura necessárias para que seja feita justiça a uma vida como a de Paulo Freire, que parece grande demais para qualquer pretensão de escrita. E fazer jus também às já incontáveis leituras feitas de sua obra, às inúmeras experiências pedagógicas nela inspiradas. As tensões aqui reveladas são simplesmente isso, tensões vindas de um pensamento inspirador dinâmico, sensível como poucos a um mundo também em movimento, de modo que essas tensões não devem ser lidas como inconsistências traumáticas: são, ao contrário, a mostra da vitalidade de Paulo Freire, de sua sensibilidade para ir e vir no caminho do pensamento e da vida a respeito da educação no Brasil, e não só no Brasil.

Então, estruturei este texto a partir de alguns princípios que aprendi na leitura do educador de Pernambuco, em seus livros ("falados e escritos"), entrevistas, conferências, cartas, ensaios de diversas naturezas. Li e reli seus livros. Ouvi sua voz em português, castelhano e inglês em contextos, lugares e tempos distintos. Perguntei-me seguidamente: como apresentar da maneira mais apropriada o pensamento de Paulo Freire? Considerei diversas alternativas – por exemplo, apresentar um estudo de suas obras, em particular de suas *Pedagogias*. Ou fazer (mais) uma escrita na forma explícita de uma biografia. Talvez porque já existam muitas biografias publicadas, acabei por privilegiar um estudo filosófico que, ao mesmo tempo, não deixasse a vida dele de fora. Por fim, precisava também encontrar uma forma de apresentar sua vida e obra que fizesse justiça à importância que tem o diálogo para Paulo Freire. Nesse sentido, cogitei escrever conversas de ficção educativa com ele, diálogos inventados, um livro sonhado, utópico.

Contudo, acabei pensando que a natureza dialógica do que aqui ofereço não depende tanto da forma da escrita, e sim das leituras que eu possa expressar e provocar; mais importante que a estrutura da escrita é que ela seja dialógica enquanto uma "postura necessária" (FREIRE; SHOR, 1986, p. 64) de quem escreve como modo de relação crítica com sua realidade. E que ela seja capaz de recriar Paulo Freire de modo adequado, como ele tantas vezes insistiu. Espero que assim seja e que este exercício de pensamento provoque também leituras dialógicas que se encontrem com outras leituras, leitores e leitoras que se atrevam, também, a outros exercícios de pensamento, a outras escritas.

No livro falado entre Paulo Freire e Ira Shor (FREIRE; SHOR, 1986), o primeiro enfatiza a importância dos "livros-diálogo" pelo efeito criativo e recreativo que o diálogo tem para autores, autoras, leitoras, leitores. E define de forma pouco habitual o sentido da escrita dialógica e o que seria um livro "com rigor" em relação aos seus leitores e leitoras: aquele capaz de "provocá-los e não somente de responder a suas questões. Se formos capazes de criar algum mal-estar entre nossos leitores, de lhes propiciar algumas incertezas, então o livro terá sido importante. Se pudermos fazer isso, o livro terá rigor" (FREIRE; SHOR, p. 11). Em sua resposta, na mesma página, Ira Shor acrescenta um outro sentido de um livro com rigor: "Talvez o rigor seja, também, uma forma de comunicação que provoca o outro a participar, ou inclui o outro numa busca ativa".

São palavras muito inspiradoras sobre o sentido da presente escrita. Apenas acrescentaria que, assim caraterizados, o diálogo (que possibilita a criação e a recriação de autores e leitores) e o rigor (que provoca o outro a participar, a se questionar e sair das certezas) são formas que podem habitar livros, para além do número de autores e da forma da escrita. Pode haver livros dialógicos e rigorosos de um autor só e livros não dialógicos e não rigorosos escritos por dois ou mais autores, intercambiando opiniões. Espero, por isso, que este livro comporte diálogo e rigor profundos, ou seja, que leve seus leitores a se envolver ativamente na leitura e a colocar em questão as suas certezas. Escrevê-lo está fazendo esse trabalho comigo. Espero que sua leitura faça também esse trabalho com quem o leia. Se o fizer, esta escrita terá valido a pena.

O resultado aqui apresentado talvez não convença os adoradores nem os difamadores de Paulo Freire. É difícil apreciar algo diferente do que se adora ou se difama. Minha esperança está colocada em quem quer pensar junto, mesmo – ou sobretudo – em quem pensa diferente. Espero gerar diálogos insuspeitados. Quem sabe assim estarei contribuindo para potencializar o sentido de uma obra imensa como é a do mais reconhecido educador brasileiro, e também o de todas as leituras de fato interessadas em sua potência para pensar, e não em endeusá-lo ou condená-lo. Para além da obra e da vida de Paulo Freire – e espero não estar sendo demasiadamente ambicioso e imodesto –, desejo estar contribuindo para pensar um problema relevante para a educação brasileira – e, talvez, não apenas brasileira – das mais diversas épocas: o de como entender que a educação é política, ou, mais precisamente, que o ato de educar é um ato político.

Os princípios (inícios) aqui destacados para pensar esse problema se encontram inspirados e presentes de diversas formas na obra e na vida do grande educador pernambucano. A seguir, apresentarei cada um desses princípios e os colocarei também em diálogo com outras tradições, algumas mais ou menos afins, outras mais inesperadas. Isso pouco importa: não busco consagrar esta ou aquela corrente, origem ou escola. O que me interessa é a potência de outras obras e outras vidas para pensar um problema comum a qualquer vida educadora: o de uma política para a educação que mereça esse nome; em outras palavras, o problema de como pensar filosoficamente – o que significa teórica, mas também vitalmente, segundo veremos – o que faz de um educador ou educadora uma figura politicamente pertinente, ou seja, que oferece sentidos políticos potentes para entender e praticar o ato de educar aqui e agora.

Para isso, chamei Paulo Freire, pela sua potência para pensar esse problema e pelo seu valor também político no momento e no contexto que são os nossos. Senti que ele teria gostado muito do convite e espero que os leitores também o apreciem e sintam que o diálogo aqui apresentado os faz pensar num problema que diz crucialmente respeito a suas vidas e ao nosso presente.

Decidi concentrar em cinco os princípios da escrita. Poderiam ser mais, ou menos. O número é arbitrário, e também a ordem e a forma em que os apresento. Repito: não busco ser fiel a uma herança ou tradição, mas sim a uma busca que será aqui apresentada como comum com a inspiração vinda do educador de Pernambuco. "Princípios", aqui, não significam pontos fixos, axiomas ou substancialidades. "Princípios" quer dizer "natalidades": começos, inícios, formas de nascer no mundo, de começar a pensar e a viver, filosoficamente, uma vida atenta ao que significa uma política do educar. São forças das quais pode nascer um caminho político para andar numa vida filosoficamente educadora. Suspeito que, pelo menos nos campos do pensamento e da vida, nunca é tarde para começar. Ou melhor, sempre é tempo de iniciar. E a filosofia, como experiência de pensar, pode ser uma companheira para esses inícios e os movimentos que se desdobram a partir deles para qualquer pessoa envolvida ou interessada na dimensão educativa de sua vida, qualquer que seja sua ocupação.

Para dizê-lo com outras palavras, oferecerei cinco formas em que se desdobra uma maneira de pensar e viver filosoficamente as relações entre política e educação, centrada no ato de educar e na figura de educadoras e educadores. Mais simples: cinco gestos filosóficos para alguém que educa se inspirar e, assim, afirmar uma prática e uma vida educativas politicamente interessantes. Ou, mais simples ainda: cinco gestos para inspirar a dimensão política, educacional e filosófica de qualquer vida.

Esses cinco princípios poderiam ser também apresentados de outras maneiras, com outras palavras. Por exemplo, como modos de responder a uma pergunta: o que um docente precisa saber para poder ensinar o que ensina de modo (politicamente) apropriado? Ou de atentar para outra pergunta: onde se iniciam os saberes docentes em uma prática que, pelos sentidos políticos que abre, nos interessa afirmar? Ou ainda: o que qualquer pessoa precisa saber se quiser atentar para as dimensões filosófica, educacional e política de sua vida?

Há muitos saberes que certamente podem contribuir para a tarefa de ensinar e que costumam ser enfatizados para responder à pergunta que nos ocupa: saberes relativos a um sem-número de aspectos que fazem parte dos atos de ensinar e aprender. Por exemplo, além dos mais óbvios saberes relativos aos "conteúdos" programáticos a serem transmitidos quando o ensino é pautado segundo matérias, conteúdos, disciplinas ou, ainda, atitudes ou comportamentos, existem saberes relativos ao contexto social, histórico e político em que o trabalho se insere, às técnicas de ensino mais apropriadas para os grupos com os quais se trabalha, ao jogo de afetos que povoam as relações pedagógicas e seus habitantes, a como pensamos o que pensamos, em particular, quando ensinamos e aprendemos, aos campos culturais dos diversos atores envolvidos na relação pedagógica etc. etc. etc.

A lista dos saberes poderia ser prolongada quase até o infinito e assim abarcar o amplo espectro das diferentes "ciências da educação". Inclusive, assim poderia ser lida boa parte da obra de Paulo Freire: como um esforço por tentar descrever o que é preciso saber para poder educar segundo uma lógica da liberdade, da emancipação, da autonomia; de fato, parece que ele tentou fazer isso no último dos seus livros publicado em vida, *Pedagogia da autonomia*, que tem justamente o subtítulo *Saberes necessários à prática educativa*.

Porém, sem desqualificar ou desmerecer esse caminho e o arcabouço de saberes da tarefa docente que ele permitiria desvendar, aqui afirmarei cinco princípios que, antes de serem saberes que deveriam ser conhecidos, são oportunidades para colocar em questão a maneira com que se ocupa esse espaço e as relações pedagógicas que se propiciam a partir deles, nos seus mais diversos campos: educação formal e informal; cidade e campo; níveis de ensino – infantil, fundamental, médio, superior; educação técnica, profissional; sem-terra; formação de professores; organização do trabalho pedagógico...

Os cinco inícios que aqui apresentarei têm esta pretensão – de se constituírem, na verdade, em princípios para pensar uma "outra" educação, politicamente sonora, para "qualquer" educador ou educadora. Não se trata tanto de princípios para instaurar uma educação diferente, e sim de disparadores para questionar o sentido e o valor do que fazemos, politicamente, quando educamos. Eles não dizem "como se deveria educar" frente ao "como se educa", mas como se poderia iniciar uma outra maneira de habitar o espaço docente colocando em questão a forma em que se habita esse mesmo espaço em relação a cinco dimensões que podem propiciar o recomeço dela. São, assim, um convite para uma pedagogia do perguntar-se, de nos colocar a nós mesmos em questão, confiantes nos sentidos políticos que tal início pode proporcionar a nossas vidas educadoras.

Não sei se os cinco princípios aqui destacados são freireanos, se por "freireanos" devemos entender princípios que Paulo Freire subscreveria ou que ele mesmo poderia enunciar. Suspeito que alguns sim e outros não, que ele talvez não estivesse de acordo com alguns deles, pelo menos, ou até mesmo com a forma pela qual alguns deles são nomeados, apresentados ou descritos. E talvez ele também reclamasse pela ausência de outros princípios que lhe seriam essenciais para pensar e afirmar uma política da educação. Contudo, considero freireanos esses princípios no sentido de que surgem de um diálogo crítico com sua vida e seus textos, como uma forma de recriar uma e outra em nosso tempo.

Tenho feito um esforço por me aproximar das ideias de Paulo Freire, por incorporar o que delas sinto que me ajuda a pensar uma política da educação. Nesse sentido, tenho me deslocado, somo algumas palavras, deixo outras, reformulo algumas perguntas. Tenho feito um esforço para ler atenta e abertamente Paulo Freire, para ser sensível a seus problemas, a seu espírito, a suas ideias, a sua vida. Tenho praticado, assim, algo bastante próximo a pelo menos um dos significados que, como acabamos de ver, Paulo Freire dá à palavra "diálogo". Quem sabe esta seja a maior homenagem que uma escrita possa propiciar ao guardião das mais diversas utopias pedagógicas: celebrá-lo não pelo elogio ou pela concordância fácil, e sim pelo exercício vivo e vital da natureza essencialmente dialógica de seu pensamento.

Os cinco princípios poderiam se resumir a cinco palavras: vida, igualdade, amor, errância e infância. Em outros termos, afirmo a "politicidade" da educação inspirado em Paulo Freire, confiando na presença e na potência dessas cinco palavras: uma forma, um lugar, um tempo, um ritmo, uma disposição para a educação se abrir à vida, à igualdade, ao amor, à errância e à infância.

Cada um dos capítulos deste livro se inicia com um parágrafo que o sintetiza; posteriormente, apresenta um dos princípios e o faz dialogar com a vida e o pensamento do educador pernambucano e de outros pensadores. Antes do início, uma entrevista com o filho caçula de Paulo Freire, Lutgardes Costa Freire. O livro se completa com um epílogo que retoma o problema principal, uma vez apresentados esses cinco princípios: um apêndice sobre a relação entre Paulo Freire e a filosofia para/com crianças, centrado justamente no papel (político) do educador ou educadora, e uma entrevista feita durante a preparação do presente livro com a educadora Esther Pillar Grossi, amiga contemporânea de Paulo Freire.

Assim, entre tantas apologias e detrações, pretendo traçar uma apreciação filosófica da vida de Paulo Freire que seja sensível aos seus ensinamentos, que resista à dupla tentação da reverência ou da difamação e que desloque sua figura para outra relação, para além da adoração e do ódio. Qual o seu valor para pensar a "politicidade" da educação? Repito, os compromissos partidários e ideológicos de Paulo Freire estão mais do que claros e evidentes. Ele foi um dos fundadores do PT, fez campanha, foi secretário de educação de São Paulo numa gestão do PT etc. etc. etc. Como são também claros os compromissos ideológicos dos que o atacam inclusive em nome de uma suposta Escola sem Partido, a forma de ideologia mais perversa na medida em que se oculta e disfarça. Contudo, não é dessa política que tratarei aqui, mas da que, em Paulo Freire, ajudar a pensar para que a educação se torne um espaço de vida, igualdade, amor, errância e infância. Essa política não diz respeito a ser PT, antipetista ou apoiador de qualquer outro partido. É uma política que diz respeito ao modo de exercer o poder para educar e educar-se.

Enquanto escrevo este texto, conto para alguns amigos meu projeto de escrita. Um deles, Mauricio Langón, registra algo que, sinto, se aproxima bastante do sentido desta escrita. "Eu acho particularmente suculento que você coloque seus dentes no Paulo Freire. As constantes referências a ele o 'desgastam'. Tenho certeza de que o efeito de um trabalho teu seria o contrário." Tomara que o amigo Mauricio tenha razão, e que esta escrita contribua para renovar e recriar as leituras provocadas pela vida e pelo pensamento de Paulo Freire.

Walter Omar Kohan
Errando entre Vancouver e Rio de Janeiro,
entre a última parte de 2017 e a primeira de 2019

Entrevista com Lutgardes Costa Freire no Instituto Paulo Freire, São Paulo–SP, Brasil

No dia 23 de novembro de 2018, tive a alegria e a honra de ser recebido por Lutgardes Costa Freire no Instituto Paulo Freire (IPF), no Alto da Lapa, São Paulo. Uns meses antes, Inés Fernández Mouján me apresentara, por e-mail, o filho de Paulo Freire, que prontamente aceitou o pedido. A entrevista começou às 10h30. Pela manhã, recebemos a visita de Angela Biz Antunes, diretora pedagógica do IPF. A conversa com Angela foi animada, e suspendemos a entrevista para almoçar, os três, no restaurante de uma academia vizinha. O IPF ocupa uma posição paradoxal, num bairro de classe média alta da metrópole. Depois do almoço, recebemos a visita de Moacir Gadotti, com quem conversamos antes de retomar a entrevista. Lutgardes foi muito paciente, e continuamos conversando até 16h. A transcrição é de Carla Silva.

Walter: Primeiro, bom dia, Lutgardes! Agradeço por me receber.
Lutgardes: Imagina! Pra mim é um prazer e uma honra receber uma pessoa assim tão erudita!

Walter: Eu é que agradeço! Como eu lhe dizia agora há pouco, me interessa a filosofia como um pensamento associado a uma vida. Então, eu gostaria de começar mais informalmente com a sua própria vida, com seu nascimento, sua infância, o que você lembra da infância, dos seus primeiros anos de vida.

Lutgardes: Eu nasci em 1958, no Recife. Uma cidade muito quente no Nordeste do Brasil. E eu era uma criança muito brincalhona, como a gente diz. Gostava muito de brincar, porque aquela época não era como hoje, que as crianças têm que brincar em lugares específicos, preservados, fechados; quer dizer, a gente era livre, a gente brincava na rua. Então, eu tive uma infância, no Brasil, bastante feliz, nos primeiros cinco anos. Mas com 5 anos tive que viajar pro Chile, porque teve o golpe de Estado e meu pai tinha sido preso, então nós tivemos que nos refugiar no Chile. Mas o Chile nos acolheu tão bem, mas tão bem, sabe! Eles tinham um carinho, um afeto, um respeito pela gente que era impressionante. Uma coisa maravilhosa! E eu estudei no Chile, me alfabetizei no Chile...

Walter: Em espanhol...

Lutgardes: Sim, em espanhol. Não sentia falta do Brasil; quer dizer, eu sentia falta dos meus tios, dos meus primos, da família. Agora, do país eu não sentia falta, porque tinha vivido muito pouco aqui. O que eu conhecia do Brasil era só minha rua e minha casa, e o mar, pra onde nosso tio nos levava nos fins de semana, eu e meu irmão. É importante dizer que nós somos cinco irmãos.

Walter: Você é o caçula.

Lutgardes: Eu sou o caçula. O mais jovem, de 60 anos. São dois homens: Joaquim, Lutgardes.

Walter: E três mulheres.

Lutgardes: É. E três mulheres.

Walter: E os homens são os mais novos.

Lutgardes: Isso. Os homens são os mais novos.

Walter: Eu me lembro de ter lido, em alguma passagem autobiográfica do seu pai, que quando ele foi preso, sua mãe, Elza, não quis levar vocês à prisão, levou só as mulheres, porque vocês eram muito pequenos, e ela tinha medo de que pudessem ficar traumatizados, e ele comentava:

"E ela fez muito bem, porque acho que, de fato, não teria sido bom para eles". Você se lembra desse episódio?

Lutgardes: Me lembro. Entre nós, os irmãos, hoje há controvérsias! (risos). Uns acham que talvez minha mãe devesse nos ter dito. Mas eu, pessoalmente, acho que não. Acho que ela fez bem de...

Walter: Preservá-los.

Lutgardes: É. Porque a imaginação da criança é muito grande, muito fértil. Então, o que era ser preso pra gente naquela idade? Era roubar alguma coisa, matar alguma pessoa; quer dizer, a gente corria o risco de ter uma imagem negativa do nosso pai. Então, eu acho que minha mãe fez bem em não nos levar à cadeia, até porque seria muito impactante pra gente. Minhas irmãs, sim, eram mais velhas, elas iam levando a comida, feijoada pros presos e pro meu pai. Mas acho que minha mãe fez bem...

Walter: Em não expô-los àquela situação...

Lutgardes: É... em não nos expor àquela situação.

Walter: E quais são as primeiras lembranças que tem de seu pai? As mais antigas? Você se lembra daquele período? Tem alguma lembrança de você com seu pai? De como era a vida familiar?

Lutgardes: Quando ele estava preso?

Walter: Não, não... Pode ser até antes de ele ser preso. De antes do golpe.

Lutgardes: Ah, sim. De antes do golpe eu me lembro! Eu era muito criança, mas me lembro. Meu pai tinha uma maneira de viver tipicamente nordestina (risos). Ou seja, ele tinha certa condição econômica. Boa condição econômica, que permitia que a família tivesse empregada, babá da gente, eu e Joaquim. "Babá" você entende?

Walter: Sim, sim. Uma pessoa que cuidava de vocês.

Lutgardes: Isso. Uma pessoa que cuidava só da gente.

Walter: E que cuidava da roupa.

Lutgardes: Isso. Lavava e passava nossa roupa. Meu pai ia trabalhar de manhã, voltava, almoçava em casa e depois ia trabalhar à tarde. Minha mãe também trabalhava, era professora de escola primária, e também, mais tarde, diretora de escola primária no Recife, e ela trabalhava, se eu não me engano, também o dia inteiro e voltava no fim do dia. Era uma vida pacata. Entende "pacata"?

Walter: Sim, sim. Para criança, é ótimo. Uma vida tranquilíssima.

Lutgardes: Sim, tranquilíssima! Sem problemas. Nós tínhamos nossos amigos, nossos vizinhos. Éramos amigos dos vizinhos. Lembro que, durante o exílio, minhas irmãs recordavam e sentiam saudades também dos vizinhos etc. e tal. Eu, não, porque era muito pequeno. Nos fins de semana, meu pai costumava conversar com algum amigo, convidava o amigo, ele conversava na sala, conversava sobre política, sobre filosofia, essas coisas. Quer dizer, ele já tinha esses livros aí também.

Walter: Já era um intelectual.

Lutgardes: Sim.

Walter: Uma vida intelectual...

Lutgardes: E de professor, né?

Walter: Certo... E a sua escolaridade? A sua primeira escolaridade... Com quantos anos você foi para uma creche?

Lutgardes: Ainda no Recife. Mas quando cheguei ao Chile, tive que ir novamente pra uma creche, porque eu não sabia falar espanhol. Então, no início foi muito estranho, porque essa coisa de não dizer "olha, seu pai tá preso. A gente vai ter que viajar" também acaba dando um choque na gente, porque eu saí de avião pensando que eu ia pousar em outra cidade...

Walter: Brasileira...

Lutgardes: É. E, de repente, chego em um outro país e não entendo nada do que as pessoas falam...

Walter: Outro clima também... mais frio...

Lutgardes: Então... É um choque cultural que a gente leva. Mas quando você é criança, você se adapta muito rápido. Então, eu lembro que fui primeiro pra uma creche, depois pra uma escola realmente mais normal, primária, que foi muito boa pra mim no Chile. Era um seminário menor, como a gente chamava. Era uma escola só de rapazes, crianças e rapazes, e era uma escola pra ser padre.

Walter: Um seminário...

Lutgardes: Era um seminário pra virar padre. Mas tinha a possibilidade de escolher não ser padre; quer dizer...

Walter: Vida laica...

Lutgardes: É. Tinha a possibilidade de decidir. Lembro que uma vez eu me perguntei: "Será que quero mesmo ser padre?". Aí, pensei: "É, mas padre não pode casar, né? Ah! Então não quero (risos). Eu gosto de mulher" (risos). Foram quatro anos maravilhosos da minha vida, devo dizer, Walter. Foi maravilhoso. Os chilenos eram fantásticos, fantásticos! Bom, estudei nessa escola, num seminário menor. Foi em 1968. Então meu pai escreveu a *Pedagogia do oprimido*, mas ele não conseguiu publicar no Chile porque, se não me engano – não sei, posso estar enganado –, pelo que li – isso não foi ele que me disse –, ele já estava sendo perseguido no Chile quando escreveu esse livro. Ou seja, os militares e a extrema-direita já estavam querendo pegar esse livro. Então, ele fez imediatamente uma cópia datilografada e entregou os originais a Jacques Chonchol. Não sei se você sabe quem é...

Walter: Sim. Eu li a história na edição comemorativa que fizeram agora dos cinquenta anos. Li que ele levou os manuscritos para a França e os guardou.

Lutgardes: Isso! Exato. Aí, meu pai recebeu o convite para trabalhar nos Estados Unidos como professor convidado da Universidade de Harvard, e também do Conselho Mundial das Igrejas, pra trabalhar no Departamento de Educação. Então, do Chile nós partimos para os Estados Unidos. E aí, foi outro choque cultural.

Walter: Pois é.

Lutgardes: Eu detestei os Estados Unidos. Me senti muito mal. Não sei se era pela idade, porque eu já tinha 9 pra 10 anos. E então, não podia brincar na rua. Não tinha como brincar na rua. Futebol os americanos não jogam, não gostam. Eles gostam de *American Football*. Basquetebol eu não gostava também, era muito baixinho. Estudar inglês o tempo todo eu também não tinha vontade. Eu era uma criança...

Walter: Queria brincar.

Lutgardes: Eu queria brincar... Então, eu ia à escola, mas raramente, quer dizer, de forma muito desorganizada. É claro que meu pai providenciou uma professora particular pra mim e pro Joaquim.

Walter: Em inglês.

Lutgardes: Em inglês. Pra gente aprender inglês. Então a gente aprendia em casa e aprendia na escola também. Essa foi a pouca experiência, o pouco contato com o inglês, com os Estados Unidos. A gente ficou onze meses no total. Não foi muito tempo, não chegou a um ano.

Walter: Imagino que vocês também ficavam se perguntando por que saíram do Chile.

Lutgardes: Não, nosso pai explicou. Meu pai... Quando a gente chegou no Chile, eu tinha 7 anos de idade, ele explicou a mim e ao Joaquim. Explicou como foi o problema do método, a prisão dele. Eu fiquei com muita raiva dos militares. Mas ele dizia: "Não adianta ficar com raiva dos militares porque é a história, é a história. É a vida. Isso aconteceu desse jeito. Eu enveredei por esse caminho e paguei por ter enveredado por esse caminho". Então, quando nós fomos pros Estados Unidos, já estávamos a par da situação, e aí começou o meu interesse também pela vida acadêmica do meu pai, pelos livros do meu pai, pelo que ele falava. Porque era impressionante, Walter! A cada vez que meu pai começava a falar em casa, quando tinha visita, todo mundo ficava calado e escutava ele falar. Ele era de um carisma! Era tão carismático que era impressionante. Era uma coisa alucinante. Aí eu dizia: "Mas o que meu pai tem que todas as pessoas ficam assim?". Ele dava verdadeiras aulas em casa. Era impressionante! Então, fui começando a perceber o que ele fazia, o que era o trabalho dele, mas durante muito tempo, quando eu era criança, eu perguntava pra ele: "Papai, o que você faz?". E ele dizia: "Meu filho, eu sou um intelectual". Eu ficava na mesma (risos).

Walter: (risos) "O que será isso?"
Lutgardes: Eu levei algum tempo até entender o que ele fazia.
[...]
Lutgardes: Então, nós paramos nos Estados Unidos, né?

Walter: Sim, mas desculpe... Antes disso. Eu me lembro de ter lido, numa entrevista sua, que no Chile seu pai ficava muito tempo traba-lhando, que chegava o sábado e ele continuava trabalhando. E um dia vocês pararam ele e disseram: "Olha, pai, assim não dá. Você trabalha o dia inteiro e chega o final de semana e continua trabalhando". E aí você conta que ele diz: "Ah, está bem. Aos sábados, vamos sair, vamos comer, vamos passear". Você comenta que isso teve um efeito muito bom. Eu gostaria que você explicitasse um pouco mais como era seu vínculo com seu pai. Você assistia a toda essa vida... Tinha tempo de brincar com ele? Como era a relação de vocês?
Lutgardes: Era uma relação meramente intelectual. Porque meu pai não jogava bola, não jogava tênis, não jogava pingue-pongue...

Walter: Não era um esportista.
Lutgardes: Não gostava de esporte. E quando a gente era criança, no Recife até, ele já era assim. Sempre foi um acadêmico, um professor. Mas isso que você contou é fato, realmente aconteceu. Mas só durou algumas semanas...

Walter: (risos) Poucos sábados!
Lutgardes: Poucos sábados (risos). Mas eu e Joaquim ficamos satisfeitos porque nós entendemos. Quando fazia esses passeios com a gente, ele nos levava nas bibliotecas, nos cinemas, nos cafés... Ele dava uma verdadeira aula sobre como encontrar um livro em uma biblioteca, ou seja, a gente começou a entender: "Puxa, esse cara não é de fazer brincadeirinha, de

jogar Monopoly. Esse cara é sério. É um cara pra conversar sobre coisa séria. Sobre filosofia, sobre história". Então, nós nos aquietamos. Entendemos ele. Ele está escrevendo um "treco" sério. Então, vamos deixar ele escrever o livro dele. Ah!, porque, Walter, era uma quantidade tão grande de gente com quem ele conversou pra escrever esse livro. Meu Deus! Era Jacques Chonchol, era Ernani Maria Fiori, era Fernando Henrique Cardoso, era José Serra, era Plínio de Arruda Sampaio, era Thiago de Melo, era Geraldo Vandré, era uma quantidade enorme de brasileiros que viajaram pro Chile como exilados também. Aí, meu pai convidava essas pessoas pra vir à nossa casa e, depois do almoço, dizia: "Não! Espere um instantinho que eu vou ler o livro!" (muitos risos).

Walter: (risos)

Lutgardes: Às vezes a gente ficava escutando. Eu não entendia nada, mas era interessante ver os gestos, as reações das pessoas. Se bem que meu pai era muito reservado quando queria conversar com alguém, especificamente. Não deixava que a gente interferisse. Mas foi muito bom. Quero dizer, mesmo tendo pouco pai, a gente, de certa forma, teve muita história, muita amizade, muitos encontros. É claro que a partir do momento que a *Pedagogia do oprimido* foi publicada nos Estados Unidos – e já de início fez um sucesso enorme –, a partir desse momento, então, meu pai vai viajar pelo mundo inteiro. Aí, a gente teve menos pai ainda. Mas, por outro lado, quando ele voltava das viagens, era uma "farra". Era um gozo total. E ele tinha o maior prazer de contar pra gente como foi, como era o lugar onde ele esteve, com quem ele falou etc. e tal.

Walter: E dessas viagens, você lembra de alguma coisa que chamou sua atenção, em especial? Alguma coisa que teu pai te contou e te impressionou?

Lutgardes: Não quando eu era criança, mas já adolescente, na Suíça. Quando ele me disse que tinha ido pra África. Ele disse: "Meu filho, eu fui à África". E pra nós, brasileiros, a África é quase um segundo Brasil. E ele disse: "Meu filho, eu comi manga!".

Walter: Foi a viagem à Tanzânia?

Lutgardes: Exato. "Eu comi manga, eu comi jaca!" (risos). Ele falava dessas viagens... e era muito colorido. A gente via pelo que ele contava. A África muito cheia de cores, de frutas, de alimentos, o que impactou muito ele e nós também, com certeza.

Walter: (risos) Então a parte mais escolar, tanto tua quanto de Joaquim, era tudo com a sua mãe? Vamos supor: quando tinha tarefas pra fazer, quando acontecia algum problema na escola, sua mãe é que se ocupava disso?

Lutgardes: (suspiros) Ah! Isso era um problema, Walter, porque era o seguinte: os deveres, quando estávamos no Brasil, não tínhamos muitos, porque a gente era muito pequeno. Mas quando a gente chegou no Chile, minha mãe me ajudava e ajudava o Joaquim também, acredito. Não me lembro, mas acredito que ela também ajudava o Joaquim. Nos Estados Unidos...

Walter: Era a professora particular.

Lutgardes: Exato.

Walter: E também sua mãe não sabia inglês.

Lutgardes: Minha mãe não sabia falar inglês. Aí, quando a gente foi pra Suíça, piorou. Minha mãe não falava francês, nem inglês, nem espanhol. Então, os deveres... Eu não podia pedir pro meu pai me ajudar com o alemão porque ele não sabia alemão; de matemática moderna ele não entendia nada (risos). Então nós tivemos que nos virar realmente sem nossos pais. Mas eles também nunca nos negaram a ajuda de um professor que pudesse nos orientar, nos ajudar em matemática, por exemplo, em alemão, coisas desse tipo. Um professor particular. Porque o pai... Nós vivemos muito bem na Suíça, digamos assim...

Walter: (risos)

Lutgardes: Então, na Suíça... eu estava te contando do choque cultural quando a gente chegou lá. Eu disse: "Meu Deus! Esse povo não sente? Eles não têm coração? É tudo máquina? Tudo automático?". Eu disse: "Meu pai, eu não vou pra escola!". Ele: "O quê?". Eu: "Não, não. Eu não vou! Não quero ser máquina!". Ele: "Meu filho, não me faça isso. Eu sou um estrangeiro aqui, eu sou exilado aqui na Suíça. Eu preciso...". E eu dizia: "Mas você critica essa escola!" (risos).

Walter: (risos) Aí ele não podia falar nada (risos).
Lutgardes: Não podia falar nada. Aí ele dizia: "Lut, mas não é a escola. É o sistema!". Eu levei algum tempo até me adaptar pra fazer essa espécie de roupagem, como artista que se veste pra ir à escola.

Walter: Se disfarça...
Lutgardes: Isso. Se disfarça. Entrava por um ouvido e saía pelo outro. Aula de Geografia, História... Sociologia não tinha. Mas eu ficava observando o viés ideológico dos professores. A ideologia que tinha por trás de toda aquela matéria. E nas redações escrevia sobre revolução, sobre mudança social.

Walter: E os professores?
Lutgardes: Os professores aceitavam e corrigiam e tal. Mas não me incomodaram com isso. Mas na Suíça foi um período conturbado pra mim, porque meu pai disse: "Bom, se você não for pra escola, então eu tenho que falar com o governo. Vou ter que falar com a polícia pra ver o que eu faço, como é que vai ser". Aí eles disseram: "Olha, tá certo. Seu filho está passando por um choque cultural, ele tem 11 anos, não está entendendo direito. Então ele vai ficar um ano estudando com um professor particular. Depois desse ano, ele volta pra escola. Porque sem ir à escola não pode". Naquele tempo, existia um controle muito forte sobre as crianças. Ou seja, entre os suíços, era assim: "Olha, se você vir uma criança às 4h da tarde andando na rua, você tem o direito de parar essa criança, perguntar o nome dela, levá-la pra casa dela e perguntar por que essa criança...".

Walter: Caramba!
Lutgardes: Assim mesmo... Cada suíço era um policial. Era uma sociedade... Assim... hoje eu sinto saudade, mas naquela época era uma coisa muito esquisita...

Walter: Muito autoritária.

Lutgardes: Isso. Muito autoritária. Tanto assim que isso me levou a uma depressão aos 15 anos. Eu fui pra um hospital-dia. É uma clínica pra onde você vai de manhã, passa o dia lá e no fim do dia você volta pra casa. Lá tem psiquiatra, tem enfermeiros, tem outras pessoas também com problemas. E eu fiquei sete meses indo todo dia.

Walter: E não ia pra escola.
Lutgardes: Não.

Walter: Porque depois desse ano com um professor, você começou a ir pra escola. Mas não se adaptou, não gostava? Não era legal, a escola?
Lutgardes: Não. Eu fui pra uma escola muito rígida, jesuíta, sabe? Meu pai... não sei por que, ele inventou... Primeiro eu estudei na França, onde aprendi o francês. Depois fui pra Suíça, e comecei a estudar lá, no secundário. Mas teve um período na Suíça, depois, que eu fui pra escola particular. E não consegui passar de ano, tive algum problema que eu não me recordo. Mas eu estudei nessa escola jesuíta e aí tive uma depressão. Mas depois eu saí daquela clínica, e aí já estava próximo da... Eu comecei a estudar música. Estudava percussão clássica.

Walter: Num conservatório?
Lutgardes: Num conservatório em Genebra. E no quarto ano de estudo em Genebra, já de percussão clássica, aconteceu a abertura política no Brasil. Então, nós voltamos.

Walter: Você já tinha 20 anos.
Lutgardes: Isso. Eu tinha 20, 21 anos.

Walter: Na França, você esteve sozinho?
Lutgardes: Não. Com Joaquim. Era tudo muito perto. Eram 8 km. A gente ia e voltava.

Walter: Só pra escola.
Lutgardes: Só pra escola. Continuávamos morando em Genebra.

Walter: Como era a biblioteca do seu pai?

Lutgardes: Então, meu pai ganhava muitos livros, e também comprava muitos livros. E ele não tinha uma ordem específica pros livros. Ele colocava todos bagunçados, todos desordenados, mas nessa bagunça ele se encontrava. Ele sabia onde estava cada coisa. [...]

Walter: Então, estamos agora retomando depois do almoço... Queria lhe perguntar, retomar um pouquinho... Lembro que chegamos a conversar sobre o dever de casa, sobre as tarefas das quais nem sua mãe nem seu pai podiam cuidar muito, então vocês se viravam. E, por exemplo, eu não sei se de fato isso acontecia, não sei se tinha... Você se lembra se conversavam com ele sobre coisas que aconteciam na escola? Você tem alguma memória de seu pai falando alguma coisa em relação à sua escola?

Lutgardes: Olha, eu tenho memória deles indo participar de reuniões, mas eu não sabia...

Walter: Você não estava presente.

Lutgardes: Não podia participar. Eram só os pais. Mas eu era um aluno médio, nem excelente nem péssimo, era bem mediano, porque, na verdade, com 11 anos, eu não gostava muito da Suíça. Hoje eu gosto.

Walter: Você continua viajando?

Lutgardes: Quando tem...

Walter: Quando pode...

Lutgardes: É. Quando posso. Porque é muito caro. É um país muito caro. Mas, na época, eu não sabia... Ou seja, eu estraguei o melhor dos meus anos, dos anos da minha vida, da minha juventude. Da adolescência. Eu não soube aproveitar. Minha mãe soube fazer isso. Ela gostava dos suíços. Respeitava as leis suíças, as autoridades. Pra ela, era maravilhoso.

Walter: E sua mãe trabalhava?

Lutgardes: Minha mãe trabalhava em casa. Ela cuidava da gente, cuidava da casa.

Walter: Como seu pai disse: "Era a infraestrutura".

Lutgardes: Exato. Do meu pai. E o meu pai era a superestrutura dela. E era um casal tradicional; quer dizer, eles brigavam. Claro que brigavam, mas não na frente da gente. Não se divorciaram, mas também não tinham motivos pra isso, porque se amavam. Era uma história de amor muito profundo. Mas minha mãe ajudou muito meu pai. Minha mãe foi a primeira leitora da *Pedagogia do oprimido*. Minha mãe realmente foi quem incentivou o meu pai para a educação.

Walter: Me diga uma coisa. Agora que você diz isso, pensei... Você era um aluno mediano, e se poderia pensar que, de certa forma, tinha tanta educação na sua casa, seu pai era tão comprometido com a educação, tão... Ele tinha um peso tão grande na família, quem sabe você criou certa resistência... Você não quis se dedicar muito à educação, não gostava tanto da educação... para encontrar seu próprio lugar...

Lutgardes: Não, não. Não acontecia, porque meu pai tinha essa coisa da educação, mas ele não... Ele não transmitia essa coisa da educação separada de sua presença em casa. Ele era um pai como qualquer pai. Aconselhava a gente, dizia: "Olha, faça isso, não faça isso". Eu sempre fui muito amado – numa vida de tensões, viagens, deslocamentos –, até quando a educação entra em cena e o filho quer ser músico e sair, aparentemente, do que seria esperável para um pai educador. Eu disse: "Pai, eu quero tocar bateria, quero ser músico". A resposta é diáfana, clara, precisa: "Tudo bem, meu filho. Você pode fazer o que você quiser. Mas me prometa uma coisa: que isso que você vai fazer será feito com amor". Ele disse isso. Ele não tinha essa coisa de dizer: "Não. Eu não quero que você faça música. Eu quero que você siga meu caminho, que você continue meu trabalho. Que você seja a minha continuação". Quer dizer, não tem isso.

Walter: E seu irmão Joaquim, suas irmãs, eram bons alunos?
Lutgardes: Meu irmão era melhor. Mas ele acabou desistindo da escola pela música. Muito jovem. Estava com 16 ou 17 anos, foi para o conservatório.

Walter: Então a música também era importante na casa de vocês.
Lutgardes: Sim! A música... Nós adorávamos música!

Walter: Tinha algum familiar músico? De onde vocês beberam esse amor pela música?

Lutgardes: Era a falta que o Brasil fazia pra gente. Durante tooooodo o período do exílio, nós sempre escutamos música brasileira, música americana, música chilena. Quer dizer, a música era, como eu diria...

Walter: Era uma maneira de estar ligado ao Brasil.

Lutgardes: Isso. Exato. E entre nós. Meu pai também sempre gostou muito de música. Uma das profissões que ele gostaria de ter tido era justamente violonista, tocar violão. A outra profissão que ele queria era cantar, cantar!

Walter: Hummm...

Lutgardes: Cantar, ser cantor.

Walter: Então a música já estava na família.

Lutgardes: É. E meu avô, se eu não me engano, também gostava muito de música.

Walter: O pai dele.

Lutgardes: O pai dele.

Walter: Que era militar.

Lutgardes: Era militar.

Lutgardes: Mas aí, voltando ao Brasil... Aí eu volto com meus pais, só eu. O Joaquim ficou em Genebra.

Walter: Retomamos a gravação depois de ter conversado com o professor Moacir Gadotti e a professora Angela. Então, Lut!

Lutgardes: Eu esqueci!

Walter: Eu tinha perguntado se o fato de seu pai ser um educador famoso não teria sido o motivo de você não ter se empolgado muito com a educação, você me disse que não, que a música era uma grande paixão da família e era algo que te ligava ao Brasil.

Lutgardes: Isso.

Walter: E vocês cinco... Na verdade, você e seu irmão foram pra música, e suas irmãs...?
Lutgardes: Elas foram pra educação.

Walter: E você acha que isso pode ter relação também com o fato de sua mãe ser educadora?
Lutgardes: Na verdade, meu pai nunca nos obrigou a ser professor, mas nós todos somos professores. É interessante, porque eu, por exemplo, sou professor de idiomas. Eu aprendi todas essas línguas, né? O espanhol, o inglês e o francês... O Joaquim é professor de violão clássico. A Fátima é professora, é educadora e psicóloga. E a Madalena é professora também. É educadora. E a Cristina é professora de português em Genebra... Foi professora de português em Genebra.

Walter: A Cristina ainda mora em Genebra?
Lutgardes: Ainda mora em Genebra. Ela ficou lá. Ela quer morrer lá, quer ficar por lá mesmo.

Walter: Construiu família lá.
Lutgardes: É. Ela é casada. (continua:) Então, você vê... É curioso. Aliás, acho que essa é uma das chaves da educação, né? Você não dizer ao filho: "Olha, não faça isso!" ou "Faça aquilo!". Em vez de dizer isso, você diz: "Que tal fazer isso?". Você fazer seu filho pensar: "Que tal assim? Que tal assado?", em vez de dizer, de impor sua opinião.

Walter: É como seu pai diz: "Faça o que quiser, desde que faça com amor".
Lutgardes: Exaaaato! Isso, exato.

Walter: Porque o importante é isso.
Lutgardes: Exato: gostar do que você faz. Então, eu estudei música na Suíça, e aí veio a abertura política no Brasil... E eu sempre tive uma paixão enooorme pelo Brasil, mesmo não o conhecendo, porque saí pequeno, com 5 anos. Então, claro, eu sentia saudade dos meus tios, das minhas tias, dos meus primos, de quem eu tinha uma vaga lembrança de criança. E o retorno foi muito emocionante, muito emocionante... Primeiro, o

clima! Noooossa! Que calor! Quando a gente voltou, fomos direto pro Recife (suspiro profundo). Walter, eu nunca senti tanto calor! (risos).

Walter: (risos)

Lutgardes: Era um calor terrível, terrível. Levei certo tempo até me acostumar ao clima do Brasil. Eu escrevia carta pra Joaquim e Cristina e dizia: "Olha, isto aqui tá muito quente!" (risos). Tá muito quente, quente demais! E falava da televisão... Enfim, falava sobre a precariedade da vida no Brasil em relação à Suíça, que não dá pra comparar. Não estou querendo dizer com isso que a Suíça é melhor que o Brasil, mas é...

Walter: Diferente, outro desenvolvimento.

Lutgardes: Diferente. É outra cultura. Outro tipo de vida. E eu não sabia o que fazer, porque tinha a minha bateria, e trouxe um xilofone, um instrumento de percussão de madeira... Mas eu não tinha nenhuma vontade de continuar sendo músico de música erudita no Brasil, porque a precariedade das orquestras era muito grande, muito. Sabe?... Era muito diferente, muito ruim, muito precário. E eu disse: "Vou realizar meu sonho de adolescente: entrar na faculdade". Entrar na universidade. Eu sempre quis entrar na universidade. E lá na Suíça eu não conseguia, não passava de ano, porque o sistema de ensino suíço é muito rigoroso. Ele já define você desde o primário. Já vai encaminhando você ou pro manual ou pro intelectual. E eu nunca conseguia ficar na classe que permitiria ir pra universidade. Aí, quando cheguei no Brasil eu disse: "Agora eu vou entrar na faculdade, aqui no Brasil". Mas eu tinha um problema, que era...

Walter: A língua.

Lutgardes: A língua. O português escrito. E meu sotaque, que era suíço (risos).

Walter: (risos)

Lutgardes: Que era carregadíssimo (risos). E eu disse ao meu pai: "Quero estudar, quero entrar na faculdade". E ele: "Muito bem, então vamos ver o que é necessário pra você fazer isso". Então fomos no prédio... Eu lembro que tinha um prédio da Secretaria de Educação daqui de São Paulo, e eles me disseram: "Você tem que revalidar o seu...".

Walter: Diploma.

Lutgardes: Isso.

Walter: Títulos da Suíça...

Lutgardes: Isso. Os estudos da Suíça. Você tem que ir ao consulado suíço pra eles...

Walter: Carimbarem.

Lutgardes: Carimbarem o documento oficial, depois fazer o supletivo... o que chamam de supletivo.

Walter: É um ensino médio acelerado... um rápido, em menos tempo.

Lutgardes: Exato. Um ensino médio rápido, dinâmico. Então eu fiz isso... Frequentei uma escola à noite – naquela época, tinha os estudos à noite. Durante o dia eu estudava na Aliança Francesa, porque não queria perder esse contato com o francês, né? Era, talvez... um outro sonho meu... estudar francês aqui no Brasil pra ter um diploma francês e dar aula na França, morar na França. Era um dos meus sonhos também. Mas acabou não dando certo. Mas então: eu estudava na Aliança Francesa e à noite fazia o supletivo. Em um ano, eu passei no vestibular para Sociologia. Meu pai estava ansioso. Ele perguntava: "Então, o que você escolheu?" (risos).

Walter: (risos)

Lutgardes: Eu disse: "Olha, eu quero ser cientista social, eu quero Ciências Sociais. Porque eu quero saber o que é o poder. Eu quero saber o que é golpe de Estado, eu quero saber essa história toda (risos). Quero saber o que é ditadura, quero estudar tudo isso". E ele ficou muito contente. Disse: "Muito bem, vá em frente!". Então, eu estudei na PUC. Isso já era 1982. Eu entrei na PUC e meu pai também dava aula na PUC. E, como filho de professor, eu tinha direito ao estudo totalmente gratuito. E eu não faltava um dia, Walter. Minha única frustração, também pela metade, é que eu fazia uma ideia da faculdade – principalmente quando morava na Suíça –, eu pensava que quando a gente entrava na universidade, a gente podia pensar. A gente podia dizer o que pensa, dizer a nossa opinião, a gente podia pensar, a gente podia ter voz. E não ser aquele aluno passivo, ali calado, escutando o professor. Aquela coisa que meu pai fala da educação bancária e tal. Aí, quando entrei na faculdade, era a mesma coisa.

Walter: Uma decepção.

Lutgardes: Os alunos todos calados, e quando eu começava a falar, diziam: "Não, isso se faz na pós-graduação". Então, fiquei um pouco frustrado nesse sentido. Eu pensava que na faculdade você podia opinar, dialogar etc. e tal, trocar ideias e tal. Mas, enfim, também não era tão ruim assim. Permitiam à gente falar um pouco, ter um pouco a nossa opinião. E me formei em Ciências Sociais em 1986.

Walter: Você entrou em 1982.

Lutgardes: É. São quatro anos de faculdade. Mas eu não sabia ao certo se queria continuar na universidade, porque eu me dizia: "Isto aqui é uma bolha em que você entra e fica à margem da sociedade. E eu estudei a sociedade aqui, durante quatro anos, e não sei como é a vida no Brasil. Então, se eu quiser escrever uma tese sem conhecer a sociedade vai ser uma coisa...".

Walter: Fora da realidade.

Lutgardes: Teórica.

Walter: Abstrata.

Lutgardes: Exato. Abstrata. Então eu disse: "Vou ter que trabalhar, fazer alguma coisa". Aí eu comecei a ser professor de inglês em uma escola de idiomas. Eu dava as aulas, mas era um professor muito nervoso.

Walter: Inseguro.

Lutgardes: Inseguro... sim, sim! E eles tinham que treinar a gente pra ser professor. E era uma coisa muito extremista, muito esquisita, não dava a oportunidade de dialogar com o aluno. Você tinha que dizer: "I don't speak português!". (risos).

Walter: (risos)

Lutgardes: Era terrível! Depois disso, decidi fazer alguma coisa que fosse mais ligada à minha área. E foi um trabalho que fiz no Corpo Municipal de Voluntários.

Walter: Da prefeitura.

Lutgardes: Da prefeitura, na época da Luiza Erundina. Então, quando meu pai saiu da prefeitura, eu entrei no Corpo Municipal de Voluntários e comecei a trabalhar com crianças da periferia. Eu trabalhava com crianças de 5, 6, 7, 10 anos.

Walter: E isso durou quanto tempo?

Lutgardes: Isso durou dois anos! Depois dessa época, eu fiz um trabalho no âmbito do governo que era mais, digamos... mais complicado. Que foi justamente trabalhar na Secretaria do Menor. Aqui, é a Secretaria que cuida dos menores infratores. Eram jovens de 16, 17, 18 anos que tinham cometido infrações e que estavam na Febem. Na época era...

Walter: Sim, sim o lugar da reclusão.

Lutgardes: Sim, o local da reclusão. Eles falavam: "Olha, quem quiser ir pra essa casa", a casa da moradia, como a gente chamava, "pode ir, mas tem que prometer que não vai levar arma e tem que obedecer às leis da casa". E nós reunimos nove, dez ou onze garotos, e eles trabalhavam durante o dia nas empresas, ganhavam um salário mínimo, mas tinham casa, tinham alimentação, tinham moradia e tinham a gente, que conversava com eles, trocava ideias pra ver como...

Walter: Estavam funcionando.

Lutgardes: Tentando ressocializá-los. E eu trabalhei ali mais ou menos dois anos, eu acho. Dois ou três anos na Secretaria do Menor, depois eu saí. E passei um tempo desempregado, até voltar a dar aula de idiomas em uma escola dessas de francês, inglês e espanhol. Já estávamos nos anos 1990.

Walter: E você ainda não tinha se casado.

Lutgardes: Eu estava solteiro. Isso foi em 1992, 1993. Fiquei cinco anos nessa escola de idiomas.

Walter: E você morava sozinho?

Lutgardes: Eu morava sozinho. Depois de algum tempo, já em 1996, meu pai andava um pouco fraco, estava se sentindo fraco. Ele comentou isso comigo. Em 1997, ele faleceu, e nesse mesmo ano eu casei com a Zélia.

Walter: Depois da morte dele.

Lutgardes: Depois da morte dele. Isso foi em 1997. E eu comecei a trabalhar aqui em 1998. Então, faz vinte anos que eu trabalho aqui no Instituto. Minha tarefa principal, no início, quando cheguei aqui... Eu telefonei pro Gadotti, eu já conhecia o Gadotti de quando meu pai era vivo. Os dois lecionavam em Campinas.

Walter: Na Unicamp.

Lutgardes: Na Unicamp. E eu disse: "Gadotti, o que é que eu posso fazer no Instituto?". Ele: "Olha, traga o seu currículo e a gente vai ver o que que a gente faz". Eu trouxe meu currículo. E ele disse: "Muito bom, o currículo" (risos).

Walter: (risos)

Lutgardes: "Você vai fazer o seguinte: vai colocar em ordem a biblioteca do seu pai." Eu fiquei apavorado: "Meu Deus do céu, como vou colocar esses livros todos em ordem? Preciso de mais gente!". Então me reuni com mais pessoas, e a gente começou a organizar toda essa biblioteca em ordem alfabética. Hoje ela está diferente.

Walter: Tá temática, agora.

Lutgardes: Tá temática agora.

Walter: E isso levou um bom tempo.

Lutgardes: Levou um bom tempo, sim.

Walter: Então, pra você, ser filho de Paulo Freire, parece que trouxe algumas dificuldades e algumas facilidades. Ou seja, trouxe, além do carinho, do amor da família, trouxe o exílio. Teve, como consequência, uma vida fora do normal para uma criança que vai pra escola. Você teve que sair do país, deixar sua família, abandonar sua cultura...

E, ao mesmo tempo, também ajudou quando você voltou, porque, por exemplo, conseguiu estudar na universidade onde seu pai era professor... Como se sente em relação a ser filho de Paulo Freire?

Lutgardes: Pois é. Eu me sinto muito, muito, muito, mas muito mesmo privilegiado, privilegiado! Porque ser filho de um homem como meu pai e de uma mulher como minha mãe, realmente, não é pra qualquer um. Quer dizer, é muita sorte. É muito bom! É bom demais! Agora, é claro que houve cortes! Minha vida é feita de cortes! Cortes... Quer dizer, agora não mais! Os amigos, por exemplo, eu perdia amigos, a questão das raízes, como a gente diz... Ou seja, eu era um chilenito! (risos)

Walter: (risos)

Lutgardes: Eu era um chilenito. De repente, vummmm! Sai daí e vai morar nos Estados Unidos. Vai mastigar chiclete como norte-americano.

Walter: (risos)

Lutgardes: Então, você vê, essa série de cortes que, de fato, dificultam uma vida, digamos assim, dita normal... de uma pessoa que mora em um país, estuda e trabalha em um país. Mas, por outro lado, é de uma riqueza enorme, porque não é qualquer pessoa que fala três línguas, não é qualquer pessoa que tem a vivência que eu tive com meu pai, a abertura pro mundo que isso me ofereceu... Porque, por exemplo, eu tenho um sobrinho que mora no Canadá, e quando ele diz que ele é neto de Paulo Freire, todo mundo se espanta, "Meu Deus! Nossa! Que coisa! Que maravilha!". Então, imagina eu. Se eu chegasse lá e dissesse: "Eu sou filho de Paulo Freire!" (risos).

Walter: (risos) Mais ainda!

Lutgardes: Mais ainda... (risos)

Walter: Em que cidade do Canadá mora o seu...

Lutgardes: Toronto. Então, sabe, é claro que teve esses cortes, mas eu acho que houve mais, mais... Como é que eu diria...

Walter: Coisas positivas...

Lutgardes: Mais coisas positivas do que negativas.

Walter: E se você tivesse que privilegiar algumas dessas coisas positivas, as mais importantes, as que você pensa que fazem do fato de ter tido seu pai e sua mãe, de ter sido filho do seu pai uma sorte, um privilégio... O que diria?

Lutgardes: Olha, eu acho que era o afeto que eles tinham por mim. Eles me amavam demais! Demais!

Walter: Ainda mais sendo o caçula. Era privilegiado (risos).

Lutgardes: Pois é (risos). E meus irmãos também. Quer dizer, realmente, eu era muito mimado. Até hoje! Até hoje eu sou amado, realmente! Eu acho que o amor na nossa família é muito intenso, muito forte! Quer dizer, sempre passamos por atropelos, mas o amor sempre...

Walter: Se impunha!

Lutgardes: Se impunha. O amor sempre venceu tudo.

Walter: E isso você sente também com suas irmãs, seus irmãos... Você sente que isso se mantém nos laços.

Lutgardes: Ah! Sim. Sim. Claro que cada um agora tem sua família. Então, fica cada vez mais difícil a gente se rever! Mas há um sentimento amoroso que os nossos pais nos deixaram, muito forte!

Walter: Uma curiosidade: o seu nome... sabe a etimologia?

Lutgardes: O meu nome vem justamente... Se você leu o livro da Natercinha, deve ter percebido que o avô dela se chamava Lutgardes!

Walter: O que significa Lutgardes?

Lutgardes: É alemão. Em alemão se diz: *Lutgardes*! (imitando a pronúncia alemã). Significa "aquele que defende seu povo com a própria lança" (risos).

Walter: (risos) Que responsabilidade.

Lutgardes: É um nome muito antigo, da idade média alemã. É o Lancelot alemão. Tem o Lancelot francês e tem o Lancelot alemão.

Walter: Que pergunta você gostaria de ter feito ao seu pai e não fez? Uma coisa que você teria gostado de lhe perguntar e, se tivesse oportunidade agora, perguntaria.

Lutgardes: (um longo silêncio, seguido de alguns suspiros) "Pai, como é que eu posso educar melhor a minha filha?" Isso eu perguntaria pra ele. Como é que eu posso viver melhor? Como é que eu posso viver amando os outros sem sofrer e sem fazer sofrer os outros?

Walter: E uma coisa que você diria ao seu pai e não conseguiu dizer?

Lutgardes: (um silêncio mais curto, alguns suspiros) "Obrigado, pai. Por tudo!"

Walter: E uma coisa que você diria a quem estuda seu pai, ou escreve sobre seu pai, ou pensa como seu pai?

Lutgardes: Eu diria a essa pessoa uma coisa que um revolucionário da Guiné-Bissau, chamado Amílcar Cabral, dizia muito e que meu pai também gostava muito de dizer (ele tinha uma grande admiração por esse revolucionário): "Seja paciente impacientemente". Eu acho que, neste momento que nós vivemos, temos que ser "pacientes impacientemente".

Walter: Mais ainda agora...

Lutgardes: Mais ainda...

Walter: É uma paciência atenta!

Lutgardes: Exato. Pra ver se há uma brecha. Se acontece uma brecha pra gente poder entrar.

Walter: E a coisa principal que você aprendeu de seu pai, qual seria?

Lutgardes: (pensativo, fala em voz alta: "A coisa principal... Nossa!") Creio que aquilo que eu estava te falando... Acho que é o amor à vida. O amor aos pássaros, o amor ao sol, o amor à natureza, o amor às pessoas. Uma vez eu perguntei ao meu pai: "Ô, pai, como é que tu lidas com a tua pena? Pena das mulheres, por exemplo, como é que você lida com isso?". E ele me disse: "Olha, em primeiro lugar, eu acho que a pena é uma virtude. E eu acho que é uma virtude que eu consegui te transmitir.

Mas eu nunca deixei, jamais, que a minha pena tomasse conta de mim. Tomasse totalmente conta de mim. Mas a pena é uma virtude!".

Walter: E é uma pena sobre o que a vida poderia ter sido e não foi. Ou sobre o que a vida...

Lutgardes: Não, não! A pena... o sentimento de pena em relação ao outro, ao pobre. A pena...

Walter: Tristeza...

Lutgardes: É... a tristeza...

Walter: Então o incômodo, o desconforto... tem que manter isso vivo em qualquer ser humano para que o mundo mude...

Lutgardes: Exato! Exato! Exato! Eu acho que nós temos que ser seres incomodados. Incomodados. Constantemente incomodados. Quer dizer, meu pai sempre disse que o ser humano tem a vocação de "ser mais". E esse "ser mais" não é "ser mais" do que o outro. É ser mais gente. É ser mais humano. É poder ter essa afetividade com as pessoas, esse respeito às pessoas. Respeito às mulheres, respeito às minorias. Respeito... E eu acho que é isso que está faltando muito no mundo de hoje. As pessoas não têm mais respeito. Elas acham que são donas da verdade, quando, na verdade, ninguém é dono da verdade.

Walter: A verdade não tem dono.

Lutgardes: É... Outro dia, eu estava na padaria e me disseram: "Você quer água, professor?". Eles me chamam de professor (risos). Eu disse: "Se eu tiver que pagar por essa água não está certo, porque a água é de todo mundo. A terra é de todo mundo". Eles fingiram que não entenderam (risos).

Walter: (risos)

Lutgardes: Claro que era uma provocação. Mas a verdade é essa... Você veja, ao mesmo tempo que estamos nos desumanizando, estamos criando mecanismos que facilitam nos humanizarmos muito mais, porque a tecnologia nos aproximou, a tecnologia nos aproxima de uma maneira impressionante! Ou seja, se a gente souber usar esse instrumento de uma maneira que nos favoreça, seria fantástico, entendeu? Isso nos leva a acreditar, a observar, por exemplo, a relação de Paulo Freire, meu pai, com a tecnologia. Tem muita gente que pensa (não sei, talvez) que Paulo Freire era contra a tecnologia. Pelo contrário, ele sempre foi a favor. Ele foi um dos primeiros educadores a utilizar um projetor pra projetar a imagem do índio caçando o pássaro, pros camponeses verem aquela imagem, quer dizer, ele foi o precursor disso. Até os anos 1990, quando o computador começou a aparecer, ele dizia: "Olha, só tem um problema com essa tecnologia: é que só um terço da população mundial tem dinheiro suficiente pra comprar essa máquina". Então, se daqui a algum tempo isso baratear e nós soubermos usar em nosso benefício, vai ser fantástico.

Walter: O problema é que a tecnologia, por si própria, não faz nada. O problema é: pra que serve ela?

Lutgardes: Exato! Exato! Por isso, por exemplo, o Bolsonaro se elegeu praticamente assim, com a tecnologia. Ou orientaram ele pra isso...

Walter: Pra usar essa estratégia...

Lutgardes: Pra usar essa estratégia... Mas nós não soubemos. Acho que um dos grandes erros da esquerda é falarmos pra nós mesmos. Porque ser de esquerda, às vezes, é ser contra muita coisa que você pensa que é ruim. Mas às vezes essas coisas que você pensa que são ruins trazem coisas boas também: ter um emprego, ter condições de vida melhores, né?... Em uma quantidade mais elevada do que a que temos agora, né? Enfim, a Dilma falava de uma classe média no Brasil, "a grande classe média"... Não sei se isso é possível, mas acho que a ideia dela está certa. É, de certa forma... porque... é um absurdo, Walter, que até hoje ainda existam pessoas passando fome. Ou seja, temos pessoas que estão doentes.

Walter: E isso não diminui. É muita gente!

Lutgardes: É muita gente! É muita gente! E como eu estava dizendo, o mundo está se empobrecendo. As pessoas estão tendo cada vez menos dinheiro. O valor do trabalho está ficando irrisório.

Walter: E me diga uma coisa, se você pudesse fazer uma ficção de sua vida, algo que você sonharia de fazer em sua vida...

Lutgardes: Como você sabe, fazer uma relação entre a minha vida e esses escritos do meu pai...

Walter: E por onde você caminharia para fazer essa relação? Pode me dar um exemplo?
Lutgardes: Difícil pra mim... Não sei... Por exemplo, o amor... Ele termina a *Pedagogia do oprimido* dizendo...

Walter: "Espero que pelo menos depois deste livro fique... a confiança na criação de um mundo em que seja menos difícil amar."
Lutgardes: Pois é... De onde é que ele tirou isso? Ele tirou isso da gente! Dos filhos, da mulher, da vida.

Walter: Ou seja, seria como conectar as ideias de seu pai com a vida...
Lutgardes: Isso... exato... As ideias com a vida. Porque as ideias não aparecem...

Walter: Do nada...
Lutgardes: Do nada... As ideias não caem do céu em cima da sua cabeça. As ideias, elas partem da realidade que você... Então, ele conviveu com a gente e nessa convivência é que nós fomos encaminhando ele pra escrever o que escreveu.

Walter: Alimentando as ideias...
Lutgardes: Alimentando as ideias... Tanto assim que, quando ele escrevia, não admitia ninguém por perto. Por quê? Porque ele vinha carregado das coisas que a gente dizia pra ele. E aí era um momento de concentração dele. Escrever exige muita concentração. Você deve saber. Então, eu acho, se você conseguisse isso, seria maravilhoso!

Walter: Eu vou tentar.
Lutgardes: Tá certo (risos).

Walter: (risos)

A vida

Primeiro princípio (início): uma educação política é uma educação filosófica, e, nela, a vida não fica do lado de fora... da filosofia, da educação, da escola, do pensamento... A filosofia afirma-se ao mesmo tempo como uma dimensão da educação e como uma forma de vida: assim, uma educação filosófica (Freire talvez chamasse essa educação de "emancipadora", "libertadora" ou "transformadora") toca e afeta politicamente a vida – aumenta a potência de viver dos que dela participam a partir do exercício de pôr em questão, com outros e outras, o sentido da própria vida.

> *Paulo Freire é um pensador comprometido com a vida:*
> *não pensa ideias, pensa a existência. É também educador: existencia seu*
> *pensamento numa pedagogia em que o esforço totalizador*
> *da práxis humana busca, na interioridade desta,*
> *retotalizar-se como "prática de liberdade".*
>
> (Fiori in Freire, 1974, p. 1)

> *Necessitamos de uma educação em que professores*
> *não sejam mais meros transmissores do conhecimento que*
> *outras pessoas criaram e acerca de cuja origem eles nada sabem –*
> *reforçando uma forma de ensinar na qual transferem esse*
> *conhecimento para os estudantes sem nenhum tipo de curiosidade*
> *histórica sobre este. E os estudantes também recebem o conhecimento*
> *dessa forma. Para mudar isso, a educação precisa abraçar a filosofia;*
> *necessitamos não apenas – exclusivamente –*
> *de tecnologia e ciência, mas também de filosofia da ciência,*

filosofia da tecnologia, filosofia do conhecimento.
Devemos seriamente questionar como pensamos e como conhecemos.[8]

(FREIRE in DARDER, 2002, p. xii)

Paulo Freire: "filósofo" da ou na educação?

Na filosofia acadêmica, existe uma forma dominante que faz da filosofia um conjunto de ideias, doutrinas e sistemas teóricos sobre certos temas ou problemas. Nessa tradição de pensamento, há uma subdisciplina chamada comumente de "filosofia da educação". Mesmo que, para muitos, Paulo Freire não seja considerado estritamente um filósofo – em especial no Brasil, a partir de concepções bastante estreitas, doutrinárias ou técnicas da filosofia –, ele é corriqueiramente estudado nesse campo, em particular fora do país.[9] Muitos desses estudos têm destacado as fontes filosóficas de Paulo Freire e o inscrevem em certas tradições de pensamento. Isto é, ao mesmo tempo em que se discute se ele é um filósofo, inúmeros estudos no Brasil, mas sobretudo no exterior, procuram identificar "a filosofia de Paulo Freire", entendendo por tal os pressupostos filosóficos que situam suas ideias a partir de sua inscrição em determinada corrente de pensamento.

De forma geral, destacam-se, como suas influências, pensadores e tradições das mais consagradas na chamada filosofia ocidental. Certamente, trata-se de uma questão polêmica, dado que pressupõe não apenas determinada concepção do que seja a filosofia e uma tradição europeia com a qual ela costuma identificar-se, como também o caráter singular, híbrido e eclético de seu pensamento, sua especial forma de "ler" cada autor dessa tradição segundo a problemática que lhe é própria. Como Paulo Freire foi mudando de forma de pensar durante sua vida, dependendo da obra, do aspecto, do momento estudado, diversas tradições são ora destacadas, ora confrontadas, ora desconsideradas. Além disso, em alguns casos, a mesma influência é lida de forma muito diferente, segundo, claro, os interesses da leitura.

Em qualquer dos casos, o panorama é por demais complexo, e o resultado, surpreendente: não há praticamente corrente filosófica nessa tradição de pensamento europeu que não seja, em algum grau ou medida, relacionada ao educador de Pernambuco. De modo apenas ilustrativo, para que se perceba a dimensão e complexidade de sua obra, apontamos algumas dessas leituras, incorporando as influências mais destacadas pelos estudiosos, incluindo figuras de diversos campos. Assim, são muitos Paulo Freire: marxista (ora ferrenho, ora eclético, ora, ainda, tíbio), teólogo da libertação, existencialista, fenomenólogo, pedagogo crítico, escolanovista, personalista... Edson Passetti o chamou, de modo interessado e não menos interessante, de "anarquista cristão" (PASSETTI, 1997, p. 10).

De maneira mais específica, J. Irwin (2012), por exemplo, mostra como Paulo Freire foi influenciado pelo existencialismo (em particular, pela noção de "medo à liberdade" de Erich Fromm), por Marx (sua concepção de filosofia, da história, da dialética) e pelo marxismo (em muitas de suas vertentes – por exemplo, Frantz Fanon e sua análise da ação cultural para a liberdade em países do Terceiro Mundo). J. Elias destaca cinco influências mais marcantes: progressismo político e educacional (*liberalism*), existencialismo, fenomenologia, teologia católica e humanismo marxista revolucionário (ELIAS, 1994, p. 32-46).

P. Mayo (1999) enfatiza a proximidade e a importância do trabalho de A. Gramsci na perspectiva da educação de adultos. D. Saviani (1987) destaca o personalismo de Mounier e o existencialismo de G. Marcel e K. Jaspers como as marcas mais significativas e chama a filosofia de Freire de dialética e idealista. J. L. Zanella (2007) sugere que a influência filosófica mais marcante é a fenomenologia existencial, em particular Husserl e Jaspers, e também destaca o pragmatismo de J. Dewey. Em qualquer caso, para Zanella, a resistência de Paulo Freire em aceitar as "leis científicas e dialéticas do real" o impede de compreender a realidade como totalidade dialética e, portanto, o deixa preso a uma concepção idealista, que impossibilitaria considerar sua filosofia como marxista (ZANELLA, 2007, p. 114).

Oliveira e Ghiggi (2004) destacam a influência de autores como Buber, Jaspers e Dewey para o conceito de diálogo, que consideram o elemento central na filosofia de P. Freire. A relação de Freire com o pragmatismo, e em particular com a figura de J. Dewey, é muito estudada nos Estados Unidos por autores como Feinberg e Torres (2002) e Abdi (2001), e, no Brasil, por exemplo, por Moacir Gadotti (2001) e, mais recentemente, entre outros, por Guilherme (2017). Morrow e Torres (2002) traçam um paralelo entre P. Freire e J. Habermas a partir de uma concepção comum do sujeito, da prática pedagógica, das ciências humanas e da crise das ciências modernas, com ênfase nas interfaces entre Freire e o filósofo alemão.

J. Simões Jorge (1975) marca o caráter inclassificável da filosofia de Paulo Freire e destaca, como influências e conceitos filosóficos mais relevantes, Tristão de Athayde, filósofo católico humanista brasileiro (valor do humano), o personalismo de E. Mounier (dignidade da pessoa), o existencialismo de Kierkegaard (o caráter existencial do ser concreto), G. Marcel (o ser-com), M. Heidegger (o homem como ser que se pergunta e o mundo como horizonte), K. Jaspers (o valor do diálogo e da comunicação), E. Fromm (crítica da massificação, alienação e opressão) e, finalmente, K. Marx (a dialética, a utopia e a práxis na sua crítica da sociedade capitalista).

Bauduíno Andreola elenca afinidades, convergências e complementariedades com uma série de outros mestres do século XX, entre os quais alguns já citados e também Gandhi, Luther King, João XXIII, Teillard de Chardin, Lebret, Dom Héldcr Câmara, Mandela, Simone Weil, Téovédjrè, Che Guevara, Madre Teresa de Calcutá, Ivan Illich, Dalai Lama, Garaudy, Fritjof Capra, Betinho, Pierre Weil e Leonardo Boff (ANDREOLA, 2001).

Como se percebe, o repertório é amplo, e fizemos apenas uma pequeníssima síntese das muitas leituras existentes. Inclusive, a partir do testemunho do próprio Paulo Freire, que seguidamente se refere a suas influências, poderíamos ampliar essa lista. Por exemplo, na última etapa de sua vida, ele mostra sua antipatia pelo pós-modernismo fatalista e neoliberal e sua simpatia pelo pós-modernismo progressista, tanto que chama a si mesmo de "progressistamente pós-moderno" (FREIRE, 2014 [1992], p. 134).

Enfim, o quadro poderia ser ainda muito mais complexo. Certamente, Paulo Freire foi um leitor obstinado, dedicado, interessado e aberto a distintas tradições de pensamento que o ajudassem a pensar os problemas do seu tempo. É preciso também lembrar sua declarada e constante fé cristã, a qual nunca abandonou e que o fez tentar conciliar as diversas correntes filosóficas, mesmo que algumas, como o marxismo, estivessem em franca tensão com ela. Enfim, o caminho de sua biblioteca e das influências filosóficas por ele recebidas é árduo, longo e complexo.[10]

Outras tradições para a filosofia: Marx e a exigência da transformação

Não vou explorar essa linha que, para situar ou compreender um autor, busca conectá-lo com outros autores ou tradições de pensamento da história das ideias. Andarei por outro caminho, embora me inspirando nessa mesma história. Considero que duas dessas tradições têm um caráter especial para pensar a relação de Paulo Freire com a filosofia. O comum nessas duas tradições é que, nelas, a filosofia é entendida mais pelos seus efeitos em relação ao que está fora dela que como um conteúdo ou teoria. Ou seja, a partir delas, não se trata de contextualizar esse ou aquele aspecto do pensamento de Paulo Freire para tentar identificar essa ou aquela influência nesse ou naquele livro. As duas tradições aqui escolhidas apontam para um caminho que, de alguma forma, dissolve essa maneira de se aproximar de um autor quando se destacam suas influências filosóficas. Elas apontam para uma conexão da filosofia com algo que está fora da filosofia: a política, a educação e a vida.

Uma dessas tradições, a primeira, vem de Karl Marx num aspecto particular: o Marx tardio, com sua crítica à filosofia especulativa. A referência mais evidente é a Tese 11 sobre Feuerbach: "Até aqui, os filósofos têm interpretado o mundo. A questão é transformá-lo" (MARX, ENGELS, 2002). Essa retomada tem sido já bastante destacada pelos estudiosos de Paulo Freire – por exemplo, C. West (1993, p. xiii) –, mostrando como o educador pernambucano é bastante sensível a essa crítica marxista à tradição filosófica mais especulativa e sempre aposta no poder de uma educação problematizadora ou filosófica, não apenas para mudar os modos de pensamento, mas, sobretudo, as formas de vida imperantes. A partir dela, costuma-se destacar a noção marxista de práxis, particularmente importante em sua obra.

Mais ainda: o próprio Paulo Freire se inscreve nessa tradição, que pensa a filosofia como diretamente comprometida com a transformação do estado das coisas. Por exemplo, em entrevista ao Instituto de Ação Cultural de Genebra, em 1973, Freire (1976a) critica as diversas formas dualistas de visões subjetivistas e objetivistas e propõe entender a filosofia como práxis, ação e reflexão, unidade dialética do sujeito-objeto, teoria-prática.

Para Freire, a filosofia comporta uma dimensão de reflexão e outra de ação, e ambas são necessariamente transformadoras do mundo quando propõem uma leitura consciente, profunda, "científica". Por isso, a leitura do mundo é uma práxis transformadora deste. Em *Ação cultural para a liberdade*, ele afirma que, ao contrário do que propõe, é próprio de um analfabeto político a ideia de uma filosofia que tenha o papel apenas de "explicação do mundo e instrumento para sua aceitação" (p. 91).

Desse modo, para Paulo Freire, a filosofia não é apenas uma ferramenta para compreender a realidade ou mesmo a posição do ser humano no mundo, como afirmam a quase totalidade das tradições filosóficas que acabamos de mencionar e que são apontadas como fortemente marcantes em seu pensamento. É verdade que, particularmente no seu primeiro período, a ideia de "conscientização", densamente influenciada pela tradição fenomenológica, tem uma importância singular.[11] Contudo, trata-se de uma tomada de consciência indissociável de uma efetiva transformação das condições de vida dos oprimidos. A filosofia como dimensão de uma educação problematizadora que permite a conscientização das condições de opressão é, para Paulo Freire, uma forma de reunir teoria e prática, abstração e concretude, reflexão e ação, pensamento e vida. Se uma educação filosófica permitisse aos oprimidos apenas a tomada de consciência teórica de sua condição, mas não mudasse suas circunstâncias materiais de vida, ela não seria uma educação propriamente libertadora. Para ele, a vida é, de certo modo, indissociável do pensamento.

Assim, quando se coteja a obra de Paulo Freire com essas tradições que, certamente, o influenciaram, como ele mesmo admite, percebe-se a existência de certa tensão indissimulável. Inclusive, ele próprio critica marxistas "muito bons" que nunca puseram o pé numa favela ou na casa de um trabalhador (FREIRE; SHOR, 1986). Podem ser teórica e conceitualmente muito bons conhecedores da teoria marxista, especialistas exímios nas ideias de Marx, porém, não são marxistas de fato, porque Marx, para eles, é apenas um conjunto de textos estudados, mas completamente afastados da vida concreta; para eles, Marx se resume em conceitos e teoria sem vida.

O que diria Paulo Freire dos fenomenólogos que não dão vida à fenomenologia? Ou dos existencialistas que não dão vida ao existencialismo? Ou dos... que não dão vida a...?

Seja como for, Paulo Freire é claramente marxista no sentido de afirmar uma filosofia que não apenas contemple ou compreenda os problemas da educação, mas que procure transformar as práticas educacionais. Nesse sentido, nunca deixa de apostar no poder transformador de uma educação politicamente orientada para a libertação dos oprimidos. Contudo, especialmente a partir de Golpe de 1964 no Brasil, percebe mais claramente os limites dos efeitos transformadores da educação e passa a defender uma postura mais prudente, um otimismo crítico, algo entre um "otimismo ingênuo" – pensar que a escola pode ser a alavanca da "transformação social" – e um "terrível pessimismo" – pensar que ela apenas reproduz a ideologia dominante (FREIRE; SHOR, 1986, p. 82).

Em textos de 1992, depois de passar pela dura prova da Secretaria de Educação de São Paulo, ainda afirma, sobre o papel da educação, "que, não sendo fazedora de tudo, é um fator fundamental na reinvenção do mundo" (FREIRE, 2001b, p. 10). É uma afirmação repetida em muitas intervenções dessa época (cf. FREIRE, 2014 [1992], p. 61-63). Em palestra na Jamaica, afirma que "se a educação não pode tudo, pode alguma coisa" (FREIRE, 2001b, p. 42). Numa das cartas que compõem o livro *Professora sim, tia não,* escrito em 1993, aparece o que se torna quase um mote nos seus últimos tempos: "É bem verdade que a educação não é a alavanca da transformação social, mas sem ela essa transformação não se dá" (FREIRE, 2017 [1993], p. 157). Em seus últimos trabalhos, Freire considera que "mudar o mundo é tão difícil quanto possível" (FREIRE, 2000, p. 39).

Em definitivo, Paulo Freire nunca deixa de considerar que o poder transformador de uma teoria ou pensamento reside na sua capacidade para incidir, de alguma forma, nos modos de vida que procura compreender. Por isso, aceitaria a crítica marxista a todas as tradições de pensamento, inclusive a algumas das que marcaram seu próprio pensamento, por terem permanecido num plano meramente especulativo.

Uma outra tradição: Foucault e a vida como problema para a filosofia

A inscrição de Paulo Freire na segunda tradição de pensamento europeu é mais polêmica e menos explorada.[12] Está bastante relacionada à primeira, na medida em que M. Foucault – me referirei a ele mais adiante – foi um leitor atento, sensível e ao mesmo tempo crítico, da filosofia da práxis de Marx. A uma só vez, Foucault (2009) também critica essa tradição marxista de um modo que talvez o próprio Paulo Freire, em particular o da última etapa, não veria com maus olhos. Assim, ao inscrever Paulo Freire nessa tradição, estou ciente de estar também introduzindo certa tensão no quadro que dele ofereço. Um humanista cristão lido pelas lentes de um anti-humanista ateu. Vamos ver no que dá.

Ao mesmo tempo, sua inscrição nessa segunda tradição permitiria relacionar Paulo Freire com figuras mais remotas e, aparentemente, distantes de nosso tempo e lugar. É isto, sobretudo, que nos importa: a potência dos encontros com intercessores menos explorados, quase desopilantes, se pensarmos nas leituras mais ortodoxas do educador de Pernambuco.[13]

Em seu último curso, sobre a noção de *parrhesia* ("o dizer verdadeiro"), intitulado *A coragem da verdade,* ministrado no Collège de France, M. Foucault propõe uma filosofia da história da filosofia que, de certo modo, recria a crítica de Marx à filosofia especulativa segundo outras categorias. Isso significa que, além dessa tradição intelectualista-especulativa de doutrinas, problemas ou conceitos, sinalizada por Marx, Foucault encontra outra: a "história da vida filosófica como um problema filosófico, mas também como uma forma de ser e ao mesmo tempo como uma forma de ética e heroísmo" (FOUCAULT, 2011, p. 187), desconsiderada pelo filósofo prussiano (e, certamente, não só por ele). É o que Foucault vai investigar nesse último curso: uma história de heróis ético-filosóficos, não por causa do suposto brilho de suas doutrinas ou ideias, mas pelo caráter ético-heroico de seus modos de vida; isto é, não pelo que pensaram ou escreveram, mas em razão do poder explosivo, militante e revolucionário de seus caminhos e estilos de vida; pela força que eles têm para se registrar, crítica e devastadoramente, na tradição de como uma vida filosófica deve ser vivida, e até mesmo do que é feito, na própria vida, em nome da filosofia.

Para o francês, Sócrates e os antigos cínicos são os heróis iniciais de uma tradição europeia de vida filosófica que pode ser reconstruída até os nossos dias. É uma tradição menor, silenciada na própria Europa, mas não é menos filosofia que a dominante. Nessa mesma obra, Foucault considera que, na modernidade, a história das vidas filosóficas poderia ser reconstruída, por exemplo, a partir de figuras como Montaigne e Spinoza. Ou seja, Foucault não pretende inaugurar essa tradição, como parece ser a aspiração de Marx ("Até aqui, os filósofos [...]"). Ao contrário, ela é antiga. Só que ela tem sido apagada, desconsiderada, ignorada pela história da filosofia triunfante. A filosofia da história da filosofia de Marx pretende interromper uma tradição e gerar um novo início para ela; ao contrário, a de Foucault busca ajudar a perceber o que já existia, mas não estava sendo percebido.

Consideremos o caso de Sócrates. Nele, a filosofia especulativa, como teoria ou conhecimento, também está presente. Na verdade, se atendermos aos *Diálogos* de Platão, com todas as dificuldades hermenêuticas do caso, as duas concepções de filosofia, antes contrapostas, estão reunidas: a filosofia como conhecimento, atividade intelectual, o que Foucault chama de uma "metafísica da alma", e a filosofia como forma ou sabedoria de vida, o que ele nomeia como uma "estética da existência" (FOUCAULT, 2011). O autor mostra como as relações entre ambas são complexas, flexíveis, variáveis. O *Alcibíades I*, em que Sócrates, em diálogo com Alcibíades, entende a filosofia a partir do conhecimento de si, seria um exemplo, presente em um diálogo, de filosofia entendida como metafísica da alma: Sócrates, ali, tenta avaliar as reais condições de Alcibíades de se dedicar à política; argumenta que, para isso, ele deveria ter sido educado para cuidar dos outros; e só pode cuidar dos outros quem sabe cuidar de si; e o que é preciso para poder cuidar de si? Algo que só o filósofo parece estar em condições de fazer na *polis:* conhecer-se a si mesmo e, dentro de si, conhecer a sua parte mais importante, ali considerada como a alma. De modo que, nesse diálogo, Sócrates parece afirmar uma visão da filosofia na qual ela está associada a certo conhecimento ou atividade intelectual.

Nesse mesmo curso Foucault contrapõe a visão oferecida no *Laques*, em que Nícias, um dos interlocutores de Sócrates, percebe que as conversas com ele podem começar por qualquer assunto que, fatalmente, se voltarão para o próprio interlocutor, que deverá fornecer a razão do seu modo de vida, ou seja, por que ele vive da maneira que vive. Isto é, o que interessa à filosofia, nesse diálogo, não é uma atividade intelectual como uma forma de vida. É a filosofia como estilo, estética da existência. Vale notar que, em ambos os diálogos, a questão principal, que está no fundo das conversações de Sócrates com seus interlocutores, é como educar os jovens atenienses, como enfrentar o que é percebido como uma crise educacional para poder dar importância ao que é preciso na educação das novas gerações de atenienses.

Assim, Foucault destaca, desses dois inícios socráticos, a filosofia como problematização da vida. Ela se encontra mais ou menos marcada em vários dos primeiros diálogos de Platão. A outra linha também nasce nesses diálogos: os dois inícios nascem misturados, atravessados, muitas vezes, confundidos. No entanto, gradativamente, desponta a filosofia como atividade cognitiva, segundo a qual interessa, acima de tudo, o exercício intelectual gerado a partir do exame das questões que se busca compreender. É a história da filosofia como conhecimento, como sistema de pensamento, perguntas e respostas, que Platão reforça nos diálogos de maturidade e Aristóteles projeta de modo mais organizado e sistemático. É a filosofia que resulta, digamos, vitoriosa no mundo acadêmico, com particular ênfase a partir do que Foucault chama de "o momento cartesiano", a modernidade europeia. É aquela tradição criticada por Marx, a que classifica os filósofos, segundo suas doutrinas, em existencialistas, pragmatistas, personalistas, marxistas, fenomenólogos, pós-modernos...

Certamente, essas duas linhas da filosofia não estão desconectadas, e há muitas maneiras de relacioná-las e de se relacionar com elas. Ao resgatar aquela tradição apagada pela filosofia dominante, Foucault destaca em Sócrates o que mais lhe interessa, o problema filosófico que o angustia de modo vital em seus últimos momentos: como justificar, perante a proximidade da morte, uma vida que tenha valido a pena ser vivida, e como situar essa vida em uma tradição de pensamento que dê significado e razão de ser para o próprio estilo de vida foucaultiano. Em outras palavras, o que interessa a Foucault, nessa altura de sua vida, é como inscrever sua maneira de fazer filosofia, sua vida vivida de acordo com uma filosofia, dentro da tradição europeia do pensamento conhecida como filosofia ocidental. Ele não se sente à vontade naquela tradição intelectualista da filosofia e encontra, na vida (e na morte) de Sócrates, o início de uma tradição para sua própria vida filosófica.

Contudo, Foucault não encontra, para isso, inspiração apenas em Sócrates. O degrau seguinte dessa tradição são os filósofos cínicos, que continuam a se entranhar nessa maneira de viver (e morrer) de tal forma que a vida deles é um escândalo. Na Antiguidade, a filosofia cínica fora uma escola caracterizada muito mais por representar um modo de vida do que por ter desenvolvido teorias ou sistemas de pensamento. Não há propriamente uma "doutrina cínica", a não ser um conjunto bastante limitado de preceitos que constituem mais prolegômenos de uma estilística da existência que um conjunto de saberes ou teorias sistemáticas. Além do mais, os cínicos não ensinam qualquer teoria, não transmitem quaisquer saberes; eles mostram com suas vidas os absurdos daquelas efetivamente vividas na *polis* para que outras possam ser vividas. Eles são como pontes: não oferecem vidas a serem imitadas, mas mostram a artificialidade das vidas que dominam a cidade para que, desse modo, outras vidas possam surgir.

Diógenes de Sinope, o fundador da escola e o mais emblemático dos filósofos cínicos, teria assumido sem problemas o apelido de "cão", de onde vem o nome "cínico" que traduz o adjetivo "*kynikós*". "Vida de cão" é uma boa tradução do cinismo: vida sem pudor, vergonha ou respeito, vida sem intimidade ou segredo, vida impudica e indiferente e que de nada necessita, vida absolutamente visível e natural, que briga e late contra os inimigos. Enfim, vida que cuida e salva a vida dos amos, da amada natureza. Vida sem nada mais do que a própria vida. Assim, o cinismo antigo aparece como um aprofundamento da vida socrática, uma continuação, projeção, aprofundamento de uma vida verdadeira, que a tradição construída a partir do platonismo não hesitou em continuar louvando, mas cada vez mais se recluindo nos textos e se afastando da vida concreta dos filósofos. É a afirmação de uma outra vida para que existências efetivamente filosóficas possam surgir. Eis seu valor educacional singular.

Por isso, de certo modo, a ética e o heroísmo se intensificam nos corpos dos antigos cínicos, pois neles há ainda menos teoria, doutrina, corpo de pensamento que em Sócrates. Para os cínicos, a vida filosófica é o próprio corpo do filósofo, que expressa a própria vida de maneira direta, profunda, coerente e radical com sua filosofia. A filosofia cínica é uma vida feita corpo, expressada de maneira ética e heroica no espaço público da *polis*.

Dessa maneira, na leitura de Foucault (2011), o cinismo aprofunda a relação que o próprio Sócrates estabelece entre verdade e vida, tal como a apresenta perante seus acusadores na *Defesa de Sócrates* de Platão, tanto que vários cínicos foram julgados e condenados por irreligiosidade, da mesma forma que Sócrates. Essa vida cínica exige valentia, e nada de vergonha ou temor, para afirmar um dizer verdadeiro ilimitado, que se torna intolerável e insolente na *polis*.

O que os cínicos entendem como vida verdadeira? Diógenes, o cínico mais notável, diz ter recebido, como Sócrates, um mandato do Oráculo de Delfos, que ele tomara também como missão: "Mudar, alterar o valor da moeda" (p. 198). A partir da proximidade etimológica entre "moeda" (*nómisma*) e "norma", "lei" (*nómos*), Foucault interpreta essa missão como uma tarefa de contestar filosófica e politicamente a ordem para transformá-la. A verdadeira vida cínica seria, então, uma vida que denuncia a vida da *polis* como o reverso de uma verdadeira vida, não dissimulada, pura, reta e inalterável. O cinismo, para o Foucault dos últimos cursos, é uma extrapolação, uma reversão tão radical, que é impossível para a filosofia dominante na época não aceitar o cinismo como uma parte sua e, ao mesmo tempo, não desprezá-lo e pretender expulsá-lo do mundo da filosofia como "careta da verdadeira vida" (p. 200).

Assim, Sócrates e os cínicos de Foucault são, talvez, exemplos-limite e míticos de pensadores que podem ser colocados quase exclusivamente do lado da vida; o primeiro, por sua maneira característica de afirmar uma vida filosófica a partir de uma relação com o saber atravessada pelo não saber e pela sua negativa de colocar qualquer pensamento por escrito; os segundos, mais ainda, pelo seu modo de entender a filosofia precisamente como os gestos do corpo na vida e nada para além desses gestos. Em comum, compartilham a ausência de registros escritos diretos, um vácuo que aumenta a possibilidade de inspirar sentimentos sempre renovados olhando para os testemunhos sobre suas vidas.

Outro aspecto importante dessa forma de afirmar a filosofia que Foucault faz nascer com Sócrates e que os cínicos projetam é que a vida filosófica é, ao mesmo tempo, uma vida educadora. O herói da filosofia educa com seu próprio exemplo, com sua vida. Poderíamos dizer que o valor ético desse tipo de vida se projeta como um valor educacional. E não se trata de uma característica acessória, e sim principal: sem essa projeção educativa, essa vida não é nada, perde todo o sentido. A vida é vivida de forma tal que inspire outras vidas. Mais ainda: ela só pode ser vivida se inspira outras vidas.

Portanto, é muito difícil diferenciar até que ponto e em qual sentido uma vida ética é uma vida filosófica ou uma vida educadora. Sócrates é, de novo, um bom exemplo, uma vez que as acusações contra ele são religiosas ("não acredita nos deuses dos atenienses" e/ou "introduz novos deuses") e educacionais ("corrompe os jovens"), e sua maneira de se defender é identificando essas acusações como acusações contra "todos os que filosofam" (PLATÃO, *Defesa de Sócrates*, 23 d). Ou seja, ele é acusado dos efeitos educacionais de sua vida filosófica e responde que essa acusação se vale dele como de um símbolo, mas, na verdade, ela é dirigida contra certa maneira de levar a vida, que ele chama de filosófica, isto é, contra ele, mas também contra "todos os que filosofam". Responde também que, de fato, vivendo dessa forma, interrogando e filosofando com os cidadãos de Atenas, ele está realizando uma missão determinada pelo deus mais sagrado dos atenienses, Apolo. E que, se seus juízes propusessem perdoá-lo com a condição de que deixasse tal vida, ele não aceitaria, porque uma vida sem se examinar e problematizar a si mesmo e aos outros não merece ser vivida por um ser humano (PLATÃO, *Defesa de Sócrates,* 38 a). Se juntássemos as respostas, poderíamos dizer, então, que a vida filosófica, com sua missão educadora, é uma tarefa sagrada incontornável para alguém escolhido, o herói.

Façamos o exercício que essa vida heroica propõe e voltemos às perguntas sobre essa forma de intervenção (política?) do herói na *polis*: ao responder dessa maneira aos seus acusadores, Sócrates está filosofando? Está educando? Quem é Sócrates? Um filósofo? Um professor de filosofia? Um educador que filosofa? Ou Sócrates é, na verdade, um político que busca revestir sua filosofia e sua educação de um caráter sagrado para afirmar uma política de questionamento à política instituída?

O mesmo se poderia perguntar a respeito da vida heroica dos cínicos, do valor de suas intervenções públicas, em que seu próprio corpo é seu pensamento: são elas expressão filosófica, educadora ou política? Um pouco de cada uma? Podemos ver nelas expressões de vidas que educam politicamente através do exercício da filosofia? Ou que filosofam e fazem política educando? Ou que inscrevem uma política de enfrentamento à ordem das coisas em nome de uma educação na filosofia?

Eis então uma terceira dimensão dessa tradição de vida filosófica que Foucault vê nascer com Sócrates e os cínicos: ela é, necessariamente, política. Lembremos a etimologia da palavra "política", derivada do substantivo grego *"polis"*, que é a forma organizada de vida em comum. A vida filosófica e educadora não pode não ser política porque fora da *polis* a vida mesma carece de sentido. Isso é, por exemplo, o que Sócrates argumenta a Críton no diálogo com esse nome, quando ele quer convencer Sócrates de escapar da prisão: não só não seria justo escapar – porque seria desmentir toda uma maneira de viver na *polis* –, como, sobretudo, não faria sentido, porque não haveria vida com sentido fora da *polis*. Que a vida de Sócrates, a dos cínicos, a vida educadora da filosofia é política significa não que ela exija um partido – o que seria grotesco no caso dos gregos, cuja democracia era direta, sem representação –, sequer uma forma específica de exercício do poder ou um programa político de vida em comum. Que essa vida ética e heroica é também política significa a impossibilidade de pensar a vida, a educação e a filosofia sem esses outros que compartilham o espaço público dessa vida, a vida pública.

Como argumenta Foucault nos seus últimos cursos no Collège de France, as relações entre as duas dimensões da filosofia – como forma de conhecimento e modo de vida – são complexas, oscilantes, variadas. Num sentido, a intensidade das questões que a vida em comum nos coloca é mais importante do que suas respostas e, de certo modo, sobrevive às respostas que a elas são oferecidas. Em outro sentido, a vida filosófica se alimenta das respostas que a própria filosofia busca oferecer a ela. Em qualquer caso, no campo da vida, a filosofia, a educação e a política não são facilmente separáveis nem fixadas num corpo de saber ou numa metafísica da alma, como diria esse último Foucault, tal como os filósofos tentaram, pelo menos a partir de Platão. A força de vidas ética e heroicamente questionadoras da ordem da de Sócrates ou da dos cínicos prevalece perante as tentativas de compreender essas vidas num sistema único, total de pensamento.

Paulo Freire e a história da vida como um problema filosófico

Poderíamos dizer que Paulo Freire se inscreve nessa tradição de uma vida filosoficamente educadora, política, ética e heroica que Foucault começa com Sócrates e os cínicos e continua em nossa era com os ascetas cristãos. Por Paulo Freire ser um cristão confesso, talvez seja interessante atentar para essa recuperação foucaultiana dos ascetas de Cristo, pois, para Foucault (2011), o cristianismo é um exemplo de uma metafísica da alma relativamente estável durante séculos, que deu lugar, ao mesmo tempo, a estéticas de existência ou formas de vida muito variadas. Nessa tradição, os ascetas cristãos se inspiram nos cínicos para travar uma espécie de combate espiritual contra as impurezas do mundo. Entre as diversas formas que os ascetas cristãos assumem, uma parece particularmente interessante para a inscrição nessa linha do guardião dos sonhos pedagógicos: a figura do militante, aquele que critica a vida real e o comportamento dos seres humanos enfrentando uma batalha que deveria levar à transformação completa do mundo.

Contudo, não é menos certo que há no mínimo dois aspectos do ascetismo cristão que parecem confrontar o pensamento de Paulo Freire, sendo quase opostos a ele: por um lado, a importância que, para os ascetas cristãos, tem um outro mundo, um mundo para além deste, muito mais significativo do que fazer deste mundo um mundo outro; por outro lado, o princípio da obediência (ao senhor, à lei, a deus) que, para os ascetas, é fundador de seu modo de vida. Esses aspectos estão em tensão num pensamento e numa vida como a de Paulo Freire, que queria reunir doutrinas ou, para dizê-lo nos termos de Foucault, metafísicas da alma, tão dissonantes quanto o marxismo e o cristianismo, e buscava, através da educação, a transformação deste mundo em um outro, que nasceria do mundo existente. Porém, para quem apostou até o final de sua vida na transformação do mundo e, ao mesmo tempo, no valor do diálogo, nenhum desses dois princípios dos ascetas cristãos parece vigorar.

Nesse sentido, a analogia com Sócrates e os cínicos ganha ainda mais força se nos lembrarmos da maneira como o educador de Pernambuco descreve sua vida, de forma bastante próxima ao ateniense e aos cínicos, como uma espécie de missão sagrada. Vejamos algumas semelhanças gritantes entre Sócrates e Paulo Freire.

Alguns trabalhos estudam essa relação entre Paulo Freire e Sócrates. A maioria deles centra-se na noção de diálogo. Entre os realizados no Brasil, Mário Sérgio Cortella (2018) passa muito rapidamente por essa relação e os separa mais do que os aproxima; já Marcelo Maia (2008) dedica uma dissertação a estudar a relação entre Sócrates e Paulo Freire e encontra apenas algumas discordâncias (a ênfase socrática no indivíduo e a freireana no coletivo; o saber do educando que, para Sócrates, inexiste ou deve ser problematizado e, para Freire, deve ser valorizado; métodos diferentes) e muitos mais pontos em comum, inclusive o diálogo: a educação como caminho para superar problemas sociais; a concepção da vida humana como inconclusa e como tarefa para o ser humano (a humanização da vida, a ser realizada pela educação); o conhecimento (em particular, ético) como condição para uma existência livre; o papel afirmativo da ironia; o diálogo, praticado entre pares, como caminho para uma educação libertadora.

Consideremos a relação entre Sócrates e Paulo Freire mais de perto. Ambos se veem como heróis, profetas em missão pastoral. Eles o dizem explicitamente, por exemplo, em seus últimos depoimentos: Sócrates, quando relata a conhecida anedota do Oráculo de Delfos em sua defesa (PLATÃO, *Defesa de Sócrates*, 20 e ss.); Paulo Freire (1997), em sua última entrevista, fazendo história de seus começos na alfabetização de jovens e adultos em zonas pobres de Pernambuco. Vejamos os detalhes.

Sócrates interpreta dessa forma os ditos da Pitonisa, no Oráculo, ao seu amigo Querefonte, que tinha perguntado se existia alguém mais sábio do que Sócrates em Atenas. "Não há ninguém mais sábio do que Sócrates" indica não um saber, mas uma missão que Sócrates dá a si mesmo e à qual ele será fiel durante toda a sua vida, mesmo quando ela esteja em risco: mostrar a todos que eles não sabem o que acreditam saber, a fim de exortá-los a querer saber e poder se colocar no caminho da busca do saber. O impacto desse ensinamento na vida dos atenienses é direto, na medida em que permite que eles atentem ao que não atentavam, cuidem do que não cuidavam. Assim, Sócrates funda uma filosofia e a posição de quem a vive: como uma missão filosófico-educadora que busca converter todos os outros em filósofos, todas as outras vidas em vidas filosóficas. Sócrates quer que todos vivam sua vida filosófica.

Paulo Freire também se percebe como um pastor, profeta em missão educadora. Entende o profeta como alguém ancorado firmemente na terra, no presente, mas, ao mesmo tempo, alguém que consegue antever o futuro com tranquilidade; alguém em quem a "imaginação, neste nível, está lado a lado com os sonhos" (FREIRE; SHOR, 1986, p. 112). Ele descreve sua missão de uma maneira bastante semelhante aos termos socráticos: concebe o ser humano como um ser inacabado e entende que sua missão é despertar, a partir de uma pedagogia da pergunta, um sentimento de busca e procura naqueles que, igualmente inconclusivos, não se reconhecem como tais (FREIRE, 2017 [1996]). Eis o valor do seu "inédito viável", da vocação epistemológica e ontológica dos seres humanos por "ser mais". Poderíamos afirmar que Freire está muito próximo da concepção de filosofia socrática, na qual a filosofia não é um substantivo, uma teoria, mas um verbo, uma certa relação com o saber que se exercita. Nesse sentido, há, nas perspectivas "socrática" e "freireana", uma antropologia, uma epistemologia e uma ontologia com fortes traços em comum: uma forma de ser, conhecer e habitar o mundo com base na pergunta, na curiosidade, na incompletude, e o desejo de que a vida seja uma maneira de aceitar e, ao mesmo tempo, enfrentar de forma "crítica" essa condição. O ditado socrático da *Defesa* – "uma vida sem exame não merece ser vivida por um ser humano" (PLATÃO, *Defesa de Sócrates*, 38 a) – faria muito sentido para a vida de Paulo Freire, tanto que, se ele tivesse habitado a Atenas de alguns séculos antes de Cristo, muito provavelmente teria sido um "dos que filosofam", os quais Sócrates identifica como o verdadeiro alvo das acusações contra ele.

Claro, quando se trata de especificar as formas concretas pelas quais cada um deles percebe essa missão e esses sentidos, existem diferenças óbvias e notórias, próprias dos contextos histórico, social, político, cultural, tão marcadamente diferentes. Apresentamos apenas algumas: Freire se percebe e se apresenta como um pastor dos pobres e excluídos em nome de Cristo. Poderíamos dizer, inspirados por Foucault, que se, na Atenas elitista e escravocrata, Sócrates chama os outros cidadãos a cuidarem do que não cuidam, sem outra base senão uma confiança radical na força de questionar e submeter a vida ao exame e sem se preocupar com a situação dos que estão literalmente fora dessa minoria de homens, adultos, nascidos em Atenas, Paulo Freire, numa região periférica de um país periférico como o Brasil, busca cuidar dos oprimidos de que poucos parecem cuidar, com sua fé religiosa cristã e sua fé científica marxista na forma de pensar as relações sociais e políticas. O questionamento socrático é político e se dirige aos que se dedicam à política em Atenas; o questionamento de Paulo Freire é também político nesse sentido, mas, num sentido ainda mais radical, ele questiona as bases da ordem social que sustentam a própria condição de opressão que enfrenta.

Em relação aos modos de conceber a filosofia, há também diferenças claras. Se Sócrates não apresenta nenhuma teoria que sustente sua vida filosófica, Paulo Freire se apoia no materialismo dialético para sustentar sua vida educadora, que almeja realizar os ideais cristãos na Terra. Em outras palavras, o pastor Freire confia em uma concepção marxista da luta de classes e da dialética histórica para, dentro do sistema capitalista, através de uma prática educacional revolucionária, infundir os valores cristãos e a consciência de classe dos oprimidos; valores que transformem a vida dos habitantes de um país "em desenvolvimento", como o Brasil nos anos 1950 e 1960, mais especificamente de uma região tão viciosamente injustiçada como o Nordeste em que nasceu, cresceu e foi formado. Em suas próprias palavras, é assim que ele descreve seu trabalho com as favelas e os camponeses de seu estado, no início de sua caminhada pedagógica:

> Quando muito moço, muito jovem, eu fui aos mangues do Recife, aos córregos do Recife, aos morros do Recife, às zonas rurais de Pernambuco, trabalhar com os camponeses, com as camponesas, com os favelados, eu confesso, sem nenhuma choramingas, eu confesso que fui até lá movido por uma certa lealdade ao Cristo de quem eu era, mais ou menos, camarada. Mas o que acontece é que, quando chego lá, a realidade dura do favelado, a realidade dura do camponês, a negação do seu ser como gente, a tendência àquela adaptação (de que a gente falou antes), àquele estado quase inerte diante da negação da liberdade, aquilo tudo me remeteu a Marx. Eu sempre digo: não foram os camponeses que disseram a mim: "Paulo, tu já leste Marx?" Não, eles não liam nem jornal. Foi a realidade deles que me remeteu a Marx. E eu fui a Marx. E aí é que os jornalistas europeus nos anos setenta não entenderam a minha afirmação. É que quanto mais eu li Marx, tanto mais eu encontrei uma certa fundamentação objetiva para continuar camarada de Cristo. Então, as leituras que eu fiz de Marx, alongamentos de Marx, não me sugeriram jamais que eu deixasse de encontrar Cristo na esquina das favelas [...] Eu fiquei com Marx na mundaneidade, à procura de Cristo na transcendentalidade (FREIRE, 1997).

Perceba-se a proximidade no fundo religioso das histórias. Sócrates tem seu saber legitimado pelo deus Apolo, a divindade suprema dos atenienses. Paulo Freire é camarada de Cristo no cristão Brasil. "Quanto mais eu li Marx, tanto mais eu encontrei uma certa fundamentação objetiva para continuar camarada de Cristo", afirma Paulo Freire. Eis a sua impressionante docilidade, maleabilidade teórica, intelectual e vital. Só alguém extraordinariamente aberto às tensões e desafios do real e de uma filosofia e uma religião antagônicas pode ver, no marxismo, uma fundamentação para realizar o ideal cristão quando, em tantos aspectos, essas duas metafísicas da alma se negam mutuamente.[14] É claro que Paulo Freire não estava isolado nisso, e sua proximidade com os teólogos da libertação é um indício óbvio de sua inscrição numa corrente de pensamento, num espírito da época, particularmente, no campo das interfaces entre teologia, educação e política. Contudo, Paulo Freire parece ter levado a fundo, como nenhum outro, o papel da educação nesse cenário carregado de tensões e contradições.[15]

Seja como for, podemos então ver nitidamente, em Paulo Freire, a presença da tradição do antigo herói filosófico, embutida das figuras de Cristo e Marx, o primeiro sob o campo da fé, o segundo, em nome da ciência da sociedade. Paulo Freire se propõe fazer de sua existência uma vida ética e heroica, na qual a filosofia, a educação e a política fazem parte de uma maneira não simples de dissociar. Como intelectual comprometido com o cristianismo, Freire alimenta sua missão a partir dos valores de uma ética cristã – tais como esperança, fé, solidariedade, compaixão, humildade, tolerância, heroísmo – e, ao mesmo tempo, com a teoria social de um materialismo dialético "crítico", numa vertente "humanista e não doutrinária" que, como aponta Greene (1999, p. 155), mais ou menos intensamente, ele nunca abandona em toda a sua vida, e que foi enriquecendo com outras tradições de pensamento.[16] Um cristão socrático e materialista, um marxista cristão e socrático, um socrático cristão e marxista, todas essas figuras um tanto estranhas cabem bem para o pensamento e a vida desse herói utópico da libertação dos oprimidos.

Assim, Paulo Freire é um pastor filosófico, com sua bengala guiada pelo cristianismo e pelo marxismo. E como o mesmo Foucault (1995) já diz, o poder pastoral faz dos indivíduos sujeitos em dois sentidos: pelo controle e dependência em relação a outros e pela consciência ou autoconhecimento que promove. Nesse sentido, seria possível questionar em que medida pode ser efetivamente emancipadora essa forma de exercer o poder educacional. Contudo, também é possível, por trás ou por baixo da roupagem com que veste suas ideias, desprender Paulo Freire de suas próprias palavras e ler sua vida como uma forma de militância a favor de uma educação dialógica que, através de uma construção coletiva e racional, visa à transformação do mundo. Para além da forma com que suas ideias são apresentadas e das tradições que as vestem, persiste e ressoa nelas um núcleo imanente que faz da educação um desafio coletivo, dialógico, por um mundo sem opressores e oprimidos, e que pode prescindir de sua fé e suas crenças.

Desse modo, relativizando a forma específica que Paulo Freire dá a sua vida de herói filosófico, ele nos ajuda a pensar as possibilidades da filosofia, sendo que esta pode ser tanto uma teoria ou um sistema de pensamento quanto uma forma de afirmar a vida, em conexão muito próxima com a educação e a política. Por isso é muito difícil separar uma da outra. É nesse sentido específico que Paulo Freire é um filósofo: não tanto pelas teorias ou sistemas nos quais ele busca sustentar sua prática, nem sequer pela qualidade filosófica de suas teorias ou pensamento, mas pela forma com a qual faz de sua vida um problema filosófico e de sua filosofia uma questão existencial na busca de um mundo sem opressores e oprimidos.

Assim como Sócrates dedica sua vida a tentar acordar os atenienses do que considera uma existência sem autoexame, Paulo Freire dedica a sua a tentar tirar os oprimidos dessa condição, buscando, ao mesmo tempo, acordar os opressores de sua condição de opressores. Não o faz apenas com uma obra teórica, mas com uma vida militante em favor dessa causa. Nisto consiste sua filosofia: em não separar sua vida de seu pensamento, ou em fazer de sua forma de vida uma maneira de expressar seu pensamento. É nesta dimensão que nos parece inspirador pensar uma política para a educação: não necessariamente para coincidir com o modo heroico e ético como exerce essa vida em particular, mas pela projeção que oferece para o nosso tempo, no qual a escola e a filosofia parecem estar, em certas formas dominantes, dissociadas de preocupação com as vidas do lado de fora. Sua vida é uma forma de vida filosófica de um intelectual militante.[17]

Essa prioridade da vida aparece de muitas outras formas: ela não é apenas um problema filosófico, mas fonte primeira de preocupação e inspiração. É a vida que leva à teoria, e não o contrário; é o chão da terra que ajuda a ler os livros, e não os livros que dizem como ler a terra. Essa preeminência da vida é marcada em diversos relatos de Paulo Freire. Por exemplo, respondendo à pergunta de Donaldo Macedo sobre o que o leva a uma preocupação constante com a educação das classes oprimidas, relata como, ainda criança, tem contato com crianças da classe trabalhadora e camponesa, e, já adulto, tem novo contato com trabalhadores, camponeses e pescadores: "Esse novo contato foi muito menos ingênuo e, *muito mais do que qualquer livro*, levou-me a compreender minha necessidade pessoal de aprofundar-me mais na pesquisa pedagógica" (FREIRE; MACEDO, 2015 [1990], p. 200, grifo meu).

Assim, a prioridade da vida é, para o Paulo Freire filósofo, princípio não apenas de sua concepção de filosofia, mas também de educação e, de um modo mais geral, de sua intelectualidade militante. Isso o faz ter uma postura crítica em relação à realidade educacional. Para dizer com Paulo Freire, na escola (e na filosofia) existe uma dissociação crescente entre a leitura das palavras e a leitura do mundo (FREIRE; SHOR, 1986, p. 85): as palavras que se leem na escola são palavras que já não dizem o mundo, que estão separadas do mundo vivido pelos que estão dentro da escola. A dupla consequência disso é que aprendemos a ler um mundo escolar que não é o que vivemos fora da escola e não aprendemos a ler esse mundo que vivemos fora da escola. O que lemos na escola não nos ajuda a ler o mundo; com as letras da escola não podemos ler a vida mundana. Quem sabe, ler Paulo Freire, suas obras, mas também sua vida, nos ensine não apenas as possibilidades de outra escola e de outra educação, mas também de outra vida.

A igualdade

Segundo princípio (início): em termos do que pode uma vida, todas as vidas são iguais; todas as vidas têm igual potência de vida; não há vida superior a outra vida, dentro ou fora de uma sala de aula, dentro ou fora de qualquer espaço educativo. Uma educação política parte do princípio de que todas as vidas valem igualmente e são igualmente capazes de colocar em questão a vida individual e social.

> *O intelectual precisa saber que a sua capacidade crítica não é superior nem inferior à sensibilidade popular.*
> (FREIRE; FAUNDEZ, 2017 [1985], p. 58)

> *Nós somos todos diferentes e a maneira como se reproduzem os seres vivos é programada para que o sejamos. É por isso que o homem teve a necessidade, um dia, de fabricar o conceito de igualdade. Se nós fôssemos todos idênticos, como uma população de bactérias, a ideia de igualdade seria perfeitamente inútil.*
> (JACOB *apud* FREIRE, 2014 [1992], p. 135)

Desde seus primeiros trabalhos, Paulo Freire defende a igualdade de educadores e educadoras com educandas e educandos. Essa ideia o acompanha a vida inteira: "Ninguém é superior a ninguém", diz claramente em seu último livro publicado em vida (FREIRE, 2017 [1996], p. 119). Essa afirmação é apresentada como "uma das raras certezas de que estou certo". O contexto da frase é bastante elucidativo quanto à importância de educadores e educadoras se colocarem em pé de igualdade e saberem escutar educandos e educandas. Isso sugere que uma escuta atenta, verdadeira, exige uma disponibilidade permanente em relação ao outro e uma série de

> qualidades ou virtudes como amorosidade, respeito aos outros, tolerância, humildade, gosto da alegria, gosto da vida, abertura ao novo, disponibilidade à mudança, persistência na luta, recusa aos fatalismos, identificação com a esperança, abertura à justiça (p. 118).

Ao justificar essas exigências, Paulo Freire argumenta que "aceitar e respeitar a diferença" é uma das condições para a escuta de outras e outros, pois quem considera que seu pensamento é o único certo, ou pensa que a gramática dominante é a única aceitável, não escuta o outro: antes, o despreza ou destrata. Assim, segundo ele, a humildade é uma virtude principal do educador, pois parte do pressuposto de que alguém que se sinta superior jamais escutará o outro. Por isso, a afirmação da humildade como virtude pedagógica é, para Paulo Freire, um valor ao mesmo tempo ético, político e epistemológico, e sua ausência significa a emergência da arrogância e a falsa superioridade que comportam a impossibilidade de uma educação que afirme os princípios mencionados. Desse modo, a igualdade implícita na afirmação "ninguém é superior a ninguém" resulta uma exigência para uma educação emancipadora. Porém, qual é o alcance dessa exigência?

A questão é complexa. Por um lado, a sociedade que deu sentido e significado à vida e obra de Paulo Freire é promotora da desigualdade que se espalha nos seus mais diversos níveis: econômico, político, social, cultural, educacional. Portanto, a igualdade, nesses níveis, está completamente ausente. Assim, não é a essa dimensão da igualdade que Paulo Freire está se referindo. Isso significa que o pernambucano foi, como usualmente lemos em diversas propostas, idealizador de uma educação que colocasse a igualdade como um de seus objetivos na luta por uma sociedade menos desigual? A igualdade seria o fim da educação exigida pela desigualdade socialmente imperante?

Certamente, a igualdade pode ser um objetivo a atingir em algumas esferas, como a econômica, a social e a política. Contudo, como já vimos, há fortes indícios de que, em outras esferas, Paulo Freire afirmava a igualdade como princípio. Um desses planos é o ontológico. Como bem lembra Carlos Rodrigues Brandão, um dos postulados fundamentais da educação em Paulo Freire é "a igualdade ontológica de todos os homens" (BRANDÃO, 2015, p. 172).

É conhecida a obra *O mestre ignorante,* na qual Jacques Rancière resgata a figura do legendário J. Jacotot, que, no século XIX, afirmou a igualdade intelectual dos seres humanos como princípio de uma educação emancipadora do povo. Em entrevista publicada um ano após o lançamento da referida obra no Brasil, Rancière observa algumas diferenças entre Joseph Jacotot e Paulo Freire, dois defensores da emancipação: o primeiro afirma uma emancipação intelectual e individual, baseada justamente no princípio da igualdade das inteligências; já Paulo Freire pensa numa emancipação social. Contudo, sugere Rancière, essa diferença se assenta num ponto comum: "Há, pois, uma distância entre as intenções da emancipação intelectual jacotista e movimentos como o de Paulo Freire. Mas há algo em comum, no processo de emancipação intelectual, como vetor de movimentos de emancipação política que rompem com uma lógica social, uma lógica de instituição" (VERMEREN; CORNU; BENVENUTO, 2003). Paulo Freire compartilharia, então, do axioma da igualdade das inteligências a partir do qual a emancipação social seria possível? Essa pergunta parece exigir uma resposta afirmativa: sem essa convicção na igual capacidade intelectual dos seres humanos, difícil seria poder almejar uma igualdade nos outros planos em que reina, socialmente, a desigualdade. Nesse mesmo sentido, Lidia Rodríguez (2015; 2007) mostra que, na concepção de educação de Paulo Freire, a igualdade inicial daqueles que a educação bancária desqualifica é uma condição necessária para sua libertação ética e política. Num livro recente sobre Paulo Freire, Moacir Gadotti e Martin Carnoy (2018, p. 16) afirmam, seguindo Muniz Sodré, que a emancipação intelectual deve ser entendida como um princípio geral, e que Paulo Freire a entende como conscientização.

Outro estudioso da obra de Paulo Freire, Alípio Casali sugere que, na esteira da *Pedagogia do oprimido* e no ambiente de contestação antiautoritária dos anos 1970, tomava-se ao pé da letra e de forma radical essa igualdade, numa leitura que ele chama de romântico-anárquico-igualitária. Argumenta ainda que surgiam problemas em termos da compreensão do papel pedagógico de quem ensina e de quem aprende, pois, "se professores e alunos são iguais no ponto de partida da ação pedagógica, o que, afinal, justifica a educação?" (CASALI, 2001, p. 18). Ele acaba concluindo que, depois de certo tempo, percebeu-se que se tratava de uma igualdade ético-cívica como condição da educação, mas que essa igualdade não anulava a "indispensável desigualdade epistemológica que, afinal, justifica toda ação pedagógica". Nesse mesmo texto, Casali sugere também uma desigualdade cultural que justificaria a ação pedagógica proposta na *Pedagogia do oprimido*. Ou seja, o ato de ensinar encontraria justificativa numa cultura e num saber que o educador tem e o educando não tem. Por essas razões, ambos seriam desiguais.

Percebemos, entretanto, que a dimensão epistemológica do problema precisa ser aprofundada. É verdade que alguns seres humanos sabem mais do que outros. Mas não é menos verdade que todos têm igual capacidade e vocação para saber e que, se assim for, uma educação libertadora deveria mostrar um compromisso em restaurar essa capacidade e essa vocação quando elas estiverem oprimidas.

Assim, a questão da igualdade é delicada e complexa, e requer maior clareza conceitual quanto aos seus fundamentos. A igualdade é um termo eminentemente político e, ao ser projetada sobre outros campos – ontológico, epistemológico, pedagógico, econômico, ético ou cultural –, ela pode carregar uma marca política que precisa ser especificada em função da nova dimensão atingida. Portanto, a questão requer também a maior clareza política possível no que diz respeito aos princípios políticos assumidos.

Desse modo, o que significa, concretamente, que ninguém é superior a ninguém? Se essa igualdade não tivesse alguma forma de projeção sobre o campo epistemológico, não correríamos o risco de estar propagando, então, uma desigualdade política que afetaria a simetria da relação entre quem ensina e quem aprende? Poderíamos, ao contrário, manter a igualdade como princípio nesse campo e diferenciar os saberes segundo outros critérios? Como pensar a igualdade em relação à capacidade cognitiva e intelectual de educadoras e educadores, educandas e educandos? Afinal, qual é a real aplicabilidade, no campo educacional, da ideia de igualdade?

São algumas das perguntas que tentarei tematizar neste capítulo a partir de determinadas etapas: primeiro, com um exame conceitualmente detalhado da afirmação já citada "ninguém é superior a ninguém"; depois, numa seção ulterior, com a consideração dos sentidos que esse exame projeta à vida educacional; na seção seguinte, introduzirei as ideias de outro defensor da igualdade na educação, Joseph Jacotot, para, numa seção posterior, contrastar suas ideias com as de Paulo Freire; finalmente, numa última seção, voltarei às questões centrais relativas ao valor da igualdade que acabo de levantar.

Sentidos da afirmação da igualdade

Voltemos à afirmação freireana de que "ninguém é superior a ninguém". Para isso, façamos um exercício de lógica. Há três afirmações que podem se depreender, logicamente, dela. A primeira é igualmente negativa: "Ninguém é inferior a ninguém". Superior e inferior são termos semanticamente dependentes, relativos: se ninguém é superior a ninguém, necessariamente, ninguém é inferior a ninguém. Se não há superiores, necessariamente, não há inferiores. Isso é o que parece dizer Paulo Freire quando aponta as consequências negativas que ocorreriam se um educador ou educadora se considerasse superior aos educandos ou educandas. Nesse caso, os outros são inferiores, e ninguém dialoga com um inferior, nem com um superior. Só há diálogo entre iguais. Por isso, ninguém pode se sentir superior a ninguém.

A segunda proposição que se depreende daquela é também negativa – "ninguém é desigual a ninguém" –, e comporta uma espécie de reunião das duas anteriores. O conceito "desigualdade" abrange os de superioridade e inferioridade, isto é, a superioridade e a inferioridade são duas formas de desigualdade. Desde essa lógica, se não há superiores e inferiores, também não há desiguais.

A terceira proposição é afirmativa. Se não há desiguais, então só pode haver iguais. Assim, a terceira proposição que se depreende daquela primeira de Paulo Freire ("Ninguém é superior a ninguém") é "todos somos iguais". A frase expressa afirmativamente a igualdade, justamente o que as outras três resguardam negando ora a superioridade, ora a inferioridade, ora a reunião de ambas, bem como a desigualdade.

Vale notar que a igualdade não se opõe à diferença, e sim, precisamente, à desigualdade. Desse modo, todos podemos ser iguais e diferentes. O que não podemos é ser iguais e desiguais, superiores e inferiores. E isso é justamente o que Paulo Freire parece estar afirmando. Mais ainda, ele coloca a diferença como uma condição da igualdade, que pode ser pensada da seguinte maneira: se não fôssemos diferentes, não haveria necessidade da igualdade. Em decorrência disso, podemos afirmar, então, que o conceito de diferença é logicamente uma condição do conceito de igualdade – quer dizer, sem diferença, a igualdade seria supérflua. E o contrário dessa conclusão? Vemos que a igualdade não é logicamente necessária à diferença. Poderíamos ser diferentes e desiguais. Porém, a igualdade é uma condição política da diferença. Só entre iguais é possível uma afirmação politicamente desejável da diferença. Isso parece ser também sugerido por Paulo Freire: só quem considera o outro como um igual o afirma como diferente. Paulo Freire relaciona essa afirmativa com a diferença de tratamento para com os outros; por isso, podemos considerar o respeito pelo outro uma medida de valor presente na consideração do outro como igual.

O que podemos depreender da proposição de Paulo Freire e das outras que tenho incorporado é que não há educação libertadora, politicamente justa – isto é, não se abre uma política consistente para a educação – enquanto educadores, educadoras, educandas e educandos se colocarem acima – ou abaixo – uns dos outros. Para o educador ou educadora, há uma exigência política de igualdade: ninguém acima, ninguém abaixo. Nenhuma vida superior, nenhuma vida inferior, pois, quando há vidas superiores e inferiores, há obediência cega, se segue ordens, se satisfaz, se premia, se castiga... Não se pensa junto, não se dialoga, não se escuta. Paulo Freire dá o exemplo de um educador simplista que caricaturiza seus alunos da classe popular ou do campo quando muda sua linguagem para "adequá-la às possibilidades de compreensão dos seus alunos" (FREIRE; SHOR, 1986, p. 95). Nesse caso, ele os coloca num nível de capacidade inferior, subestima-os e se superestima.

Parte do princípio de que eles são inferiores. Em decorrência disso, não há educação politicamente consistente: esse educador transmite uma hierarquia que é incompatível com uma educação libertadora. Os estudantes aprendem com ele a se sentir inferiores, quando é justamente desse sentimento que precisam se libertar.

A igualdade na vida, dentro e fora da escola

Temos afirmado, em outro texto (KOHAN, 2018a), o modo como Paulo Freire reúne a teoria e a prática, o pensamento e a vida. Com efeito, o que importa não é a igualdade apenas como conceito ou ideia, mas qual o seu impacto na vida de educadoras, educadores, educandas e educandos. Nesse sentido, importa não apenas pensar ou postular a igualdade, mas, sobretudo, vivê-la nas práticas educacionais.

A afirmação da igualdade, contudo, é desmentida no tecido da vida social. É evidente que não somos todos de fato iguais em nossas sociedades, que alguns estão acima e outros abaixo, que alguns podem mais do que outros, pelo menos em determinados sentidos, como o social, o cultural e o econômico, nos quais, no sistema capitalista, há claramente inferiores e superiores. Também as instituições escolares parecem desmentir aquela igualdade: alguns sequer conseguem entrar nelas, ou são logo expulsos; outros passam por elas com sucesso, do início até o fim, na idade certa – alguns, muito mais rapidamente do que outros.

Assim, o que significa o princípio segundo o qual todas as vidas são iguais ou nenhuma vida é desigual como princípio de uma política afirmada na educação? Ou em que sentido é necessária (e possível) a igualdade como princípio de uma política para a educação, quando nossas sociedades – e suas instituições educacionais – explodem de desigualdade? Tratar-se-ia de uma afirmação romântica, idealista? A igualdade pode, de fato, ser educacionalmente praticada, vivida, numa realidade carregada das mais diversas desigualdades como a nossa? Em que sentido? De que maneira?

O princípio da igualdade significa, por um lado, que, na relação pedagógica, as desigualdades que operam fora dela estão suspensas ou interrompidas (MASSCHELEIN; SIMONS, 2013). A relação pedagógica pode se dar num marco institucional ou fora dele, num plano informal, mas a suspensão das desigualdades é exigência de uma política apropriada para a educação, seja qual for o marco em que ela acontece. Isso significa que, se quem ensina e quem aprende não se posicionam como iguais *enquanto participantes dessa relação de ensino e aprendizagem,* a força política de sua prática educacional se vê significativamente afetada. É o caso, por exemplo, de quando a relação pedagógica se inscreve numa política institucional que impossibilita ou inviabiliza a efetiva afirmação da igualdade em seu contexto. Se o educador não conseguir interromper essa lógica, não terá como deixar de ensinar o que a instituição exige: seu lugar de superioridade e o lugar de inferioridade do educando. Ele pode ensinar as teorias mais emancipadoras e interessantes, mas o que os estudantes aprenderão e viverão é a lógica da relação que está sendo afirmada, para além dos conteúdos que estejam sendo transmitidos.

Nesse sentido, a afirmação da igualdade que estamos sustentando é relativamente "simples". Ela só depende de uma decisão (corporal, existencial, não apenas intelectual) de quem ocupa a posição educadora e de uma prática coerente com essa decisão. Ela pode estar presente nos contextos institucionais mais diversos, dos menos aos mais autoritários, nos quais sempre há fissuras, fendas, furos que permitem interromper as práticas não igualitárias. Eis um momento em que a dimensão política do educador encontra projeção e sentido profundos, inclusive quando o contexto mais amplo, da macropolítica educacional, parece ser mais conservador e autoritário.

Por outro lado, esse caráter político se vincula à dimensão pública da escola (Masschelein; Simons, 2013; Rodríguez, 2016). A escola é pública não por ser administrada pelo Estado ou por não ser regida por uma organização privada ou particular; ela é pública porque é para todos, no sentido de poder ser *igualmente* habitada por qualquer um e de se constituir num espaço em que as desigualdades entre seus habitantes ficam suspensas, interrompidas no momento em que todos e qualquer um a habitam ativamente, deixando uma marca própria. Diferentemente do caráter político instaurado numa prática educativa por quem a pratica, o caráter público dessa prática o antecede; ele é constitutivo do caráter igualitário da forma escolar e, se não o for, não pode ser instaurado apenas a partir de uma decisão pessoal política do educador ou da educadora.

Nesse sentido, a tradição da escola popular latino-americana afirma um caráter radical da escola pública que só pode ser ao mesmo tempo social, geral e popular (RODRÍGUEZ, 2016, p. 26; ver também KOHAN, 2018b). Uma escola não é verdadeiramente pública quando coloca exigências que desigualam os iguais, quando expulsa em lugar de acolher, ou quando uma parte de seus estudantes pode mais que outra em termos das relações pedagógicas que dentro dela se estabelecem por algum critério imperante na sociedade na qual a escola se insere e que acaba reproduzindo.

Que a igualdade seja uma condição da instituição e das relações pedagógicas não significa que educadores e estudantes saibam as mesmas coisas ou que não existam saberes do educador que os estudantes precisem aprender (assim como há saberes estudantis que os educadores também possam aprender). Claro que os educadores sabem muitas coisas que os estudantes não sabem, e por isso chegaram a ocupar os lugares institucionais que ocupam, em particular, em sociedades como as nossas, que regulam as posições institucionais em função dos saberes possuídos pelos aspirantes a ocupantes dessas posições. Mas essas condições não tornam esses aspirantes superiores. Os educadores sabem coisas que os estudantes não sabem, assim como os estudantes sabem coisas que eles não sabem. Sabem coisas distintas, e até podem saber mais em termos de acesso a informações, livros, bibliotecas, mas não é por isso que são superiores aos estudantes. O que ocorre é que desenvolveram mais uma igual capacidade de aprender, pensar e saber. São superiores apenas devido a uma educação estruturada segundo uma lógica hierárquica.

Um outro defensor da igualdade vindo de outra tradição

Entre os que tratam a igualdade como condição ou princípio político para a educação, talvez ninguém tenha sido tão claro e enfático quanto o pedagogo francês do século XIX Joseph Jacotot (1770-1840), criador do ensino universal, também chamado de filosofia panecástica, popularizado em nosso tempo por Jacques Rancière (2003). O Ensino Universal consiste justamente na afirmação do princípio de que todas as inteligências são iguais e na postulação da liberdade de método para ensinar e para aprender, a favor da emancipação intelectual dos estudantes.

Segundo Jacotot, o princípio da igualdade das inteligências não é uma verdade científica comprovada, mas uma opinião que precisa ser verificada. Essa opinião é uma fé, uma crença política em favor da emancipação dos pobres advinda de um militante da filosofia das classes populares (*apud* VERMEREN, 2017). Essa opinião se fundamenta numa leitura que Jacotot faz de autores como Descartes, Locke e Newton, a qual justifica as óbvias desigualdades intelectuais que se percebem no mundo social, por exemplo, entre um campesino e um doutor ou professor universitário, não por alguma desigualdade intelectual natural entre eles, mas pelos diferentes estímulos que suas inteligências receberam em sua educação.

Assim, para Jacotot, só é possível uma educação emancipadora a partir do princípio da igualdade das inteligências: só há emancipação quando todos os seres humanos são intelectualmente iguais. O mestre que desconsidera esse princípio e se coloca acima de seus alunos fatalmente os embrutece, e também a si próprio, o que leva a uma conversa insignificante com quem ele reconhece como inferiores. Seus alunos acabarão fatalmente embrutecidos, apreendendo e interiorizando essa hierarquia intelectual que o mestre pressupõe e transmite. Ao contrário, um mestre emancipador transmite a igualdade das inteligências, a única coisa que é preciso transmitir para emancipar alguém: a confiança na capacidade intelectual de todo e qualquer ser humano.

Quando o ensino universal funciona, o professor emancipador ignora o que ensina, não sabe o que o aluno aprende. É tão somente um companheiro de viagem que faz o caminho da aprendizagem com seu aluno cuidando, apenas, para que ele aprenda com atenção, atentando para que sua vontade não deixe nunca de confiar na própria capacidade intelectual. Na verdade, há dois níveis de ignorância afirmados por quem ensina segundo o ensino universal: ele ignora o que seu aluno aprende mas, sobretudo, ignora a desigualdade das inteligências que toda instituição escolar pressupõe, sobre a qual ela se funda. Eis o sentido mais profundo de sua ignorância: uma recusa, não aceitação.

No ensino universal, não há método para ensinar nem para aprender. O método é o de quem aprende. A liberdade do professor para ensinar faz a liberdade do aluno para aprender. E quem aprende livremente pensa e vive livremente. Em carta de 1828 ao general La Fayette, Jacotot responde ao interesse surgido nos Estados Unidos por sua forma de pensar e praticar a educação nos seguintes termos:

> Todo homem que é ensinado não é mais do que metade de um homem. Em todo lugar onde há escolares há mestres. Quando a inteligência não é livre, não vejo o que poderia sê-lo. Aviso aos Americanos: pode-se ser independente sem ser livre; a independência é relativa, a liberdade é absoluta. Sou independente quando não tenho mestre, é a feitura de outrem; sou livre quando não quero um mestre, é minha feitura. Para que essa vontade seja firme, estável, invariável, há que sentir suas forças, todas as suas forças, não somente morais, mas intelectuais (JACOTOT *apud* VERMEREN, 2017, p. 221).

Ao ler essa passagem da carta de Jacotot, não há como não lembrar do "ninguém educa ninguém" da *Pedagogia do oprimido*, de Paulo Freire (1974, p. 79). Em ambos, afirma-se uma declaração da liberdade de quem aprende. Nesse caso, Jacotot afirma o valor absoluto da liberdade, emanada da confiança na própria capacidade intelectual; quer dizer, é livre aquele que se considera intelectualmente igual a qualquer outro. Não há liberdade quando há vontade de superiores e inferiores. A questão não é apenas que o mestre não se coloque como um mestre superior. É o estudante que deve se colocar diante dele como um igual. Numa relação de opressão, opressores e oprimidos são oprimidos, porque é a relação estabelecida entre eles que oprime. Quem é livre não quer um mestre embrutecedor, porque sua vontade confia na própria capacidade intelectual para aprender. No entanto, para não querer tal mestre é preciso sentir a experiência da própria capacidade intelectual.

Isso significa que, para Jacotot, não precisamos de mestres? Claro que não se trata disso. O que Jacotot parece querer dizer é que uma pessoa emancipada não quer um mestre explicador ou embrutecedor. Não precisamos de mestres embrutecedores, mas precisamos de mestres emancipadores tanto para a emancipação das pessoas embrutecidas quanto para a relação pedagógica entre pessoas emancipadas. Segundo a emancipação das inteligências, precisamos, então, de mestres que ajudem todas as pessoas a encontrar confiança na própria capacidade, e que acompanhem, no seu processo de aprendizagem, as que já tenham essa confiança em si próprias. Mesmo entre emancipados, os mestres podem ser importantes para ajudar outras pessoas a manterem a confiança na própria capacidade intelectual, a querer para si a força da liberdade.

"A igualdade das inteligências" no Brasil

O ensino de Jacotot chegou até o Brasil quando foi criado, em 3 de maio de 1847, o Instituto Panecástico do Brasil, que tinha como objetivo "propagar os princípios da emancipação intellectual do immortal Jacotot, e substituir á autoridade e ao pedantismo os direitos da razão humana" (SCIENCIA, 1847, v. 1, n. 3, p. 57).[18] Um dos impulsores do ensino universal no Brasil foi o médico homeopata francês Benoît Jules Mure, que deixou testemunho daquilo que chamou de "grande princípio de Jacotot" – "Deus criou a alma humana capaz de instruir-se a si mesma, e sem o concurso de mestres explicadores" – e da máxima que orienta o trabalho intelectual: "Quem quer pode" (SCIENCIA, 1848, v. 2, n. 18, p. 209). O que isso quer dizer? Precisamente que quem quer pode, mas como nem todo mundo quer – e o mundo social parece estar disposto a fazer o máximo para que algumas pessoas não queiram –, talvez ali encontre sentido a tarefa de um mestre preocupado com uma educação para a emancipação intelectual. Esse seria, portanto, um trabalho sobre a vontade dos que foram ensinados, pela sociedade desigual, a não confiar na sua própria capacidade.

Mure propôs, a partir do Instituto Panecástico do Brasil, um "Plano de Universidade para o Brasil", destinado a eliminar os princípios monárquico e católico, a emancipar as inteligências e elevar o Brasil ao "maior auge do saber e da illustração" (SCIENCIA, 1847, v. 1, n. 5, p. 82).[19] Tanto o plano quanto um olhar pessimista sobre seu possível sucesso no Brasil estão apresentados na revista *Sciencia,* na qual também escreve E. J. Ackermann, outro dos que apresentaram Jacotot ao Brasil. Esses estudos destacam as virtudes do método universal (que não é um método, porque os processos de aprendizagem não são prescritos, mas dependentes do livre arbítrio de cada um) da seguinte maneira:

> Este méthodo não oferece só a vantagem de abreviar consideravelmente o tempo de instrucção e de a tornar mais proveitosa; porêm facilitando a todo pai de familia fazer aprender a seus filhos aquillo que ele mesmo ignora, elle estabelece entre os homens uma verdadeira igualdade. É isto que ha de gravar o nome de Jacotot no coração de todos os verdadeiros amigos da humanidade. O ensino universal é o méthodo do pobre (SCIENCIA, 1848, v. 2, n. 16, p. 195).

Como vemos, o método não metódico oferece vantagens pedagógicas. Ele permitirá reduzir o tempo de instrução e também que os alunos queiram aprender e não se sintam obrigados a fazê-lo, como habitualmente ocorre. Ackermann também deixa ver o valor político do ensino de Jacotot: ele serve, sobretudo, aos pobres, à educação do povo, porque, por meio dele, um pai ou uma mãe analfabeto(a) pode alfabetizar, educar, emancipar seus filhos. Com ele, os filhos de pobres e analfabetos podem aprender com seus pais e mães o que estes ignoram. Um pai ou uma mãe ricos podem pagar um mestre, uma escola para seus filhos. Contudo, um pai ou uma mãe pobres podem, eles próprios, pelo ensino universal, emancipar seus filhos. Para isso, só é preciso que eles estejam emancipados.[20] Assim, o ensino universal é o método dos pobres, pois permite que eles superem as limitações próprias de sua condição e possam atualizar a potência de que sua inteligência é capaz. O ensino universal de Jacotot é, portanto, revolucionário, o que, certamente, é uma das razões de seu insucesso histórico no Brasil.

Jacotot e Freire

Apesar das evidentes diferenças entre alguém que viveu na França pós-revolução, no século XIX, e quem viveu no Brasil da Guerra Fria, no século XX, há semelhanças significativas na maneira como Jacotot e Freire pensaram e viveram a educação. Segundo destaquei em outro texto (KOHAN, 2018a), Paulo Freire se inscreve na tradição dos que vivem uma vida filosófica e pedagógica. Joseph Jacotot também. Com o retorno da monarquia dos Bourbon, ele deixa a França para ensinar em Louvain, nos Países Baixos. É verdade que Jacotot não é forçado a deixar seu país, sua vida não parece correr risco, mas, nos dois casos, ambos compartilham, em razão de suas vidas engajadas, a experiência do exílio. Para ambos, o exílio – mais ou menos forçado – é um ato político que contribui decisivamente para suas descobertas e práticas educacionais, suas apostas filosóficas, e também para os efeitos políticos dessas descobertas entre as camadas mais populares. Paulo Freire vive a dificuldade e a dureza do exílio como uma experiência positiva em sua trajetória. O sonhador de Pernambuco consegue valorizar o exílio e o chama de ancoradouro, um canto que o ajudou a "religar lembranças, reconhecer fatos, feitos, gestos, unir conhecimentos, soldar momentos, re-conhecer para conhecer melhor" (FREIRE, 2014 [1992], p. 27). Paulo Freire deu tanta importância ao exílio em sua vida, que diz ter passado por três, não apenas um: um primeiro, no útero da mãe, durante o tempo de gestação; um segundo, no período em que sua família, por causa da crise econômica, foge de Recife em direção a Jaboatão dos Guararapes; e, finalmente, um terceiro exílio, no exterior – na Bolívia, Chile, Estados Unidos e Suíça –, imposto pela ditadura de 1964 (FREIRE, 2000).

Jacotot e Freire são marcados por uma experiência vital relacionada ao ensinar/aprender (a alfabetização familiar, num caso, e o ensino do que se ignora, no outro), e os dois dedicam suas vidas a atribuir sentido e desdobrar os significados que podem se desprender dessas experiências impactantes. Nos dois percursos, as línguas estrangeiras desempenham também um papel central. Em Jacotot, ela é decisiva para descobrir o princípio da igualdade das inteligências justamente a partir de uma experiência em que ele, já exilado em Louvain, não pode mais falar sua língua materna (francês) com estudantes que falam outra língua (holandês). Assim, é pelo exílio e pela experiência de ser estrangeiro que ele deve sair de vez do cômodo papel de professor explicador que desempenhava na própria língua. É a impossibilidade de seguir explicando em sua língua aquilo que ele sabia de literatura que o faz descobrir os segredos da emancipação intelectual. Isso não teria sido possível sem o impacto do confronto com a língua estrangeira de seus estudantes holandeses.

Paulo Freire também teve de se exilar, forçosamente, mais de uma vez, como acabamos de ver. A mais brutal foi, sem dúvida, depois do Golpe Militar de 1964 no Brasil, quando se exila primeiro na Bolívia. Paulo Freire sai da embaixada da Bolívia no Rio de Janeiro com emprego acertado em La Paz. De início, passa mal com a altitude, mas após quinze dias, já acostumado, tem que ir para o Chile por causa um novo golpe de Estado – dessa vez, na Bolívia (FREIRE; GUIMARÃES, 2010 [1987], p. 79). Assim, o pensamento principal de Paulo Freire a respeito da emancipação, seu livro fundador, *Pedagogia do oprimido*, só pode ser publicado pela primeira vez em 1970, em inglês (New York: Herder and Herder), sem o prefácio de Ernani Maria Fiori, mas com uma apresentação de Richard Shaull e um prefácio do próprio autor. Nesse mesmo ano, o livro foi também publicado em castelhano (Montevidéu: Tierra Nueva), com o prefácio de Ernani, e só depois saiu em português (São Paulo: Paz e Terra).[21] Não se pode afirmar que tenha sido necessário ele escutar uma língua estrangeira para impulsionar seu pensamento, ou que suas ideias não sejam indissociáveis de sua experiência pedagógica anterior ao Golpe de 1964. Em decorrência de suas condições de trabalho, ao viver em outros países, Freire precisou traduzir a si próprio, expressar e comunicar em línguas estrangeiras suas ideias a respeito da emancipação. E, segundo seu próprio entendimento, o exílio foi decisivo tanto para repensar a realidade do Brasil quanto para desenvolver sua pedagogia e sua compreensão sobre a dimensão política da educação (FREIRE; SHOR, 1986, p. 26). De modo que o caráter estrangeiro da língua e a diferença linguística desempenharam um papel principal nos pensamentos, nas escritas e nas vidas de ambos, Freire e Jacotot.

Uma outra coincidência importante é que ambos são comumente associados a métodos: Jacotot, ao método universal, Freire, a um método para a alfabetização de jovens e adultos. Contudo, para nenhum deles existe, de fato, algo assim como um método, ou, dizendo mais radicalmente, não é o método uma das questões educacionais mais relevantes, mas sim o sentido político de se trabalhar com esse ou aquele método. Embora ambos sejam conhecidos em função de seus métodos, para nenhum deles os métodos são decisivos. Para Jacotot, o método é o do aluno (RANCIÈRE, 2003). Para Freire, a transformação propiciada por uma educação libertadora não é uma questão de método, mas "de estabelecer uma relação diferente com o conhecimento e com a sociedade" (FREIRE; SHOR, 1986, p. 28). Ou então, mais explicita e detalhadamente:

> Daí que jamais nós tenhamos nos detido no estudo de métodos e de técnicas de alfabetização de adultos em si mesmos, mas no estudo deles e delas enquanto a serviço de e em coerência com uma certa teoria do conhecimento posta em prática, a qual, por sua vez, deve ser fiel a uma certa opção política. Neste sentido, se a opção do educador é revolucionária e se sua prática é coerente com sua opção, a alfabetização de adultos, como ato de conhecimento, tem, no alfabetizando, um dos sujeitos deste ato. Desta forma, o que se coloca a tal educador é a procura dos melhores caminhos, das melhores ajudas que possibilitem ao alfabetizando exercer o papel de sujeito de conhecimento no processo de sua alfabetização. O educador deve ser um inventor e um reinventor constante desses meios e desses caminhos com os quais facilite mais e mais a problematização do objeto a ser desvelado e finalmente apreendido pelos educandos (FREIRE, 1978, p. 12-13).

Não há método determinado para o educador revolucionário. Antes, há um compromisso com uma política revolucionária, que exige uma prática educadora consistente com esse compromisso: o de afirmar a igual potência inventiva dos seres humanos que torna o educador capaz de possibilitar alguns caminhos para uma educação emancipadora.

Em entrevista oferecida na época da publicação da edição brasileira de *O mestre ignorante*, Rancière traça um outro ponto forte em comum entre os dois autores: o compromisso político com a emancipação/libertação do povo. Ambos estariam enfrentando o lema positivista pedagógico "Ordem e Progresso", inscrito na bandeira do Brasil, os dois interrompendo e interpelando a suposta harmonia entre a ordem do saber e a ordem social. Ou seja, um e outro são críticos a respeito do papel da ordem pedagógica instituída em termos de uma ordem mais justa, a favor dos excluídos e excluídas. Portanto, os dois suspeitam da ordem e do progresso que poderiam vir dos poderes instaurados nas respectivas repúblicas. Dizendo de outra maneira, eles são céticos a respeito da ordem pedagógica instituída por repúblicas positivistas e afirmam a necessidade de intervir nelas para interromper seus efeitos excludentes e produzir efeitos emancipadores, libertadores.

Quanto às principais diferenças entre Jacotot e Freire, já vimos parcialmente como Rancière as apresenta. Segundo ele, nessa mesma entrevista, não há nada mais afastado de Jacotot do que um método para a "conscientização" social. Diferentemente de Paulo Freire, Jacotot afirma que a igualdade só pode se dar de indivíduo a indivíduo, e que é impossível ela ser institucionalizada ou propagada como forma de emancipação social. Contudo, como vimos, ainda que a emancipação intelectual só seja possível de forma individual, não há emancipação social que não pressuponha uma emancipação individual. Nesse sentido, poder-se-ia aproximar o anarquismo pessimista de Jacotot do progressismo otimista de Paulo Freire; conforme Rancière sugere, "no processo de emancipação intelectual como vetor de movimentos de emancipação política que rompem com uma lógica social, uma lógica de instituição" (VERMEREN; CORNU; BENVENUTO, 2003, p. 199). O próprio Paulo Freire sugere algo semelhante nesse sentido, ao mesmo tempo que propõe uma crítica implícita a uma concepção de emancipação meramente intelectual e individual, como a de Jacotot. Num livro falado com Ira Shor, afirma não acreditar na libertação ou emancipação individual, e mostra-se receoso quanto a qualquer sentimento individual e não social de liberdade. Contudo, do mesmo modo que Jacotot, considera a primeira uma condição necessária da segunda. Nas palavras de Freire:

> Enquanto que o *empowerment* individual ou o *empowerment* de alguns alunos, ou a sensação de ter mudado, não é suficiente no que diz respeito à transformação da sociedade como um todo, é absolutamente necessário para o processo de transformação social. Está claro? O desenvolvimento crítico desses alunos é fundamental para a transformação radical da sociedade. Sua curiosidade, sua percepção

crítica da realidade são fundamentais para a transformação social, mas não são, por si sós, suficientes (Freire; Shor, 1986, p. 87).

Mais claro, impossível. Enquanto Jacotot é um defensor da emancipação individual e afirma que só ela é possível, tanto sua vida quanto o exercício de suas ideias foram tornando-o cada vez mais pessimista quanto à sua projeção social. Já Paulo Freire, embora também tenha se deparado com enormes dificuldades para colocar suas ideias em prática, jamais deixou de pensar que a emancipação social dos oprimidos e oprimidas era o sentido principal não apenas de sua vida, mas também de qualquer vida educadora. Sem essa projeção social, a emancipação teria pouco valor. Mais ainda: a emancipação que interessa a Paulo Freire não é apenas intelectual ou cognitiva, mas também econômica, social e política, com todas as complexidades e dificuldades que comporta a relação entre educação e sociedade.

De qualquer forma, a conscientização não é um tema simples. Paulo Freire até deixou de usar esse termo temendo ser mal entendido. O ponto central, em qualquer caso, é saber se quem ocupa a posição educadora possui uma consciência mais plena ou crítica que o educando, algo que lhe deveria passar (se assim fosse, não pareceria muito emancipadora a relação entre uns e outros), e até onde o educador conduz quem ocupa a posição de educando ou se ele apenas contribui para uma forma de consciência que não está nele antecipar ou controlar. Em palavras mais simples: quem educa já sabe a consciência que um educando deve alcançar? Se a resposta a essa pergunta for afirmativa o valor e os sentidos da emancipação ficam afetados. Assim, se pensarmos que existe um saber histórico determinado – por exemplo, o materialismo histórico –, que é, de alguma forma, um *a priori* da relação pedagógica, na medida em que independe do próprio saber de educadoras, educadores, educandos e educandas, dessa lógica se desprendem consequências políticas pouco propícias para a relação pedagógica. Em outras palavras, se quem educa já sabe o saber que é preciso conhecer para a emancipação de quem está sendo educado, poderíamos colocar em questão se de fato o está emancipando. Num livro recente, o atual diretor do Instituto Paulo Freire, Moacir Gadotti, assimila a conscientização à igualdade das inteligências como um princípio que permitirá a cada um dizer sua palavra (GADOTTI; CARNOY, 2018).

Paulo Freire parece ter oscilado em relação a essa questão. Por exemplo, no livro falado com Ira Shor, afirma que a tarefa de um educador libertador é "dirigir um estudo sério sobre algum objeto, pelo qual os alunos reflitam sobre a intimidade de existência do objeto" (FREIRE; SHOR, 1986, p. 104). O educador dos oprimidos chama essa posição de "radical democrática", porque aposta ao mesmo tempo na liberdade e não renuncia a assumir a diretividade docente, sem por isso negar a autonomia dos alunos, na medida em que confia na sua capacidade de reflexão. O trabalho conscientizador do educador não diz respeito à transmissão de um saber libertador, mas ao estímulo à reflexividade do aluno para que possa "desvendar a manipulação real e os mitos da sociedade", segundo Freire afirma nessa mesma página. Claro que, ainda nesse caso, se a manipulação real e os mitos da sociedade são já conhecidos de antemão pelo educador e só podem ser explicados em termos de certas categorias e marcos teóricos (que a própria terminologia empregada por Freire parece pressupor), poderíamos questionar o quanto eles confiam na igual capacidade de educadores e educandos.

Já nos últimos trabalhos, a ideia de conscientização aparece menos, uma vez que Paulo Freire avalia que gera excessiva polêmica e interpretações duvidosas e prefere não utilizá-la. Como vimos no início deste texto, as certezas nos escritos de Paulo Freire diminuem gradativamente, e no final de sua obra elas parecem mais próximas de alguns princípios relacionais, como a igualdade, e menos situadas em teorias explicativas da realidade, como ocorria inicialmente.

Finalmente, podemos retomar nossa preocupação primeira e o ponto de conexão entre Jacotot e Freire, na medida em que ambos afirmam a igualdade como um princípio não apenas nos seus pensamentos e escritos, mas também na própria vida. Vejamos como isso acontece. Algumas anedotas sobre Jacotot o retratam, por exemplo, na maneira como ele recebe um emissário vindo de Paris a Louvain, enviado pela Sociedade de Métodos de Paris para conhecer sua proposta: "Antes de entrar no assunto declaro que não vejo em V.S. mais do que um curioso: por isso, o coloco no quarto lugar na fila. Se viesse um pobre, um campesino, um pai de família, ele passaria antes que V.S." (Ver-meren, 2017, p. 211). Esse acontecimento mostra que Jacotot vivia a igualdade que afirmava e na qual acreditava. De forma equivalente, Paulo Freire relata várias situações em que se pode constatar esse mesmo sentimento vital de igualdade. Por exemplo, quando se refere às palestras que ministra na época de seu trabalho no SESI, narra um momento num Centro dessa instituição em Recife em que, depois de falar sobre Piaget, um operário dá o que ele chama de lição de classe, mostrando como seu discurso acadêmico é próprio de alguém de outra classe social que está muito longe da classe dos que o escutam. Diante da intervenção, do saber de classe aprendido, Freire (2014 [1992], p. 35) afirma: "Esse discurso foi feito há 32 anos. Jamais o esqueci". Isso indica que sua vivência da igualdade – palavra usada no trecho a seguir, em que comenta o grande impacto da situação vivida em toda a sua trajetória pedagógica posterior – sempre lhe foi cara:

> [...] quase sempre, nas cerimônias acadêmicas em que me torno doutor *honoris causa* de alguma universidade, reconheço quanto devo a homens como o de quem falo agora e não apenas a cientistas, pensadores e pensadoras que *igualmente* me ensinaram e continuam me ensinando e sem os quais e as quais não me teria sido possível aprender, inclusive, com o operário daquela noite (p. 35-36, grifo meu).

Em vários livros, Paulo Freire narra situações muito semelhantes em diversos locais do mundo. Um operário ou operária é um pensador e uma pensadora igual a qualquer cientista, que ensina tanto quanto e talvez mais, na medida em que, como na situação narrada, ensina um saber de vida atravessado por uma condição política, o qual não se pode aprender num claustro acadêmico. Não ensina mais quem a sociedade legitima como transmissor oficial dos saberes, mas quem sabe os saberes da vida porque os vive. Operários ensinam não um saber institucionalizado, mas um saber para a vida em comum. São saberes indissoluvelmente ligados à existência coletiva, que mostram sua verdade, seus segredos; são capacidades intelectuais que aquelas mesmas instituições da sociedade repetidamente disfarçam ou inferiorizam.

O valor da igualdade na educação

Poderíamos afirmar, então, inspirados em Joseph Jacotot e Paulo Freire, que a igualdade é um princípio importante e transversal para uma política da relação pedagógica. Essa igualdade é afirmada como princípio ou início – não como meta ou objetivo –, e atravessa diversos campos: a vida e a capacidade intelectual, mas também os saberes, o pensamento, os afetos, os não saberes. A questão do saber é crucial para Paulo Freire, e confunde-se, seguidamente, a igualdade dos saberes com o esvaziamento da função pedagógica. A igualdade política significa que os saberes docentes e discentes não se hierarquizam pelas posições de poder que cada um ocupa. Eles podem ter valor e sentido epistemológico ou estético distintos, mas isso nada tem a ver com quem são seus portadores: certos saberes não têm mais legitimidade que outros em decorrência do lugar de poder que ocupa quem os afirma na relação pedagógica.

Em sociedades absurdamente desiguais como as nossas, podem até existir efeitos políticos desiguais fora da relação pedagógica, mas não dentro dela. Docentes e discentes, enquanto tais, não podem mais, ou menos, pelo que sabem ou deixam de saber. Eis o ensinamento de Paulo Freire: para ensinar e aprender de uma forma dialógica, todos os saberes merecem ser ouvidos e igualmente atendidos, colocados em diálogo em um mesmo patamar. E é justamente nesse diálogo que um educador ensina e aprende, reconstruindo seus próprios saberes a partir dos saberes de seus educandos.

Como Paulo Freire afirma no trecho que incluí na epígrafe deste capítulo, a necessidade de postular a igualdade nasce da constatação da diferença entre todas as formas de vida. Se não fôssemos diferentes, a igualdade seria desnecessária. Mas nossas sociedades têm feito das diferenças, desigualdades. É à desigualdade que se opõe a igualdade, não à diferença. São as desigualdades que inibem uma relação pedagógica dialógica, não as diferenças – que, ao contrário, a alimentam, potencializam-na quando se assentam na igualdade.

Paulo Freire enfatiza muito a questão do saber numa perspectiva emancipadora da educação. Se colocarmos o pensar nesse lugar de destaque, então ganha força, inspirada em Jacotot, a afirmação da igual capacidade de pensar de todos os seres humanos como princípio de tal educação. Dessa forma, afirmar uma concepção igualitária da capacidade de pensar de educadoras, educadores, educandas e educandos passa a ser uma condição política necessária para que os participantes dessa prática educativa possam, coerentemente, desdobrar a igual potência problematizadora de que são capazes de colocar em questão sua vida, o mundo em que vivem.

Certamente, as vidas são diferentes, ou a vida que atravessa as existências se manifesta de diferentes maneiras nos seres humanos, nos animais, nas plantas. Educar significa escutar, respeitar, considerar essas diferenças. Sem elas, a vida seria muito menos vida. A igualdade de todas as vidas que fazem parte de uma prática educacional como seu princípio político é uma condição para que as diferenças sejam enriquecedoras e não aniquiladoras, numa direção politicamente adequada se a educação pretende contribuir para que essas existências desdobrem toda a vida que elas são e contêm.

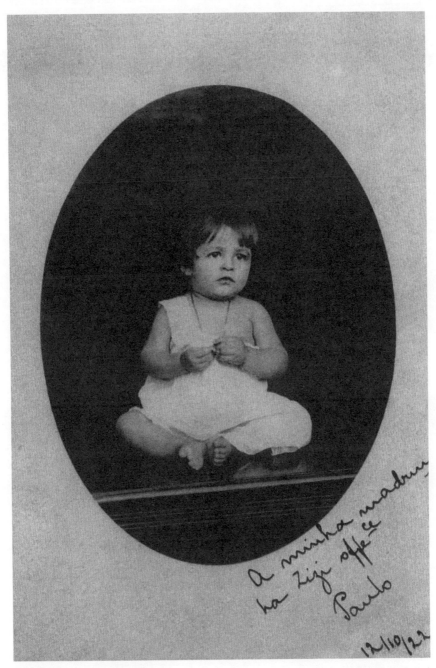

Paulo Freire com um ano de idade.

Em 1947, Paulo Freire formou-se em Direito, mas logo abandonaria a profissão, que praticamente não chegou a exercer. A paixão pela educação o conduziu a defender tese para a cadeira de História e Filosofia da Educação na Escola de Belas Artes de Pernambuco. Essa tese acabaria se tornando seu primeiro livro.

Paulo Freire, entre luzes e sombras.

Paulo Freire em Angicos, 1963.

Com trabalhadores em um Círculo de Cultura, durante a experiência de Angicos, em 1963.

Alfabetizando soletra a palavra tijolo. Sobradinho, 1963.

Alfabetizando de Sobradinho (DF), 1963.

Paulo Freire e Elza Freire em Guiné-Bissau, 1974.

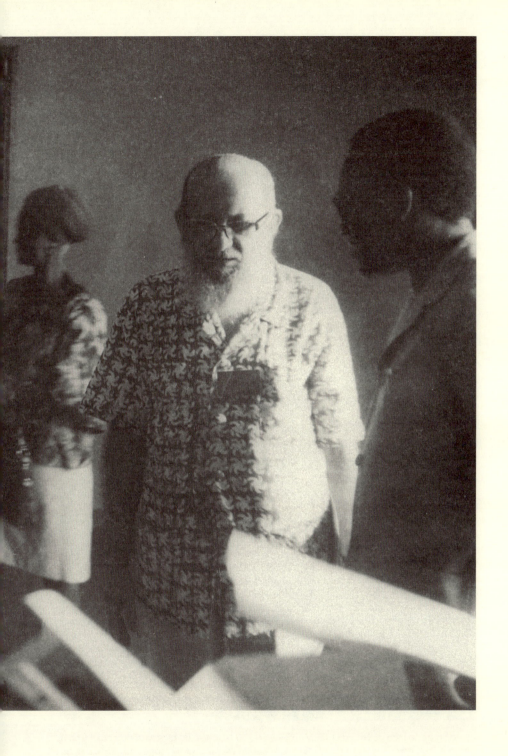

Paulo Freire trabalhando com o Coordenador do Programa de alfabetização do Ministério da Educação da Guiné-Bissau, em 1976.

Paulo Freire ao lado de Miguel Darcy de Oliveira, do Instituto de Desenvolvimento e Apoio a Cidadania (IDAC), e de Mário Cabral, Ministro da Educação da Guiné-Bissau, em 1978.

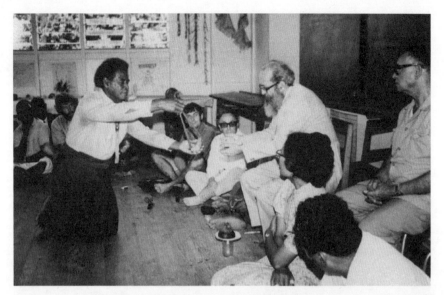
Paulo Freire promovendo alfabetização nas Ilhas Fiji, 1976.

Paulo Freire promovendo alfabetização nas Ilhas Fiji, 1976.

Mãos e olhares no retorno ao Brasil. Amigos recebem Paulo Freire no aeroporto de Viracopos, em Campinas, 1979.

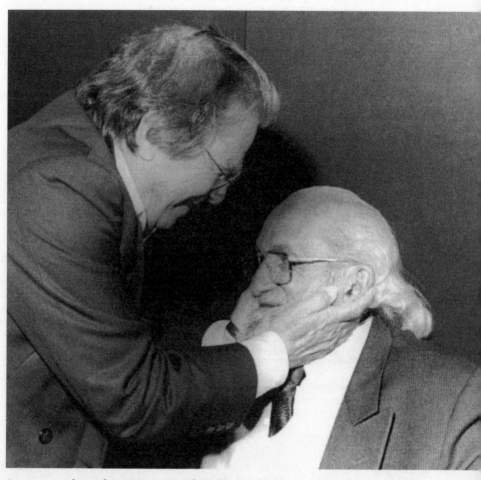
As mãos carinhosas do amigo e antropólogo Darcy Ribeiro.

De mãos dadas com D. Paulo Evaristo Arns.

Paulo Freire e esposa Ana Maria Araújo Freire, visitando escola em São Paulo, em 1989.

Paulo Freire e Clodomir Santos de Moraes (à direita), que foi companheiro de prisão numa cadeia do quartel de Olinda (PE), em 1964.

Paulo Freire em ilustração do amigo Claudius Ceccon.

Ilustração de Claudius Ceccon.

Escolas, institutos, bibliotecas, cátedras, centros de núcleos de estudos e pesquisas, espaços culturais e tanta outras instituições levam seu nome no mundo inteiro.

Alemanha

Holanda

Indonésia

Itália

Inglaterra

Espanha

Suécia

Noruega

Argentina

Estados Unidos

França

Livros do autor foram publicados em mais de vinte línguas.

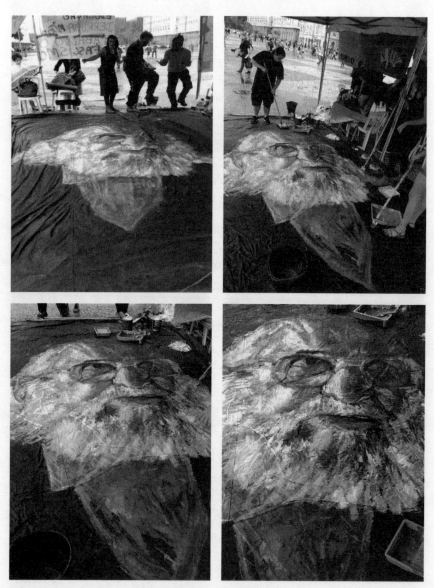

Obra denominada *Nosso patrono é gigante*, realizada na Praça XV no dia 15 de maio de 2019 durante o evento A UFRJ Vai à Praça, organizado pelos professores Marta Werneck e Lícius Bolssolan, ambos da Escola de Belas Artes da Universidade Federal do Rio de Janeiro (EBA-UFRJ), contra o corte de verbas para a educação.
Fotografia: Prof. Wilson Cardoso Junior (Faculdade de Educação/UFRJ).

O amor

Terceiro princípio (início): educar é um ato amoroso. "Quanto mais se ama, tanto mais se ama" (Freire in Gadotti (Org.), 2001, p. 54). Quanto mais se educa, tanto mais se ama. Quanto mais se ama, tanto mais se educa. O amor é uma força vital – amor pelas pessoas, mas também pelo mundo, pela vida, pelo lugar que se ocupa quando se educa. Amor político, de viver a vida para expandi-la e nunca para reduzi-la.

> *Professora, porém, é professora. Tia é tia.*
> *É possível ser tia sem amar os sobrinhos, sem gostar sequer de ser tia,*
> *mas não é possível ser professora sem amar os alunos.*
> (Freire, 2017 [1993], p. 48)

> *Eu gostaria de ser lembrado como um sujeito que amou*
> *profundamente o mundo e as pessoas, os bichos,*
> *as árvores, as águas, a vida.*
> (Freire, 1997)

> *O amor é sempre a possibilidade de assistir ao nascimento do mundo.*
> (Badiou; Truong, 2013, p. 22)

Paulo Freire é um leitor apaixonado e dedicado. Ama os livros. E entre os muitos autores que lê, um a quem dedica muita atenção é Erich Fromm. Não apenas o lê, como também se sente inspirado por suas ideias. Nesse sentido, podemos dizer, no nível de uma macropolítica dos afetos, que o patrono da educação brasileira encarna as três dimensões do amor que, segundo Fromm (2015), permitem dizer que alguém é um mestre na arte de amar: a) o conhecimento teórico;

b) a prática; e c) uma constante preocupação. Freire conhece a arte de amar, a pratica e se mostra preocupado com o amor porque considera essencial cuidar dessa arte para poder ser um educador ou educadora. A seguir, apresentaremos e justificaremos essa afirmação.

São inúmeros os gestos amorosos que acompanham a vida de Paulo Freire, testemunhados por educadores e educadoras de todos os cantos do mundo.[22] Sua vida carrega, junto com uma teoria ou um sistema de ideias, uma erótica pedagógica muito forte: uma pedagogia erótica.[23] A julgar pelos sentimentos que sua presença motiva em todos os cantos em que se apresenta, Paulo Freire é uma figura extraordinária, que esbanja muito carisma e sedução. Leva consigo uma energia pedagogicamente amorosa muito forte, não apenas presente em suas teorias sobre a educação, mas dando a elas uma força singular. Sem essa força erótica com a qual, como poucos, ele faz da educação objeto de estudo e pensamento constantes, nada do que Paulo Freire escreve teria sido lido como o foi, nem abriria os sentidos que ainda abre passadas mais de duas décadas de sua morte.

O amor da estrangeira

> *A proposta reacionária é sempre a de defender "os nossos valores"*
> *e nos moldar pelo modelo genérico de capitalismo globalizado enquanto única*
> *identidade possível. A temática da reação é sempre, sob uma ou outra forma,*
> *uma temática identitária brutal. Ora, quando a lógica da identidade leva a*
> *melhor, o amor se encontra, por definição, ameaçado.*
> (BADIOU; TRUONG, 2013, p. 60)

Aqui também pode ser inspiradora para pensar essa vida amorosa a figura de Sócrates, um mestre do amor. Mais uma vez, não se trata de atenuar as diferenças de contexto histórico e social, nem de se referir a um âmbito imaculado ou modelar, mas de encontrar ecos que contribuam para enxergar o que estamos tentando pensar. Alguém também poderia questionar: "Mas como assim: Sócrates, mestre do amor?". Claro, pois o amor é a única coisa que Sócrates afirma saber. Sim, quem só sabe que nada sabe também afirma, no *Banquete,* quase no início do diálogo, que não sabe nenhuma outra coisa a não ser "as coisas do amor" (*tà erotiká*, 177 d); na língua grega, "*tà erotikà*" é uma expressão substantivada do adjetivo "*erotikós*"; em gênero neutro plural, significa tudo o que diz respeito ao amor.

Como é possível que isso não tenha gerado um escândalo? Como fica o "só sei que nada sei" de Sócrates se ele sabe alguma coisa? Então não é verdade que Sócrates nada sabe? Como Sócrates afirma, tão tranquilamente, que sabe sobre as coisas do amor, ele que, na *Defesa de Sócrates*, defende-se das acusações de irreligiosidade afirmando que o deus principal de Atenas, Apolo, afirma que ele é o mais sábio não por saber alguma coisa, mas por ser o único, na cidade, que reconhece não saber? Lembremos: dessa forma, Sócrates também quer se defender da acusação de corromper os jovens, pois, não sabendo coisa alguma, pode afirmar nunca ter sido mestre de ninguém. Então, como é possível que o mesmo Sócrates afirme que sabe algo, mesmo que seja um único saber, sobre as coisas do amor? Bem, isso faz parte do enigma de Sócrates, dos seus mistérios e paradoxos (KOHAN, 2009). De qualquer forma, podemos tentar pensar em certos detalhes e, quem sabe, encontrar alguns sentidos no enigma.

Confiramos esses detalhes. No contexto do diálogo *Banquete*, é a vez de Sócrates fazer seu elogio de *éros*, e, nesse elogio, ele conta de onde vem seu saber sobre as coisas do amor. Foi Diotima, uma sacerdotisa de Mantineia – portanto, mulher e estrangeira –, quem lhe ensinou as coisas do amor (*emè tà erotikà edídaxen*, 201 d). Mais uma vez, Sócrates é muito singular: ele aprendeu sobre o amor, ou a amar, com uma mulher estrangeira que o interrogava cuidadosa e minuciosamente enquanto o ensinava (*Banquete*, 201 e). E conta essa história num banquete só de homens. Depois, Sócrates ilustra essa experiência de aprendizagem através de um diálogo tão amorosamente socrático que é justamente isto, parece, o que Diotima ensinou a Sócrates: o amor de pensar junto a outros; uma maneira amorosa de se relacionar com os outros através do pensamento. Na forma do que conta está o conteúdo de seu aprendizado. É isto o que Sócrates sabe com paixão erótica, e é isto o que se aprende quando se conversa com a personagem Sócrates: sua forma de amar pensar com outros, uma forma de se relacionar com o que se pensa na cidade colocando em questão, problematizando o que se pensa. Trata-se, em outras palavras, de um *éros* pedagógico, que educa através das perguntas da filosofia. Claro, os outros nem sempre apreciam esse *éros* ou ele nem sempre é recebido com a mesma amorosidade. Mas isso também faz parte do enigma de Sócrates e do enigma do *éros* pedagógico.

Afinal, isto é a filosofia entendida como uma vida filosófica, segundo já a apresentei: uma vida que ama pensar com outros os problemas comuns na cidade. Por isso, não há contradição entre não saber nada e saber amar, porque o nada que Sócrates afirma saber tem a ver com os saberes de conteúdo que os profissionais dos saberes afirmam conhecer e transmitem em Atenas. Sócrates, efetivamente, nada sabe nem quer saber de conteúdos a serem ensinados. Só deseja saber um saber de relação, o único saber que não poderia não saber: a paixão de um modo de encontro com outros através do diálogo; esse saber é o único que Sócrates sabe; esse saber ou relação ao saber é o mesmo saber ou relação ao saber que ele chama de filosofia. De fato, essa é uma das características de *éros* tal e como Sócrates o apresenta: *éros* é filósofo, está entre o sábio e o ignorante (*Banquete*, 203 c-d).

Dessa maneira, Sócrates aprende a amar pensar com outros com uma mulher estrangeira na Atenas dos homens bem-nascidos da cidade. Assim são as coisas na morada da filosofia: uma figura impossível ensina uma outra personagem impossível a viver uma vida impossível. Pois Diotima é tão impossível quanto Sócrates ("o mais sem lugar de todos", um estrangeiro em sua cidade (*Fedro*, 230 d): aí onde todos querem ensinar e atribuem a si mesmos o papel de mestres, Sócrates nega esse lugar para si e é, antes disso, um "amante do aprender".

Dessa forma nasce a filosofia com Sócrates e o amor de Platão pelo mestre impossível: como uma pedagogia invisível, inesperada e irrealizável. Impossível, necessária, irrecusável: Sócrates recusa ser "mestre" e, no entanto, não faz outra coisa na vida a não ser iniciar outros, amorosamente, no pensamento. Tão necessária é essa pedagogia filosófica que, como diz ao ateniense, uma vida sem ela não valeria a pena ser vivida: não apenas para o filósofo, mas para qualquer ser humano(*Defesa de Sócrates*, 38 a). Tão impossível é essa vida pedagógica e filosófica que só pode ser vivida de uma forma que leva quem assim pretende viver, educando segundo a filosofia, a ser condenado à morte. Necessária e impossível, a vida amorosa da filosofia pedagógica de Sócrates é a única vida que vale a pena ser vivida. Lembremos como Sócrates, na *Apologia*, recusa diante dos juízes uma hipotética proposta de ser declarado inocente se a condição for renunciar a uma vida filosófica. A um só tempo, essa vida não pode ser vivida na *polis* instituída e é a única que vale a pena ser vivida. Mais uma vez, lembremos: Sócrates é declarado culpado de viver uma vida segundo a filosofia. Eis o paradoxo que o enigma de Sócrates deixa para uma educação filosófica: sem ela não há vida vivível, mas com ela também não há.

O *éros* pedagógico de Paulo Freire

> *Distingo três concepções principais do amor. Primeiro, a concepção romântica, focada no êxtase do encontro. Depois [...] a concepção que poderíamos chamar de comercial ou jurídica, segundo a qual o amor seria um contrato. [...] Existe, além disso, uma concepção cética, que considera o amor uma ilusão. O que tento dizer em minha própria filosofia é que o amor não se reduz a nenhuma delas, ele é uma construção de verdade. Você vai perguntar: verdade sobre o quê? Pois bem, verdade sobre um aspecto bem específico, a saber: o que é o mundo quando o experimentamos a partir do dois, e não do um? O que é o mundo examinado, praticado e vivenciado a partir da diferença, e não da identidade?*
> (Badiou; Truong, 2013, p. 20)

Paulo Freire recria esse enigma ou mistério do *éros* pedagógico, de uma pedagogia invisível, inesperada, impossível. É isto o que mais ensina: um *éros* tão impossível quanto necessário para uma vida amorosa que não pode ser vivida e, ao mesmo tempo, é a única que vale a pena ser vivida. É o irrenunciável de suas *pedagogias,* desde a *Pedagogia do oprimido* até a *Pedagogia da autonomia*. De todas elas. Já das primeiras, as mais assertivas, afirmativas, categóricas. Até antes, na *Educação como prática da liberdade*, em que define a relação de opressão como uma relação violenta, "a um tempo, desamor e óbice ao amor" (Freire, 1976b, p. 50). Ao contrário, a posição radical, também concebida aí como um diálogo munido de crítica, autoconfiança, coragem, humildade, esperança, fé e confiança, só pode ser amorosa (p. 51), pois a educação é um ato de amor (p. 96). Como tão bem diz Thiago de Mello no poema "Canção para os fonemas da alegria", dedicado a Paulo Freire durante o exílio compartilhado no Chile: o amor é a música do pensamento e da vida de Paulo Freire, feito uma canção de rebeldia e de alegria (p. 27-28).

Na *Pedagogia do oprimido,* o amor é uma condição da verdade dos atos tanto dos opressores quanto dos oprimidos. No caso dos opressores, mede a verdadeira solidariedade de suas ações (FREIRE, 2018, p. 56); no caso dos oprimidos, sua rebelião amorosa inaugura uma vida verdadeira, livre, uma passagem do amor à morte para o amor à vida. Os amores à vida, ao mundo e aos seres que o habitam são considerados, nessa mesma obra, uma condição do diálogo e da própria pronúncia do mundo, na medida em que eles são atos de criação e recriação. Mais ainda, o amor é diálogo enquanto expressão de coragem e compromisso com os outros seres. Finalmente, o amor é um ato de compromisso com a libertação dos oprimidos que, ao mesmo tempo, torna possível o amor, pois não é possível o amor quando há opressão (p. 3). Citando Che Guevara, Freire lembra que toda verdadeira revolução nasce do amor e só pode ser um ato amoroso (p. 189).[24]

Lembremos o final da *Pedagogia do oprimido*, suas últimas linhas: "Se nada ficar destas páginas, algo, pelo menos, esperamos que permaneça: nossa confiança no povo. Nossa fé nos homens e na criação de um mundo em que seja menos difícil amar".[25] Prestemos atenção: a fé e a confiança na criação de um mundo em que seja menos difícil amar. Eis a paixão vital, irrenunciável, o sentido mais profundo da *Pedagogia do oprimido* e de toda a obra e a vida de Paulo Freire. Seu credo pedagógico mais íntimo, seu método, sua teoria, sua filosofia, sua vida: a crença na possibilidade de, através da educação, criar um mundo em que seja menos difícil amar. E eis também sua força política inegociável, irrenunciável: o capitalismo é inaceitável por muitas razões; a principal delas é, talvez, a forma como torna impossível amar de verdade.

Não há, praticamente, livro, carta, entrevista de Paulo Freire em que o amor não apareça. Numa das cartas que compõem *Professora sim, tia não* (2017 [1993]), a amorosidade é mencionada logo depois da humildade como uma condição para ser educador. A humildade não tem tanto a ver com uma virtude moral em relação à valoração de si mesmo, mas com uma relação aberta, flexível e crítica em relação aos próprios saberes. É uma espécie de humildade socrática. Ser humilde enquanto educador é uma espécie de exigência para todos aqueles que se respeitam a si mesmos e aos educandos como sujeitos legítimos e ao mesmo tempo falíveis, limitados, incertos de conhecimento. É uma espécie de condição que permite ouvir qualquer um na medida em que todo mundo sabe e ignora alguma coisa. É uma forma de humildade entre iguais, incompletos, seres desejosos de ser e conhecer mais.

Por isso, "o ensinante aprende primeiro a ensinar, mas aprende também ao ensinar algo que é reaprendido por estar sendo ensinado" (p. 56). Isso mostra que a relação entre ensinar e aprender é complexa e multidirecionada. O educador amoroso aprende o que ensina antes de ensiná-lo para poder depois ensiná-lo, mas também aprende ou reaprende o que ensina enquanto o ensina para poder reaprendê-lo e também reensiná-lo. O que se repete cada vez que o ensina. Por isso, de certo modo o aprender tem prioridade epistemológica, pedagógica, sobre o ensinar, e é necessário amar o aprender para poder ensinar o que se ensina: porque, na medida em que não se pode ensinar algo sem ao mesmo tempo aprendê-lo, se não se ama aprender não é possível ensinar de verdade.

Dessa forma, a relação entre amar o ensinar e amar o aprender é complexa, multifacetada, entrelaçada: o amar ensinar precisa e se alimenta do amar aprender; mas também o amar aprender se alimenta e precisa do amar ensinar; finalmente, amar ensinar, ao amar aprender, se alimenta a si próprio: quem ensina amorosamente não apenas aprende o que ensina, mas também aprende amorosamente, no ensinar, a ensinar. Como resultado, o amor pedagógico transforma: quem ama ensinar não sai da mesma forma depois de ensinar, não pode ensinar da mesma forma, porque ama aprender ao ensinar. Ensinando, aprende. Aprendendo, ama ensinar de forma a abrir o ensinante que se é para outras maneiras de ser ensinante.

Assim sendo, o mundo parece estar invertido: para um educador ou educadora, o primeiro e principal passa a ser o último, o que seria o mais fácil tornou-se o mais difícil: amar sua própria paixão de aprender e ensinar. Professoras e professores padecem com o descaso de condições indignas, em particular na educação pública. É o mundo que vivemos no Brasil atual. Por exemplo, em Duque de Caxias (RJ) e em muitos outros municípios do Brasil, professoras e professores suportam meses de atraso salarial; são constantemente desrespeitados, violentados, desconsiderados; com eles e elas, escolas e alunos desatendidos, negligenciados, igualmente desrespeitados. Como é possível, para professores e professoras, educar de verdade num mundo em que são tratados constantemente com desamor, o que torna extremamente difícil, para eles e elas, amar seu mundo pedagógico, negligenciado e desatendido por décadas de descaso e desinteresse? Como educar sem amar o que se ensina, o lugar que se ocupa como ensinante, o chão que se pisa, as pessoas para quem se ensina? Para Paulo Freire, o amor é uma condição essencial, sem a qual – lemos na primeira epígrafe do capítulo – não há educação possível: se não houver como amar, não há como educar, como ensinar e aprender.

Nesse sentido, amar não tem apenas o valor de uma paixão ou afeto pelo outro. Amar os alunos e alunas significa amar a posição que ocupam, a relação educativa, a própria posição de quem ensina, amar o mundo comum que pode ser construído a partir da relação pedagógica. Para isso é necessário respirar condições dignas, sentir-se respeitado e respeitar a profissão. Por isso, ensinar é um ato amoroso em múltiplos sentidos. Um educador ama ensinar, seu ensinar, mas também o ensinar de quem aprende e do mundo que ensina; ele também ama aprender, o seu aprender, e também o aprender de quem aprende com ele; ama se repensar permanentemente a si próprio e ama ajudar outras e outros a se repensar a si próprios; ama também se mostrar com abertura, disponibilidade, curiosidade, incertezas; e ama a curiosidade dos outros e outras.

Amar saber, saber amar

Educar é um modo de amar, e se a educação está em crise também a relação de amor está em crise. Correspondem-se. Não se trata de buscar atrativos para os estudantes ou reflexividade no professor para dar de volta o sentido a uma relação que se perde e se confunde. A narração do saber, fazer-se voz do saber, não é a reflexão sobre si, nem a autobiografia.

Trata-se de fazer-se reflexivo, voz em que o outro, a outra que aprende
se reflete, olhando-se dentro tal como é olhada pela voz que escuta.
(FERRARO, 2018, p. 43)

É esse o saber amoroso de um professor filosofante, inspirado no amor socrático e freireano. Esse professor sabe do amor no sentido de alguém que sabe amar; afirma uma pedagogia filosófica em que vive o amor que sabe; eis o significado profundo da palavra filosofia, nos diz Giuseppe Ferraro (2018): ela costuma ser traduzida como "amor ao saber" (*philo-sophia*), mas, na verdade, poderia ser também traduzida como "saber do amor", saber as coisas do amor, saber amar, como sabem Sócrates e Paulo Freire, filósofos no sentido mais próprio da palavra.[26]

Precisamente, esse autor, o napolitano Giuseppe Ferraro, também educador na filosofia, ajuda a pensar o valor do amor em Paulo Freire. Em *A escola dos sentimentos* (2018), ele diferencia paixões, emoções e sentimentos. As primeiras se possuem e as segundas se dão, mas ambas são passageiras, efêmeras. Diferentemente delas, os sentimentos são feitos de tempo, e por isso podem ser ensinados, porque perduram no tempo. Mais ainda, eles precisam ser ensinados porque são feitos do tempo das relações, dos laços que nos fazem ser o que somos. Eles são tecidos no corpo a corpo das relações que afirmamos socialmente, e qualquer prática educadora que almeje afetar os modos de vida instituídos precisa educar a forma em que são tecidos os sentimentos.

Quem ensina, diz Ferraro, restitui, quando ensina, um tempo próprio, interior, que recebeu de outros na própria formação e agora entrega a outros e outras que se formam com ele ou ela. Por isso, ensinar é restituir um tempo que não é o tempo cronológico da instituição escolar; ao contrário, exige suspender esse tempo e atentar para um outro tempo, feito mais de acordes na trama das relações amorosas entre as pessoas que da passagem objetiva de um movimento numerado. É desse tempo que educar exige cuidar. Um tempo de sentimentos. O tempo do amor. O tempo da filosofia, do amor pelo saber – mas, antes de mais nada, do saber amar.

Em outros trabalhos (KOHAN, 2004), discorro sobre os tempos gregos *chrónos, kairós* e *aión*. Em poucas palavras: *chrónos* é o tempo do relógio, o número do movimento segundo o antes e o depois, o tempo que passa e não se detém. *Chrónos* tem duas partes: passado e futuro, com o presente como um limite entre os dois. É o tempo da ciência, da instituição, da história. *Kairós* é o tempo da oportunidade. O momento preciso. A qualificação presente no agora fugaz e não qualificado de *chrónos*. É um momento que se torna qualificado, único, singular, insubstituível. Já *aión* é o tempo da infância, do presente, do eterno retorno, da brincadeira, do pensamento, da arte, da filosofia... do amor. Ama-se em *aión*, num tempo de presente, de presença, de entrega, de arte.

Saber amar: eis o saber principal, primeiro, radical da educação. Saber encontrar, no tempo *chrónos* da instituição, a suspensão desse tempo da escola como instituição para habitar o tempo da escola-forma, *skholé*, o tempo livre (MASSCHELEIN; SIMONS, 2013). Se não permite sentir esse tempo liberado, uma escola não é uma escola. Pode até formar os "melhores" cidadãos, os que uma sociedade necessita ou deseja, mas não faz o que uma escola faz desde que há escolas: suspender o tempo social para que os que a habitam possam encontrar seu próprio tempo para pensar o mundo que habitam.

O amor como sentimento é tão importante na educação que – Giuseppe Ferraro afirma – sem a educação dos sentimentos não há educação possível, porque o amor – e, de uma forma mais geral, todos os sentimentos – é a medida do próprio habitar o mundo, do compartilhar o mundo com outros e outras. Os sentimentos nos oferecem o tom, o ritmo, a medida da própria vida. Podemos aprender as letras, a ler e escrever, o que quer que seja de qualquer disciplina, de Matemática, História, Geografia, o que for; mas se não aprendemos a habitar de modo próprio o sentimento das relações que nos habitam, o que poderemos fazer de significativo e vital com esses saberes aprendidos? Por isso, educar os sentimentos é como ajudar a compor um tempo próprio, propiciar um compor-se a si mesmo na trama das relações e laços que nos constituem naquilo que somos e que podemos ser.

Assim, a educação é um trabalho artístico, musical, filosófico com os sentimentos: escutar a voz na palavra, criar as condições para que todos consigamos compor nossa própria melodia, para que possamos sentir a música que nos faz ser realmente aquilo que somos. Mais ainda, a filosofia, como acabamos de afirmar, é a vivência de um sentimento pelo saber e de um saber sentimental. É isso que aprendemos numa escola quando ela é uma escola para além de uma instituição, quando uma escola é filosófica nesse sentido mais próprio da palavra. Por isso, a filosofia é uma possibilidade inesquecível da educação, aquela que permite a uma prática educativa ser realmente aquilo que ela é e, aos que a habitam, se encontrarem com o que eles e elas realmente são.

Como acabamos de ver, e Ferraro mostra, a filosofia carrega um sentimento no próprio nome, na etimologia grega de sua palavra: "*philosophía*"; sentimento de saber, saber de sentimento. Quando se educa em filosofia, não se sabe: sente-se o saber; sente-se o tempo próprio de pensar e saber com outros e outras. Sabe-se no sentido em que sabemos uma comida, em que a sentimos. Sabemos amar porque experimentamos, saboreamos, sentimos o amor. Por isso, uma educação só pode ser filosófica para poder ser a educação que é, e também por isso ela só pode ser uma educação *nos* e *dos* sentimentos. A filosofia, continua a nos dizer Giuseppe Ferraro, não é algo que possa ser ensinado: não se ensina a filosofia, mas, quando uma escola é uma escola, nela se ensina *com* filosofia. Eis o valor da filosofia não como disciplina, mas como saber sentimental. Pode-se ensinar qualquer disciplina, com ou sem filosofia, inclusive a própria disciplina Filosofia.

Esses desdobramentos de uma educação nos sentimentos afirmada por Giuseppe Ferraro são inspiradores para pensar a amorosidade que Paulo Freire afirma e que atravessa sua obra e sua vida. Assim, suas ideias sobre a educação podem ser lidas como a afirmação de uma educação filosófica nos termos que acabo de apresentar: aquela na qual se ensina com esse sentimento de saber e saber de sentimento que é a filosofia. Em outro capítulo, afirmo que Paulo Freire pertence a uma tradição filosófica na qual a filosofia é muito mais uma forma de vida do que uma teoria ou um sistema de ideias. As linhas aqui traçadas reforçam esse caminho. Não só suas ideias, mas a vida filosófica de Paulo Freire é uma escola dos sentimentos. Ela afirma uma educação sentimental na amorosidade, na busca de um tempo próprio para que cada um possa ser aquilo que é e não aquilo que as condições econômicas e políticas impõem para sua vida. Em outras palavras, Paulo Freire dedica sua vida educadora aos que não são escutados, para que eles possam fazer escutar sua própria voz, possam expressar a voz que há em sua palavra.

Amor político

> *A essência da política está na pergunta: de que são capazes os indivíduos a partir do momento em que se reúnem, se organizam, pensam e decidem? No amor, trata-se de saber se eles são capazes, a dois, de assumir a diferença e torná-la criativa. Na política, trata-se de saber se eles são capazes, em grande número, ou mesmo em multidão, de criar igualdade.*
> (Badiou; Truong, 2013, p. 37)

Ao mesmo tempo, a amorosidade tem um componente político, militante, guerreiro. Ela exige luta, compromisso, ousadia. Vale citar o poema "Canção do amor armado" (1979), de Thiago de Mello, poeta amazonense, adido cultural do Brasil no Chile na época em que Paulo Freire exilou-se em Santiago, após a ditadura militar de 1964, que inspira seu pensamento e vivência da amorosidade como uma dimensão insubstituível da educação:

Canção do amor armado

Vinha a manhã no vento do verão,
e de repente aconteceu.
Melhor
é não contar quem foi nem como foi,
porque outra história vem, que vai ficar.
Foi hoje e foi aqui, no chão da pátria,
onde o voto, secreto como o beijo
no começo do amor, e universal
como o pássaro voando – sempre o voto
era um direito e era um dever sagrado.

De repente deixou de ser sagrado,
de repente deixou de ser direito,
de repente deixou de ser, o voto.
Deixou de ser completamente tudo.
Deixou de ser encontro e ser caminho,
deixou de ser dever e de ser cívico,
deixou de ser apaixonado e belo

e deixou de ser arma – de ser a arma,
porque o voto deixou de ser do povo.

Deixou de ser do povo e não sucede,
e não sucedeu nada, porém nada?

De repente não sucede.
Ninguém sabe nunca o tempo
que o povo tem de cantar.
Mas canta mesmo é no fim.
Só porque não tem mais voto,
o povo não é por isso
que vai deixar de cantar,
nem vai deixar de ser povo.

Pode ter perdido o voto,
que era sua arma e poder.
Mas não perdeu seu dever
nem seu direito de povo,

que é o de ter sempre sua arma,
sempre ao alcance da mão.

De canto e de paz é o povo,
quando tem arma que guarda
a alegria do seu pão.
Se não é mais a do voto,
que foi tirada à traição,
outra há de ser, e qual seja
não custa o povo a saber,
ninguém nunca sabe o tempo
que o povo tem de chegar.

O povo sabe, eu não sei.
Sei somente que é um dever,
somente sei que é um direito.
Agora sim que é sagrado:
cada qual tenha sua arma
para quando a vez chegar
de defender, mais que a vida,
a canção dentro da vida,

para defender a chama
de liberdade acendida
no fundo do coração.

Cada qual que tenha a sua,
qualquer arma, nem que seja
algo assim leve e inocente
como este poema em que canta
voz de povo – um simples canto
de amor.
Mas de amor armado.

Que é o mesmo amor. Só que agora
que não tem voto, amor canta
no tom que seja preciso
sempre que for na defesa
do seu direito de amar.

O povo, não é por isso
que vai deixar de cantar.

São os anos 1960. Os anos das utopias revolucionárias no sul do continente americano. É também o tempo da repressão e das ditaduras. O tempo da resistência e da luta por um mundo menos injusto, menos opressivo, menos atroz. O tempo do amor político, comprometido, militante. O tempo de luta por um mundo mais amoroso. É nesse contexto que o amor está armado, em defesa do direito de amar. O amor é uma arma de quem ensina em defesa do direito de ensinar.

Nesse contexto, a amorosidade filosófica do educador não é ingênua, romântica, abstrata. Ela é política, guerreira, situada. Como a do poema, que retrata essa situação de despejo, de golpe, de ditadura, de usurpação do poder popular, tão própria também dos dias de hoje no Brasil. Naquele contexto (o poema é de 1966), tão próximo do momento atual, o poeta convida a resistir com as armas de cada um, inclusive uma arma "leve e inocente" como a palavra, um poema, qualquer ato de amor. Uma pergunta que questiona. Um amor armado, feito luta, resistência, canto pelo direito de cantar, de amar e ser amado. De ensinar e ser ensinado. De aprender e ser aprendido. O poema de Thiago de Mello parece mais atual do que nunca, num momento em que se defende a brutalidade de armar a população com armas de matar, com a ingenuamente cínica pretensão de assim enfrentar a violência que, de fato, está sendo estimulada, promovida, acendida.

Paulo Freire pensa dessa forma a situação das e dos educadores no Brasil, sujeitados a uma série de despojos: as injustiças, a exclusão, a arbitrariedade dentro e fora do sistema escolar; suas péssimas condições de trabalho e salariais, o descaso do poder público com a educação pública, a repressão constante contra a militância e qualquer forma de resistência. Diante desse estado de coisas, a realidade educacional exige uma espécie de amorosidade que parece tão impossível quanto necessária; tão filosófica quanto política; uma forma de luta, de amor armado, amor de compromisso irrenunciável para quem quer honrar a tarefa de educar enfrentando aquilo que, cotidianamente, a(o) nega enquanto educador. Educar é amar lutando, questionando, dialogando, pensando, aprendendo.

Quase nada desse quadro mudou no Brasil atual: condições cada vez mais asfixiantes na educação pública, em todos os seus níveis; repressão constante às manifestações públicas pacíficas de educadores; políticas públicas regressivas e autoritárias, promotoras de mais desigualdade; mercantilização da vida e das práticas educativas. O mais chocante na atual realidade política brasileira, em fevereiro de 2019, é o lugar em que se tem colocado Paulo Freire, como responsável pela situação educacional no Brasil – quando, na verdade, ela é, em linhas gerais, contrária às definidas pelo educador pernambucano.

Expurgar a ideologia de Paulo Freire – esteja ela presente ou não nas escolas do Brasil – significa expurgar uma ideologia do amor. Pois é o amor que dá início a uma vida filosófica na educação: um amor de resistência àquilo que nega uma educação para todos, àquilo que a mascara, a afasta e a dilui. A ideologia amorosa de Paulo Freire prega que, toda vez que o poder público faz uma política antieducativa perversa, educadores e educadoras cuidam das armas de um amor que entrega um tempo próprio para que os educandos possam ser aquilo que são e, ao mesmo tempo, resiste e questiona as forças de uma antieducação.

O amor armado parece o amor que canta o músico cubano Silvio Rodríguez ("Por quem merece amor", 1982), um amor que perturba, amor como uma arte maior, um amor de humanidade que não se compra nem se vende, uma arte em virtude, uma arte de paz. Por incrível que pareça, muito tem perturbado o amor de Paulo Freire por um mundo sem oprimidos. Tem perturbado extraordinariamente. Tem, curiosamente, gerado discursos do ódio mais intenso e brutal. Olhando as coisas em detalhe, não surpreende. Pensemos em outras figuras aqui mesmo mencionadas, como os dois Sócrates educadores, de Atenas e Caracas (Simón Rodríguez), os dois amorosos educadores condenados pelo seu tempo como perturbadores da ordem social, personagens subversivos das consideradas socialmente "boas" práticas, os dois perseguidos como agitadores e corruptores da juventude do seu tempo.

O francês A. Badiou (BADIOU; TRUONG, 2013) separa a política do amor. Ele liga a primeira ao estado e o segundo à família. Ao contrário, Paulo Freire reúne política e amor porque pensa que ambos dizem respeito a todas as esferas da vida. Badiou afirma que a essência da política está na pergunta: são capazes os indivíduos, quando se reúnem, se organizam, pensam e decidem, de criar igualdade? E que a essência do amor está na pergunta: são capazes os indivíduos, a dois, de assumir a diferença e torná-la criativa? Pois bem, Paulo Freire faz do amor política e da política amor: dedica sua vida a criar, no mundo inteiro, igualdade (pressupondo-a) a partir da diferença.

Buscar o amor, encontrar o exílio: marchar

Defender o amor naquilo que ele tem de transgressor e heterogêneo é mesmo, portanto, uma tarefa do momento. No amor, no mínimo, confia-se na diferença, em vez de desconfiar dela. E, na reação, sempre se desconfia da diferença em nome da identidade: essa é a sua máxima filosófica geral. Se, ao contrário, quisermos uma abertura para a diferença e para tudo o que ela implica, ou seja, que o coletivo seja capaz de ser o coletivo do mundo inteiro, um dos pontos praticáveis da experiência individual é a defesa do amor. Ao culto identitário da repetição, deve-se opor o amor por tudo aquilo que difere, é único, não repete nada, é errático e estrangeiro.
(BADIOU; TRUONG, 2013, p. 60-61)

Tenho incluído, ao longo deste livro, alguns poemas que afirmam determinadas verdades da maneira que só a poesia pode dizer. Lembro um outro, do poeta argentino Roberto Juarroz (1991, 15-XII):

Buscar una cosa
es siempre encontrar otra.
Así, para hallar algo,
hay que buscar lo que no es.

Buscar al pájaro para
encontrar a la rosa,
buscar el amor para hallar el exilio,
buscar la nada para descubrir un hombre,
ir hacia atrás para ir hacia delante.

La clave del camino
más que en sus

bifurcaciones,
su sospechoso comienzo
o su dudoso final,
está en el cáustico humor
de su doble sentido.
Siempre se llega,
pero a otra parte.

Todo pasa.
Pero a la inversa.

"Buscar o amor para encontrar o exílio", diz o poeta. Paulo Freire viaja sem parar buscando o amor, encontrando exílios. Já no ventre materno, a primeira busca do amor, o primeiro encontro do exílio. Busca outra vez o amor na infância em Recife, e novamente encontra o exílio em Jaboatão dos Guararapes. Já educador, a busca do amor das oprimidas e oprimidos traz o terceiro exílio, fora do Brasil. Não há exílio sem busca do amor. Não há busca do amor sem exílio. Paulo Freire busca tanto o amor que encontra vários exílios. Ele fala em três, mas poderíamos multiplicar esse número. O último desses três é talvez o mais cruel, o mais violento, o mais bestial, na medida em que ameaça, agride, atenta contra sua vida. Numa primeira leitura, pareceria estranho, paradoxal, difícil entender tanto ódio como resposta a tanto amor. Numa leitura mais profunda, poética, parece uma lógica consequência de seu amor, de sua extraordinária capacidade de amar.[27]

Essa capacidade de amar se manifesta não apenas por pessoas, mas também por ideias, projetos, movimentos. É o caso de diferentes tentativas nos mais diversos cantos do mundo que, inspirados ou em diálogo com suas vidas e suas ideias, fazem do amor uma força motora de sua luta política. Por exemplo, são as mobilizações populares no Brasil, quando Paulo Freire já está de volta ao país, e, em particular, as Marchas dos Trabalhadores Sem Terra, que revelam "o ímpeto da vontade amorosa de mudar o mundo". As marchas dos Sem Terra são a expressão de seu amor errante, o amor que vai em busca de seu lugar.

Os Sem Terra atravessam e concentram todas as formas de despojo, pela força e valor da terra e pelo que ela produz: alimento, trabalho, comunidade. Por isso, esses movimentos revelam, para Paulo Freire e para nós também, uma das expressões mais vivas da vida política do Brasil, porque expressam uma luta contínua e impostergável, sempre impostergável, desde a constituição do Brasil escravocrata, por uma vida mais digna, igualitária, livre. São, nesse sentido, a expressão amorosa de um Brasil corajoso, lutador, comprometido com uma vida comum menos injusta, menos escravista, menos desigual. Um movimento para que o Brasil possa algum dia ser, de fato, o Brasil.

As marchas dos Sem Terra testemunham uma andarilhagem inventiva, curiosa, crítica, rebelde, inconformada e, ao mesmo tempo, amorosa, amorosamente armada, nos termos do poema de Thiago de Mello que acabamos de ler. Testemunham a necessidade de brigar duramente "para se obter um mínimo de transformação" (FREIRE, 1997). Resistência, luta, questionamento dessa "vontade reacionária histórica" instalada no Brasil e a qual hoje, também tristemente, assistimos emergir novamente. Paulo Freire viaja amorosamente com esses homens e mulheres sem-terra, talvez, diria o poeta, para encontrar juntos o exílio, uma terra comum.

O amor que Paulo Freire defende e afirma é o mesmo que ele próprio experimenta na sua primeira educação e que deixa marcas tão fortes. Desde cedo, quando é alfabetizado pelo pai e pela mãe à sombra de uma mangueira na casa familiar em Recife, Freire sente o valor insubstituível de um tempo educativo próprio, presente, demorado... amoroso... Parece que é isto o que a mãe e o pai entregam na sua primeira alfabetização, além das palavras de seu mundo: palavras de seu tempo, um tempo infantil, musical, amoroso. O pai está na rede perto, a mãe também. Os dois estão presentes, num tempo presente, num tempo de presença. É nesse tempo de amoroso presente que Paulo Freire é iniciado na leitura da palavra e do mundo.

Os que alfabetizam Paulo Freire – a mãe, o pai – não são profissionais da educação.[28] Não detêm os saberes técnicos, estritamente pedagógicos. São educadores amadores no sentido mais literal da palavra. Amam o que estão fazendo e, por isso, restituem um tempo presente, próprio, para que Paulo Freire possa escrever e ler palavras e pensamentos característicos do mundo infantil. Assim, ele é educado amorosamente tanto pelos seus pais, no quintal de casa, quanto pela primeira professora, Eunice Vasconcellos, na escola inicial. Eunice, no dizer do próprio Paulo Freire, é uma "meninota", "uma jovenzinha de seus 16, 17 anos", e é a responsável pelo primeiro sentimento de amorosidade que experienciaria durante a vida toda pelos problemas da linguagem, em particular, da linguagem brasileira. Uma parte em especial da maneira como ele se refere a Eunice vale a pena ler:

> Não se casou. Talvez isso tenha alguma relação com a abnegação, a amorosidade que a gente tem pela docência. E talvez ela tenha agido um pouco como eu: ao fazer a docência o meio da minha vida, eu termino transformando a docência no fim da minha vida (FREIRE in GADOTTI, 2001, p. 31).

Eunice agiu um pouco como Paulo Freire, ou Paulo Freire agiu um pouco como a professora Eunice? De fato, pouco importa a resposta: o que vale a pena notar é a marca fortíssima deixada por essa forma de entrega abnegada e amorosa pela educação que recebe tanto da mãe e do pai quanto da primeira professora. As marcas o acompanham a vida inteira, tanto que se casou duas vezes com educadoras. Com a primeira delas, Elza, teve as maiores alegrias de sua vida: o nascimento de seus cinco filhos e "ter vivido 42 anos com Elza e ter aprendido com ela que, quanto mais se ama, tanto mais se ama" (FREIRE in GADOTTI, 2001, p. 54).

Quanto mais se ama, tanto mais se ama

> *O que me interessa no amor é a questão da duração.*
> *Esclarecendo: por "duração" não se deve entender que o amor dura, que nos*
> *amamos sempre, ou para sempre. É necessário entender que o amor inventa*
> *uma forma diferente de durar ao longo da vida. Que a existência de cada um,*
> *pela experiência do amor, confronta-se com uma nova temporalidade.*
> (BADIOU; TRUONG, 2013, p. 26)

Repito: "Quanto mais se ama, tanto mais se ama". O amor é uma força autogenerativa. Ele se multiplica a si mesmo. Basta afirmá-lo, que ele se encarrega do restante. Paulo Freire experimenta essa potência do amor desde sua primeira infância. E o faz no contexto da própria educação.

Assim, a relação de Paulo Freire com o mundo das letras, das palavras, da linguagem e da arte de ensinar e aprender se potencia, cresce, expande-se. Aquela primeira experiência educativa é essencial, profundamente marcante na forma em que Freire pensa a educação. É esse amor experimentado na própria entrada para o mundo das letras que cresce nele e se torna marca e condição insubstituível de seu pensamento e de sua prática educadora pela vida toda.

Mais ainda, o amor é talvez o valor principal, insubstituível, da vida inteira de Paulo Freire. Lemos e ouvimos isso dele, repetidas vezes, de formas diversas. Por exemplo, quando morre seu primeiro amor conjugal, Elza, parece que o mundo se acaba. Paulo Freire está a ponto de morrer de desamor. O mundo parece impossível de ser vivido sem esse amor que o acompanha por tanto tempo, nas condições mais difíceis. Um amor comprometido, de luta, solidário. O amor parece único, personificado, insubstituível. A morte do ser amado parece significar a morte do amor. Mas o amor renasce em outra pessoa, e Paulo Freire parece renascer com ele. O novo amor é uma aluna, filha de um amigo-protetor, o diretor da escola que permitiu que ele pudesse fazer o ginasial em Recife. O novo amor é, portanto, amigo. É possível amar outra vez. É possível voltar a amar. Afinal, o grande amor de Paulo Freire é o mundo. É, portanto, possível – e necessário – voltar a viver, para seguir amando e manifestando o amor pelo mundo.

É isso também o que lemos na segunda epígrafe do presente capítulo. Em sua última entrevista, Paulo Freire afirma que gostaria de ser recordado como alguém que, antes de mais nada, amou profundamente tudo o que estava a seu redor, "o mundo e as pessoas, os bichos, as árvores, as águas, a vida", todas as formas de vida enquanto vida. Parece coerente, esperável, lógico: amar a vida como expressão primeira e última de sentido para uma presença amorosa no mundo.

O filho caçula, Lutgardes, percebe da mesma forma a vida e o legado do pai. Parece ser a mensagem mais importante, o vínculo que mais sustenta a vida comum, a lembrança mais persistente:

Eu sempre fui muito amado – numa vida de tensões, viagens, des-locamentos –, até quando a educação entra em cena e o filho quer ser músico e sair, aparentemente, do que seria mais esperável para um pai educador. Eu disse: "Pai, eu quero tocar bateria, quero ser músico". A resposta é diáfana, clara, precisa: "Tudo bem, meu filho. Você pode fazer o que você quiser. Mas me prometa uma coisa: que isso que você vai fazer vai ser feito com amor" (COSTA FREIRE, neste livro, p. 45).

Fazer o que se queira fazer; ser o que se queira ser; tentar, pelo menos, o que se quer tentar, com uma única condição: que a tentativa seja amorosa.

A julgar pelo depoimento do filho Lutgardes, Paulo Freire foi muito bem-sucedido nesse desejo. Em entrevista recente (incluída neste livro), quando perguntado o que de mais importante aprendeu na vida com seu pai, Lutgardes responde: "O amor à vida. O amor aos pássaros, o amor ao sol, o amor à natureza, o amor às pessoas". Paulo Freire vivia uma vida amorosa em casa e fora dela, em qualquer lugar. Respirava amor à vida. Inventava e reinventava, na sua vida amorosa, uma nova temporalidade, como diz A. Badiou na epígrafe desta seção. Um outro tempo, presente, para viver em educação. Um tempo necessário para uns, insuportável para outros. Desse amor de outro tempo, Paulo Freire vivia e morria; por esse amor e por esse tempo será lembrado tanto pelos que o amam quanto pelos que o odeiam.

A errância

Quarto princípio (início): um educador é alguém que anda, caminha, se desloca... Sem um destino final, cria as condições para se encontrar com os que estão fora... num tempo presente, de presença... O educador anda o mundo para mostrar que ele sempre pode ser de outra maneira. Uma educação política parte do princípio de que o mundo pode ser de outra maneira, e, para que o mundo possa ser de outra maneira, o educador anda errando no caminho da educação. O mundo está aberto, e o errar educante dará lugar a um outro mundo que não podemos antecipar.

> *Não apenas estamos sendo e temos sido seres inacabados, mas nos tornamos capazes de nos saber inacabados, tanto quanto nos foi possível saber que sabíamos o saber que não sabíamos ou saber que poderíamos saber melhor o que já sabíamos ou produzir o novo saber. E é exatamente porque nos tornamos capazes de nos saber inacabados que se abre para nós a possibilidade de nos inserir numa permanente busca.*
> (Freire, 2013 [1995], p. 131)

> *O nosso sonho é o de criar uma sociedade em que uma minoria não explore as maiorias. Criar uma sociedade em que, por exemplo, perguntar seja um ato comum, diário...*
> (Freire; Faundez, 2017 [1985], p. 109)

> *Não há utopia verdadeira fora da tensão entre a denúncia de um presente tornando-se cada vez mais intolerável e o anúncio de um futuro a ser criado, construído, política, estética e eticamente, por nós, mulheres e homens. A utopia implica essa denúncia e esse anúncio, mas não*

deixa esgotar-se a tensão entre ambos quando da produção do
futuro antes anunciado e agora um novo presente.
A nova experiência de sonho se instaura, na medida mesma em que a história
não se imobiliza, não morre. Pelo contrário, continua.
(FREIRE, 2014 [1992], p. 126)

O andarilho

O andarilho da utopia: nenhum título tem sido tão precisamente colocado como o do programa produzido em 1998 pela Rádio Neederland, com apoio da USP e do Instituto Paulo Freire.[29] Aliás, a linguagem radiofônica, como se afirma no início do programa, parece um meio muito afim ao autor da *Pedagogia do oprimido* pela vocação de se tornar acessível e chegar a todos, inclusive aos que não conseguem ir à escola, e também porque o rádio é a pura palavra nua, talvez o meio mais afim à palavra falada por todos os meios de comunicação. E ainda é possível andar ou caminhar com o próprio rádio.

Afirma o dicionário *Autélio* que o andarilho é uma espécie de pássaro, com grande capacidade de deslocamento entre áreas muito distantes, que ocupa campos não habitados por seres humanos no Brasil central e meridional. Alguém poderia ver, nisso, um ponto fraco da analogia: é verdade, Paulo Freire gostava demais dos seres humanos, e andava sempre por lugares habitados. Contudo, quem sabe ele andava mais, justamente, pelos lugares em que o capitalismo desumanizava os seres humanos e também nisso se assemelhe ao andarilho. Em qualquer caso, as afinidades são muito fortes e não se limitam à sua paixão pelos deslocamentos: como o educador de Pernambuco, o andarilho é uma espécie em extinção pela deterioração dos campos naturais que habita.

Carlos Rodrigues Brandão destaca, no verbete "andarilhagem" do *Dicionário Paulo Freire* (BRANDÃO in STRECK; REDIN; ZITKOSKI, 2008), dois aspectos em que Paulo Freire foi certamente um andarilho: por um lado, seu caráter de viajante, em particular a partir do exílio (e durante ele, em especial com suas campanhas alfabetizadoras pela África, Ásia, Oceania e América Latina), mas também depois do seu retorno ao Brasil, quando, já sem necessidade aparente, continua viajando, inclusive com a saúde já apresentando sinais de debilidade. Como mostra de sua paixão por viajar, foram várias as viagens – a Cuba, Espanha e Portugal, aos Estados Unidos – programadas para 1997 que, por causa de sua morte em maio desse mesmo ano, tiveram de ser canceladas.

Em conversa escrita com Faundez, o próprio Paulo Freire explica o sentido principal dessas viagens, referindo-se ao momento em que estava no Chile e recebeu, quase simultaneamente, o convite da Universidade de Harvard e do Conselho Mundial de Igrejas:

> [...] estava, já na época, absolutamente convencido de quão útil e fundamental seria a mim correr mundo, expor-me a contextos diversos, aprender das experiências de outros, rever-me nas diferenças culturais (FREIRE; FAUNDEZ, 2017 [1985], p. 31).

Viajar, para um viajante, não é apenas proveitoso, mas necessário: como pensar uma educação mundana sem andar pelo mundo, sem se expor às suas diversidades e diferenças? Se a educação tem a ver com a vida, como então uma vida educadora poderia ficar quieta, no seu lugar, sem se entrelaçar com outras vidas? Assim, viaja-se para aprender, para sair do lugar e para compreender, com o corpo inteiro, o que só viajando e nos expondo ao que não nos resulta familiar pode nos ajudar a ver o que não conseguimos ver quando ficamos dentro de casa. Viajar não apenas para perceber as outras vidas, mas também para entender melhor a própria vida:

> E foi andarilhando pelo mundo, foi andando pela África, foi andando pela Ásia, pela Austrália, Nova Zelândia, pelas ilhas do Pacífico Sul; foi andando a América Latina toda, o Caribe, a América do Norte, a Europa, foi caminhando por esses pedaços de mundo, como exilado, que pude compreender melhor o meu próprio país (p. 32).

Viajar para levar-se a si mesmo e o próprio mundo até o mundo maior, mas também para trazer o mundo grande ao mundo próprio, pequeno. Paulo Freire leva consigo o Brasil pelo mundo e também traz um pouco desse mundo para o Brasil, para entendê-lo melhor, mais larga e diversamente.

Os exílios e as viagens

Vamos retroceder um pouco no tempo. As viagens, a errância, fazem parte da vida de Paulo Freire desde seu nascimento. Como vimos, repetidas vezes ele diz ter passado por três exílios, e não apenas um: o primeiro, quando sai do útero de sua mãe; o segundo, quando sua família muda-se de Recife para Jaboatão; o terceiro, o mais conhecido, no exterior, após a ditadura de 1964 (FREIRE, 2000, p. 51). Assim, sua infância cronológica é sentida como uma viagem, e, dentro dela, desde pequeno, começam as viagens permanentes: uma vez terminado o ensino fundamental, o longo percurso em trem para chegar de Jaboatão até a nova escola em Recife. Já retornando, de volta a Recife, a vida educadora o projeta pelo Brasil afora. Finalmente, a ditadura o faz iniciar uma viagem mundo afora, inicialmente forçada, mas depois incorporada como estilo de vida, tanto que, quando retorna do exílio, continua viajando incessantemente. A partir do exílio, Paulo Freire não vive para viajar, mas viaja para viver: não busca viagens na vida, busca – e encontra – vida nas viagens. Parafraseando Sócrates e, ao mesmo tempo, se afastando bastante dele, o nordestino concordaria que uma vida sem viajar não faz sentido para um ser humano.

Paulo Freire destaca, uma e outra vez, como, desde jovem, andar, vagar é parte importante, insubstituível de sua vida. Por exemplo, na sua autobiografia epistolar, *Cartas a Cristina*, diz sobre o momento em que volta a Recife, quando começa a se tornar um leitor mais apaixonado e empedernido:

> Indagando-me sobre minha formação como educador, como sujeito que pensa a prática educativa, jamais eu poria de lado, como um tempo inexpressivo, o em que andarilhei por pedaços do Recife, de livraria em livraria, ganhando intimidade com os livros, como o em que visitava seus córregos e seus morros, discutindo com grupos populares seus problemas [...] (FREIRE, 2015 [1994], p. 131-132).

Assim, para Paulo Freire, viajar vai se tornando, desde jovem, uma forma de viver: viajar de trem, mas também viajar de livraria em livraria para depois viajar pelos livros dentro de uma livraria; viajar numa biblioteca, ou em casa, entre os livros, de um livro para o mundo e do mundo de volta para o livro, e viajar também entre as ideias e as vidas presentes nos livros e dentro de cada um deles. Viajar vagando, sem rumo fixo, aberto aos sentidos propiciados pela leitura do mundo e pela leitura das palavras do livro. Viajar com o pensamento e a palavra, com a própria vida, através da leitura e da conversa com a vida do povo.

Por isso mesmo, importa não só viajar, mas também a forma de fazê-lo. O andarilho viaja atento ao caminho, disposto a mudar o rumo se o caminho o requer. Uma anedota narrada pelo próprio Paulo Freire mostra até que ponto ele está aberto a deixar que o próprio caminho marque o rumo de sua viagem: vai a um seminário em Kitwe, no interior de Zâmbia, sobre a *Pedagogia do oprimido*. É a primeira viagem à África. O avião o deixa inicialmente em Lusaka, a capital, onde deveria tomar outro voo. Enquanto espera a conexão, dois jovens do Movimento Popular de Libertação de Angola (MPLA) o buscam, no aeroporto, para convidá-lo a conversar sobre problemas de alfabetização e educação nas zonas liberadas. O convite é irrecusável, pelo compromisso que sua própria vida sente com essas outras vidas que vêm ao seu encontro. Então, os jovens providenciam a troca da conexão original e avisam a quem espera em Kitwe sobre os novos planos. A continuação da viagem é adiada por um dia para o educador pernambucano se dedicar a uma tarde e uma noite de trabalho educativo com quem está à espera da palavra e da escuta de Paulo Freire. Não há como se negar ao que vem ao seu encontro quando o convite parte de vidas que se sentem espelhadas e inspiradas nas próprias ideias de Freire.[30]

O andarilho viaja intensamente. Quase não descansa: apenas o necessário para continuar viajando. Por exemplo, entre início de janeiro e meados de fevereiro de 1973, Freire percorre doze estados diferentes dos Estados Unidos, realizando um número elevado de encontros com trabalhadores e trabalhadoras sociais, educadoras e educadores sobre a *Pedagogia do oprimido*. Outra vez, na República Dominicana, sem possuir o visto em seu documento suíço, é autorizado a permanecer cinco dias, com a condição de não sair da casa onde ocorreria o seminário. Alguém poderia se sentir preso; um turista sentiria que sua viagem perdeu o sentido. Com Paulo Freire, é o contrário: ele fica bem à vontade, pois é para isso que viaja – para se encontrar, ensinar e aprender com o povo dominicano. É até melhor ficar alguns dias sem poder sair da casa: mais intenso será o encontro. Cada viagem é uma oportunidade de intensas trocas com os que vivem a realidade do lugar. Quando não se está viajando, não se pensa em descansar, mas em recarregar as energias para a próxima viagem.

As marchas das viagens

Ao mesmo tempo, viajar também significa marchar dentro do próprio país para trabalhar a favor de uma educação junto aos oprimidos e oprimidas, e também para militar em favor deles e delas, denunciando o inaceitável do mundo compartilhado. Por isso, como já vimos, essa vida errante não pode deixar de elogiar e se emocionar com as mobilizações populares, em particular com a Marcha dos Trabalhadores Sem Terra, que revela "o ímpeto da vontade amorosa de mudar o mundo". As marchas dos Sem Terra são a expressão de seu amor errante. Assim, a errância e o amor do educador se encontram: Paulo Freire viaja amorosamente com esses homens e mulheres, com as mãos, com o coração, ainda com os olhos cansados quando, em sua última entrevista, exalta sua marcha e expressa o desejo de as marchas se multiplicarem Brasil afora. São necessárias muitas marchas, entre elas:

> Marcha dos que não têm escola, marcha dos reprovados, marcha dos que querem amar e não podem, marcha dos que se recusam a uma obediência servil, marcha dos que se rebelam, marcha dos que querem ser e estão proibidos de ser... eu acho, afinal de contas, que as marchas são andarilhagens históricas pelo mundo (FREIRE, 1997).

Uma formulação semelhante aparece numa carta escrita apenas um mês antes de morrer. Nela, Paulo Freire deseja que outras marchas possam suceder a dos Sem Terra. Aparecem novos destaques, e outros são relevados:

> A marcha dos desempregados, dos injustiçados, dos que protestam contra a impunidade, dos que clamam contra a violência, contra a mentira e o desrespeito à coisa pública. A marcha dos sem-teto, dos sem-escola, dos sem-hospital, dos renegados. A marcha esperançosa dos que sabem que mudar é possível (FREIRE, 2000, p. 61).

As palavras são próximas em um e outro texto. Em ambos, a ênfase parece estar colocada nos despossuídos, nos arrancados da educação, da moradia, da saúde, do trabalho, da paz, da verdade, do respeito, da justiça: "os sem...". O comum a todas essas pessoas parece ser uma privação, mas também uma afirmação: a esperança na possibilidade da mudança; mudar é possível.

Paulo Freire marcha com os Sem Terra e sonha com a multiplicação de marchas dos brasileiros e brasileiras impedidos de ser o que são – na educação, no amor, em qualquer lugar onde se encontrem. É preciso então sair do lugar, andar, viajar, errar... como uma manifestação política de inconformismo perante o mundo que não nos deixa "ser mais", que nos impede de ser o que somos, que reage hostilmente contra outros modos e outras maneiras que não as consagradas, como forma de contestação e afirmação de um outro mundo possível.

As marchas são expressão de uma errância, espécie de viagem que sai do espaço de conforto sem um ponto fixo de chegada, mas com a esperança de que mudar o mundo é possível. Nesse sentido, as marchas são educadoras: errantes de todas as cores, gêneros, etnias, condições sociais, com sua errância, convidam a sair do lugar, a abandonar a comodidade do estado de coisas, a acomodação e o conforto. As marchas educam no duplo sentido de mostrar o que está oculto e de nos fazer vivenciar o próprio estar em marcha como uma forma de habitar o mundo, de não apreciar o que nos fixa ou nos ata a um estado de coisas vivível apenas para alguns. As marchas nos educam, convidando-nos a um habitar o mundo em estado de errância.

As viagens conectivas

Há, ainda, outro sentido em que Paulo Freire é um andarilho. Precisamente, o mesmo C. Brandão destaca, no *Dicionário Paulo Freire* (2008), como, mesmo sem sair do lugar, Paulo Freire mostra uma vocação "errante e andarilha" em seu imaginário e em suas ideias, compondo seus pensamentos com autores de marcos teóricos muito diferentes que lhe exigem viajar de um contexto de pensamento a outro. Nesse sentido, Paulo Freire é um viajante não apenas com o corpo, mas também com as ideias. Desloca-se entre ideias e pensamentos muito distantes, escritos em linguagens bem diferentes. Sua escrita é errante, eclética, movediça. *Pedagogia do oprimido* seria um exemplo desse imaginário viajante, que faz partilhar da mesma viagem autores tão dessemelhantes quanto Martin Buber e Mao Tsé-Tung, junto a outros aparentemente também muito distantes entre si, como Hegel e Che Guevara ou Frantz Fanon e Karl Jaspers. Paulo Freire, como veremos no próximo capítulo, chama-se a si mesmo "menino conectivo", e sua escrita tem também esse caráter de conectividade e conjunção que o faz reunir coisas aparentemente muito dessemelhantes.

Essas viagens conectivas no pensamento atravessam muitas outras obras suas. Paulo Freire é uma espécie de permanente viajante intelectual em busca de conexões no pensamento, inclusive consigo mesmo, conexões externas e internas, com suas próprias ideias, que estão sempre em movimento de um livro para outro e dentro de cada livro, encontrando e fazendo conjugar referências dos mais diversos campos e marcos conceituais. Paulo Freire viaja com seu corpo e dentro de seu corpo em busca de conexões e conjunções, e essas duas formas de viagens se alimentam e enriquecem mutuamente. Sem os deslocamentos do corpo, Freire não poderia escrever o que escreve, mas também não poderia viajar como viaja escrevendo sem viajar permanentemente nas leituras e nos pensamentos.

Próprios de um errante e viajante, esses movimentos se manifestam também na forma de sua escrita, como o indica a passagem dos seus livros iniciais, mais tradicionais, para seus "livros-cartas" e seus "livros falados", os preferidos de Paulo Freire e de muitos dos seus leitores. Assim, sua escrita vai ganhando, ao longo de sua jornada, uma vida própria muito singular, tanto pelo movimento entre as ideias dos interlocutores quanto nas ideias de cada interlocutor, as quais, uma vez expostas ao outro, parecem abrir novos caminhos para as próprias ideias. Nos livros falados, é possível voltar uma e outra vez sobre si a partir das intervenções do outro, e ajudar o outro a também sair de seu lugar. Além disso, eles buscam mais claramente ajudar os leitores a errarem e viajarem, e ativam a memória e a atenção dos próprios interlocutores de uma forma singular.

Nessas viagens de diversos tipos, o andarilho encontra conexões de distinto caráter e, a partir delas, inspiração para suas ideias e para uma vida educadora conectiva renovada. Nas viagens, elabora, formula, recupera, adequa, cultiva, propõe, concebe, sofistica, organiza o que constitui seu pensamento mais próprio, fundante. Por exemplo, em viagens pela Ilha de Grenada, entre dezembro de 1979 e janeiro de 1980, dá forma a dois princípios educacionais que, segundo ele, resumem o mais importante e complexo de seu pensamento pedagógico: a) respeitar a compreensão de mundo dos educandos e, ao mesmo tempo, desafiá-los a pensar criticamente (essa compreensão e esse mundo); b) não separar o ensino dos conteúdos do "pensar certo" (FREIRE, 2014 [1992], p. 229).

Esses dois princípios envolvem toda a complexidade de um projeto político revolucionário, democrático: a dificuldade e as complexidades de pensá-lo com consistência e rigor. Esses princípios são, a um só tempo, políticos (como o mostram os conceitos de respeito, desafio, pensamento crítico e a não separação entre conteúdo e crítica) e epistemológicos (o mesmo pensamento crítico, o conteúdo, o pensar certo). Eles envolvem certo saber sobre o mundo e certa postura sobre os outros saberes, os saberes dos outros, e sobre o próprio mundo compartilhado. Eles poderiam fundar, como bem afirma o andarilho, "toda uma transformação da escola e da prática educativa" (p. 232).

O leitor poderia estar se perguntando: "Mas, então, qual é a relação desses dois princípios que o próprio Paulo Freire enuncia como sintetizadores de suas ideias com os princípios aqui afirmados? Não haveria tensão e conflito entre uns e outros? Como são compatíveis, por exemplo, a errância e o pensar certo?". Pois bem, convido o próprio leitor a pensar essa relação. Talvez os princípios aqui afirmados sejam aqueles que conectem, ampliem e desdobrem esses dois princípios. Eles não estão antes nem depois: se entrelaçam, se complementam, dialogam de forma a enriquecê-los, potenciá-los, esmiuçá-los; dizem, em outra linguagem, com outras palavras, abrindo outros sentidos, ilustrando de outra maneira, uma forma comum de pensar e habitar uma vida educadora.

Viajar na América Latina: errar

A forma com que Paulo Freire viaja sem parar, com o corpo e com as ideias, o inscreve numa tradição de educadores viajantes na América

Latina, como José Martí, Andrés Bello, Ricardo Rojas e tantos outros. Entre eles, merece um lugar especial Simón Rodríguez, o mestre inventor (KOHAN, 2013). A linha de conexão entre Simón Rodríguez e Paulo Freire é nítida (PUIGGRÓS, 2005). Como Rodríguez, Freire é um mestre iconoclasta – contesta os valores do seu tempo –, hospitaleiro – está sempre atento aos que estão fora, os excluídos, os negados –, libertário – afirma uma educação que busca expandir o exercício da liberdade, não só no pensamento, mas também na vida.

Os dois viajaram a vida inteira. Como o mestre de Bolívar, Simón Rodríguez – que foi por ele chamado de "o Sócrates de Caracas" –, Freire é um mestre errante, nos dois sentidos do verbo "errar": num sentido, anda por mais de cem cidades dos cinco continentes; percorre os cantos mais inóspitos, desolados, desatendidos do mundo. Atravessa os cinco continentes buscando contribuir para a educação dos oprimidos e para sua própria educação, ali, onde se encontrem. Não se trata apenas de liberar os oprimidos: viajar é também uma forma de autoeducar-se, autoliberar-se.

Por outro lado, como qualquer ser humano, Paulo Freire também erra bastante, no sentido de se equivocar muitas vezes em diversos pontos, como ele próprio reconhece. Errar faz parte da aventura de conhecer e conhecer-se, de mostrar a capacidade de se rever e se aperfeiçoar, da liberdade de um espírito que não aceita nada do mundo como determinado:

> Eu seria um ser tristonho, desestimulado, se me provassem cientificamente que leis históricas ou naturais se encarregariam de superar os desencontros humanos. Se, na maneira como nos movemos no mundo, não houvesse marca nenhuma de liberdade. Fosse tudo determinado, tudo preestabelecido. Um mundo sem erro ou equívoco, sem opção. O erro e o equívoco implicam aventura do espírito. Não se dão onde não há espaço de liberdade. Só há erro quando o sujeito que erra tem consciência do mundo e de si *no* mundo, *com* ele e *com* os outros. Só há erro quando o sujeito que erra pode saber que errou porque sabe que sabe e que não sabe, processo em que, afinal, o erro é uma forma provisória de saber (FREIRE, 2013 [1995], p. 123, grifos no original).

Freire erra constantemente como alguém que procura permanentemente essa construção livre de mundo, consigo mesmo e com os outros. Erra como quem sabe, a partir do erro, o que sabe e o que não sabe; como quem submete suas ideias, suas reflexões, suas crenças a constante revisão para repensar suas certezas e assumir e testemunhar sua caminhada aprendendo.

Para citar apenas alguns dos seus erros mais evidentes e indiscutíveis: o uso de uma linguagem machista nos primeiros textos (que ele próprio reconhece e ajusta); sua apreciação do processo revolucionário nicaraguense; a eleição de algumas estratégias dos seus programas de alfabetização desenvolvidos em países como Cabo Verde e Guiné-Bissau... Porém, o mais interessante, no caso de Paulo Freire, não é tanto a ausência ou a presença desse segundo tipo de errar, não acertar, equivocar-se. Todos erramos mais ou menos, nesse sentido. O bonito de Paulo Freire é sua relação com o que ele percebe como erros, sua capacidade para fazer também desses erros percebidos um motivo para errar no outro sentido do verbo, para vagar, se deslocar, viajar.

Talvez *a Pedagogia da esperança* seja o mais belo exemplo, entre seus livros, dessa dupla errância, isto é, um exercício de escrita que mostra como a errância do erro provoca a errância do movimento. Em certo modo, o livro como um todo é um exemplo dessa passagem, na medida em que ele é inicialmente pensado para ser uma "introdução a..." e torna-se, no próprio processo da escrita, uns "deslocamentos desde..." a *Pedagogia do oprimido*. Assim, o mesmo percurso da escrita testemunha esse movimento. Na própria escrita, muitos exemplos mostram também a transformação que um erro provoca, como é demonstrado num episódio que já comentamos, no qual, falando no SESI em Recife a partir de um texto de Piaget sobre o castigo dos pais aos filhos, Paulo Freire usa uma linguagem e uma sintaxe inteiramente afastadas dos presentes, desconsiderando completamente sua dura realidade. Um homem do povo lhe dá uma "lição de classe". Paulo Freire percebe seu erro e faz desse erro uma aprendizagem. Viaja e sai rapidamente de seu saber acadêmico. Quem foi para ensinar pode se colocar no lugar de quem aprende? Quem poderia ser visto como alguém que não consegue aprender pode ser colocado no lugar do mestre? Um erro o toca, o faz se mexer, permite que se recrie. O episódio mostra também um erro muito mais genérico e fixo no tempo em que Paulo Freire é diretor da Divisão de Educação e Cultura do SESI em Recife: a inconsistência de uma política de formação que se diz democrática mas que define unilateralmente os temas e disserta sobre eles sem considerar os interesses e saberes dos trabalhadores. Busca posturas críticas, mas não escuta as motivações e expectativas das pessoas, sejam professores ou mães e pais de alunos. É preciso se deslocar dessa política inicial errada, equivocada, e habitar uma outra efetivamente mais democrática, de maior coerência entre os fins e os meios para alcançá-los (FREIRE, 2015 [1994]).

Outro episódio, na mesma *Pedagogia da esperança*, diz respeito a uma série de cartas enviadas por mulheres leitoras da *Pedagogia do oprimido* que mostram um duplo erro seu: primeiro, o erro de adotar uma linguagem machista; segundo, o erro de não reconhecer aquele erro inicial e buscar justificar a linguagem antes utilizada, ou seja, tentar justificar o primeiro erro; finalmente, os dois erros são deixados de lado e Paulo Freire muda sua escrita, não apenas em novas edições do livro mas em todos os textos que nascem a partir daquele momento.

Claro, há outros erros que Paulo Freire não percebe como erros e então persiste neles. Por exemplo, insiste em defender a tradução de Myra Ramas para o inglês (2014 [1992]), versão que tem gerado até hoje problemas de interpretação no mundo anglo-saxão (e nos mundos que traduzem o livro a partir dessa tradução) e continua sendo a única tradução "oficial" da *Pedagogia do oprimido,* por causa da impossibilidade de publicar outra tradução pelos interesses econômicos envolvidos com os direitos da obra. Claro, é preciso perceber o erro para poder aprender e sair dele, errar no segundo sentido, o de deslocar-se. Se não, como sair do que sequer é percebido como erro?

Nessa capacidade de errar, nos dois sentidos da palavra, e de transformar um tipo de errar (equivocar-se) em uma outra forma de errar (viajar), mostra-se a fortaleza de uma vida na ousadia, na coragem e no desejo de transformação que fazem alguém arriscar até quando tudo parece apontar para ficar quieto. Paulo Freire prefere sempre fazer em vez de não fazer. Sabe das dificuldades de uma Secretaria de Educação como a da cidade de São Paulo e, mesmo assim, se compromete, tenta, deixa uma marca. O mundo é excessivamente desigual para não fazer nada.

O mundo pode ser de outra maneira

Assim, a errância constitui-se também num princípio político da educação: o mundo pode ser de outra maneira. O mundo e as vidas que o compõem podem ser de outra maneira, e nossa vida não pode ser indiferente, consolidar ou legitimar um estado de coisas como o que vivemos, em que algumas vidas carecem do mais vital para serem o que são ou simplesmente são discriminadas pela sua cor, gênero, idade, classe; sempre é possível fazer alguma coisa; não sabemos como deve ser o mundo, não sabemos como deve ser vivida a vida e também não queremos saber, porque a própria tarefa educativa é uma construção coletiva, em aberto... Mas sabemos que educar diz respeito a colocar em questão, problematizar, sacudir, resistir a esse mundo que é menos mundo para muitos e transformar as formas de vida que habitamos, embora não saibamos o destino final desse movimento.

Existem muitos textos nos quais Paulo Freire afirma especificamente uma utopia e um sonho socialistas com os quais é preciso enfrentar a opressão capitalista. Não desconheço a existência desses testemunhos, mas prefiro privilegiar outros em que o sonho ou a utopia educativos não aparecem tão claramente formulados em termos de uma ideia já sabida. Ou, ainda mais interessante, esses sonhos e utopias têm um final aberto, pois são algo a ser afirmado no próprio devir de sua construção, e não podem ser antecipados pelos sonhos pontuais do educador. Mais ainda, me atrevo a afirmar que essa relação aberta com a utopia é mais consistente com alguns elementos muito caros ao pensamento e à vida de Paulo Freire que apresento aqui. De fato, como tantos testemunhos mostram, o principal inimigo político de Paulo Freire não é o capitalismo ou qualquer sistema político específico, mas o fatalismo, a convicção de que "as coisas não podem ser de outra maneira", a compreensão da história como determinismo e não como possibilidade, seja ela sustentada pelo camponês mais pobre ou pelo intelectual pós-moderno mais sofisticado (FREIRE, 2013 [1995], p. 47 ss.).

Por isso, ele insiste inúmeras vezes na importância de conceitos como o "inédito viável", que mostram sua percepção do futuro como aberto a um possível ainda não experimentado. "Inédito viável" significa que o porvir não foi ainda experimentado como tal e, ao mesmo tempo, que ele não é negativamente utópico, mas afirmativamente possível, realizável, exequível. A ideia está relacionada à sua concepção existencialista segundo a qual não existe uma essência específica do humano, que vai se fazendo segundo a própria existência. É sobre essa concepção que adquire sentido a educação:

> A educação tem sentido porque o mundo não é necessariamente isto ou aquilo, porque os seres humanos são tão *projetos* quanto podem ter projetos para o mundo. A educação tem sentido porque mulheres e homens aprenderam que é aprendendo que se fazem e se refazem, porque mulheres e homens se puderam assumir como seres capazes de saber, de saber que sabem, de saber que não sabem. De saber melhor o que já sabem, de saber o que ainda não sabem. A educação tem sentido porque, para serem, mulheres e homens precisam de estar sendo. Se mulheres e homens simplesmente fossem, não haveria por que falar em educação (FREIRE, 2000, p. 40, grifos no original).

Vemos, então, claramente expressa a antropologia que sustenta sua concepção da educação como projeto de realização comum de um outro mundo, mais bonito, justo, democrático: mulheres e homens não são, mas estão sendo... São seres incompletos que se fazem no próprio fazer, que se constituem naquilo que são, realizando seu ser no que estão sendo. É por isso que, em particular naqueles contextos nos quais as relações econômicas, sociais e políticas impedem mais duramente os seres humanos de serem o que são, como o pós-capitalismo que vivemos atualmente na América Latina, uma educação filosófica é tão necessária: porque ela pode permitir, através da compreensão crítica e dialógica do que estamos sendo (alunos e professores cada vez mais embrulhados numa lógica da competência e do "salve-se quem puder"), uma transformação do que nos faz ser o que estamos sendo (empreendedores, individualistas, consumidores) para podermos ser de outra maneira, mais própria do que podemos e queremos ser e menos imposta por uma lógica instituída que nos faz estar sendo o que raramente pensamos ou questionamos.

Nesse mesmo sentido, se já soubéssemos a utopia, se o final da caminhada educativa estivesse de alguma maneira prefigurado ou antecipado por qualquer que seja a cor da utopia, a educação, sob a perspectiva de uma práxis crítica e dialógica, não teria qualquer sentido: tratar-se-ia, antes, de uma técnica de formação, adestramento, pouco educativa em sentido estrito. Só tem sentido a educação se de fato o futuro está aberto, se ela própria vai nos permitir aprender, em diálogo com outros seres humanos e não humanos, no mundo compartilhado, o tipo de mundo do qual estamos participando e aquele que desejamos compartilhar. Se alguém já sabe como deve ser o mundo e quer apenas realizar um projeto sobre o qual não tem dúvidas, melhor que se dedique a outra coisa que não a educar. Isso não significa que educadores e educadoras não tenham seus projetos de mundo, que não possam compartilhá-los e defendê-los com seus estudantes. Ao contrário, não poderiam deixar de fazê-lo se de fato estão comprometidos em contribuir para um mundo menos feio, menos excludente, menos injusto. O que isso significa é que a educação só faz sentido quando o sonho político nasce durante ou depois, e não antes da prática educativa.

Há distintas maneiras pelas quais Paulo Freire dá conteúdo ao que ele chama de sonho político ou utopia. Num texto de fevereiro de 1992, no qual fala sobre a educação de adultos, o sonho aparece como o fundamento da prática e da reflexão educativas, e ele está descrito como um mundo com menos negatividade (com menos presença de características não desejadas) que o mundo atual:

> Esta vem sendo uma preocupação que me tem tomado todo, sempre
> – a de me entregar a uma prática educativa e a uma reflexão pedagógica fundadas ambas no sonho por um mundo menos malvado, menos feio, menos autoritário, mais democrático, mais humano (FREIRE, 2001b, p. 17).

Como vemos, o sonho comporta um esvaziamento dos contravalores que povoam o mundo capitalista: a maldade, a feiura, o autoritarismo. É nesse sentido que a política da educação é uma política que confronta o *status quo,* na medida em que ajuda a perceber e enfrentar coisas tais como a sua feiura e seu caráter autoritário.

Ética, estética, política

São três dimensões em jogo: ética, estética, política. Há modos impostos de entender o que é bom e belo e de exercer o poder que precisam ser evidenciados por qualquer prática pedagógica. Não é possível educar sem, de alguma forma, denunciar as inaceitabilidades éticas, estéticas, políticas desse mundo. E a forma de expressar essa denúncia é também artística.[31] O panorama que uma prática educativa libertadora ajuda a perceber pode ser mais ou menos completo, detalhado ou preciso, mas ele comporta sempre esse mesmo movimento de mostrar o que não é percebido como tal pelos dispositivos sofisticados do próprio estado de coisas, que o apresentam de maneira oposta. Eis seu caráter revelador, evidenciador: a educação nos permite ver o que não vemos.

É tão necessário deixar aberta a projeção educativa, que Paulo Freire descreve o mundo sonhado enumerando o que ele precisa *não ter* mais do que ele necessita ter. Em todo caso, opõe à maldade, à feiura e ao autoritarismo algo tão amplo e ao mesmo tempo tão vago como a democracia e o humanismo, seu humanismo democrático, algo também bastante aberto se considerarmos seu modo de entender essas palavras – o humano como constitutivamente inacabado, inconcluso, projeto em construção, e a democracia como modo de relações não hierárquicas e dialógicas nas formas de vida social. Trata-se acima de tudo de um modo de exercer o poder entre iguais, como temos visto já em outro capítulo deste livro.

Numa palestra desse mesmo ano, Freire chama esse mundo de "mais 'redondo', menos arestoso, mais humano" (FREIRE, 2001b, p. 20). A palavra "arestoso" tem múltiplos sentidos, e o dicionário apresenta alguns dos que talvez possam ser mais significativos aqui: "Pouco curtido, áspero, conflitivo, de difícil trato" (HOLANDA, 1969). Certamente, vivemos em um mundo difícil de tratar, e é necessário um mundo mais tratável, menos áspero e conflitivo. A "redondeza" pode ter a ver com uma configuração mais perfeita, uma estética, uma forma arquetípica que o mundo parece ter perdido, uma espécie de boniteza que faz pensar numa dimensão estética que o "andarilho da utopia" tantas vezes nos lembra como necessariamente constitutiva do mundo novo, sem estar por isso definida ou antecipada.

Num de seus livros falados, com I. Shor, Paulo Freire deixa muito clara sua postura sobre o compromisso político de um educador dialógico:

> Na perspectiva libertadora, o professor tem o direito, mas também o dever de contestar o *status quo*, especialmente no que diz respeito às questões da dominação de sexo, raça ou classe. O que o educador dialógico não tem é o direito de impor aos outros sua posição. Mas o professor libertador nunca pode se calar a respeito das questões sociais, não pode lavar as mãos em relação a esses problemas (FREIRE; SHOR, 1986, p. 106).

Eis o que parece o compromisso principal: contestar o estado de coisas no que ele tem de dominante, opressivo, desigual. Não se calar jamais. Não lavar as mãos. Sujar as mãos, como o próprio Paulo Freire suja repetidas vezes para elevar sua voz contra as barbaridades do estado de coisas – mas sem impor outro mundo no lugar do mundo habitado e "sem perder a ternura jamais".

A errância do perguntar

Um correlato epistemológico dessa postura ética, estética e política é a importância que crescentemente tem a pergunta em seu pensamento educacional. No livro falado com Faundez, destaca-se uma e outra vez a importância da pergunta e de se perguntar sobre o perguntar, não apenas como um jogo intelectual, mas como um modo de habitar a tarefa de educar: viver a pergunta e a investigação que ela pode iniciar, se deixar afetar pela pergunta e se colocar dentro da pergunta, afetado por ela. A força do perguntar não é apenas epistemológica, ela é também política e abre a uma "pedagogia da radical pergunta", em que "não há lugar para a dicotomia entre sentir o fato e apreender a sua razão de ser. A sua crítica à escola tradicional não se esgota nas questões técnicas e metodológicas, nas relações importantes educador-educando, mas se estende à crítica do próprio sistema capitalista" (Freire; Faundez, 2017 [1985], p. 30).

O peso da pergunta numa prática educativa mostra e desdobra seu sentido: o de colocar em questão o mundo e expor que, sendo como é, ele poderia ser também de muitas outras maneiras. Eis a força principal do pensamento educacional de Paulo Freire, seu valor político principal: a história não está terminada; percebendo o mundo como é, percebe-se, também, que o mundo poderia ser de muitas outras maneiras. A vida errante contribui para perceber essa dimensão: é no contato com outros mundos que percebemos o caráter pontual, contingente de nosso mundo e uma inspiração para que ele se torne outros mundos possíveis.

A infância

Quinto princípio (início): a infância não é algo a ser educado, mas algo que educa. Numa educação política, não se trata apenas (ou sobretudo) de formar a infância, mas de estar atento a ela, de escutá-la, cuidá-la, mantê-la viva, vivê-la. A infância atravessa a vida toda como uma forma que lhe outorga curiosidade, alegria, vitalidade. Uma educação política é uma educação na infância: na sua atenção, sensibilidade, curiosidade, inquietude, presença.

Paulo Freire e a infância?

Jamais me senti inclinado, mesmo quando me era ainda impossível compreender a origem de nossas dificuldades, a pensar que a vida era assim mesmo, que o melhor a fazer diante dos obstáculos seria simplesmente aceitá-los como eram. Pelo contrário, em tenra idade, já pensava que o mundo teria de ser mudado. Que havia algo errado no mundo que não podia nem devia continuar.
(Freire, 2015 [1994], p. 41)

Até março daquele ano vivêramos no Recife, numa casa mediana, a mesma em que nasci, rodeada de árvores, algumas das quais eram para mim como se fossem gente, tal a minha intimidade com elas.
(Freire, 2015 [1994], p. 57)

Estamos cientes de que a infância não foi o centro, o ponto mais importante das preocupações de Paulo Freire. Ao contrário, mesmo que seja possível registrar sua preocupação também com a educação de crianças, em particular crianças das classes populares (PELOSO; PAULA, 2011), sua ênfase, claramente, é a educação e cultura popular e, mais especificamente, a de jovens e adultos. Contudo, sua preocupação maior não é essa ou aquela prática educativa, mas qualquer prática, com qualquer idade, em qualquer contexto. Por exemplo, ao falar da sua visão da ética na prática educativa, afirma, na *Pedagogia da autonomia*: "É por esta ética inseparável da prática educativa, não importa se trabalhamos com crianças, jovens ou com adultos, que devemos lutar. E a melhor maneira de por ela lutar é vivê-la em nossa prática" (FREIRE, 2017 [1996], p. 18).

Essa referência é uma entre muitas. Ela nos faz pensar que, mais do que nesse ou naquele nível de educação, Paulo Freire está interessado na prática educativa em seu conjunto e em como educadores e educadoras vivem essa prática. Sabendo disso, me proponho mostrar a contribuição singular do grande mestre de Pernambuco justamente num tópico aparentemente "menor", embora presente, como um pano de fundo de suas preocupações. Com isso, talvez a infância tome um corpo especial, surpreendente, insuspeitado.

Para isso veremos as diversas dimensões da infância na obra de Paulo Freire. Por um lado, a leitura que o próprio Freire oferece de sua infância cronológica em *Cartas a Cristina*, texto autobiográfico em que, provocado pelo convite de sua sobrinha, lança-se a um diálogo público consigo mesmo, e em outras obras como *A importância do ato de ler em três artigos que se complementam*; *Essa escola chamada vida*; *Sobre educação: diálogos*; *Por uma pedagogia da pergunta*; *À sombra desta mangueira*; *Pedagogia da esperança* e *Pedagogia da indignação*. Explorarei também a imagem de "menino conjunção" e "menino conectivo" que Paulo Freire deu de si próprio e a forma como ele se refere à infância de seus filhos, bem como um depoimento singular do filho mais novo a respeito da relação entre eles. Também estudo as cartas de Paulo Freire para sua sobrinha/prima Nathercinha (mencionadas em *Cartas a Cristina*; cf. FREIRE, 2015 [1994], p. 35), reveladoras da força política da infância. Por outro lado, examino também outros testemunhos em que o educador apresenta uma concepção de infância/meninice que extrapola a mais tradicional ideia da infância como etapa cronológica para instaurar uma meninice como força da vida, não apenas para a vida individual de um ser humano em qualquer idade, mas inclusive – ou sobretudo – para a vida coletiva, isto é, para uma revolução política.

O convite a revisitar a infância

Voltar-me sobre minha infância remota é um ato de curiosidade necessário.
(Freire, 2015 [1994], p. 41)

Paulo Freire fala e escreve repetidas vezes sobre sua infância cronológica em livros, entrevistas, cartas. Um dos textos publicados em que mais se refere à infância é *Cartas a Cristina,* escrito entre 1993 e 1994 – portanto, no período em que o educador tinha mais de 70 anos de idade – na forma de cartas a sua sobrinha Cristina. A infância está, cronologicamente, longe. A troca epistolar com Cristina começa quando Paulo Freire mora na Suíça, na década de 1970. Em determinado momento, a sobrinha lhe faz um pedido especial: "Gostaria", diz ela, "que você fosse me escrevendo cartas falando algo de sua vida mesma, de sua infância e, aos poucos, dizendo das idas e vindas em que você foi se tornando o educador que está sendo" (Freire, 2015 [1994], p. 36).

Paulo Freire não se furta ao convite. Ao contrário, toma-o como um desafio para uma pesquisa autobiográfica, para uma busca e um encontro consigo mesmo. Como vemos no texto da epígrafe desta seção, considera essa escrita um ato necessário, na medida em que pode permitir uma melhor compreensão de seu presente. Esse encontro me interessa, singularmente, não por uma especial curiosidade biográfica a respeito do educador de Pernambuco, mas porque, penso, ele promete elucidar as razões e o fundo de uma história pessoal, e, sobretudo, o percurso histórico de alguém que ama a educação e vive dela. Em outras palavras, essa busca pode oferecer significado e sentidos não apenas para a vida particular de Paulo Freire, mas para que qualquer educador se inspire para pensar e viver uma forma singular de se relacionar com sua infância cronológica. A busca de Paulo Freire, sua necessidade de indagar a própria infância, pode também significar a abertura de uma nova infância na relação de educadores e educadoras com a própria infância. Não se trata de, para um educador ou educadora, o resgate de sua infância ser garantia de uma educação questionadora, menos ainda de essa recuperação de Paulo Freire da própria infância ser modelar, mas ela pode ser inspiradora e geradora de outras possíveis vidas educadoras da e na infância. Quem sabe, arrisco, possamos encontrar também inícios, não apenas cronológicos, de uma outra relação com a infância, própria e alheia. Uma infância não cronológica para uma vida educadora, a de qualquer educador ou educadora.

A forma epistolar da escrita que tanto agrada ao pedagogo da esperança contribui para que a expressão seja uma espécie de diálogo público consigo mesmo – em particular, com aqueles primeiros anos vividos em Recife e, depois, em Jaboatão. Para Paulo Freire, retornar à infância cronológica, com a escrita da memória, acaba sendo quase um imperativo para se entender melhor, para estabelecer, através de uma arqueologia, uma continuidade histórica entre seu presente de educador internacionalmente reconhecido e seu passado de criança com todas as marcas contrastantes de sua infância específica: a dureza da fome, mas também a intimidade da relação com a natureza; a falta de condições para pagar uma escola secundária, mas também a intensidade e a voracidade do estudo e da leitura com o estímulo materno e paterno, quando as portas das escolas se abrem. Enfim, os diversos medos e as muitas alegrias de viver de uma criança de sua classe, no seu contexto, no tempo histórico que lhe toca viver, no Pernambuco da crise dos anos 1930. Assim, já quase deixando a vida, no presente de seus últimos anos, Paulo Freire retorna ao seu mundo cronologicamente infantil tentando reviver, e tornar outra vez presente, aquele passado não demasiadamente remoto dos primeiros anos da vida (à sombra das mangueiras).

Uma leitura (infantilmente adulta) da infância

Hoje, fincado nos meus setenta e dois anos e olhando para trás, para tão longe, percebo claramente como as questões ligadas à linguagem, a sua compreensão, estiveram sempre presentes em mim.
(FREIRE, 2015 [1994], p. 90)

Certamente, a leitura que Paulo Freire faz de sua infância em *Cartas a Cristina* é, como não poderia deixar de ser, mais adulta do que infantil. Por um lado, porque é o Paulo Freire maduro, de ideias amadurecidas, de aventuras maiores, mesmo que nunca acabadas, que escreve e busca, no Paulo Freire menino, muitos daqueles traços que, mesmo embrionários, já o configuram como aquele que vai se tornar. Por isso, a marca principal desse diálogo consigo mesmo é uma espécie de continuidade que Paulo Freire percebe entre sua infância cronológica e sua "adultez" também cronológica.

Dessa forma, Freire se reconhece na sua infância cronológica. A primeira marca forte que percebe nela é sua rebeldia política perante a situação do mundo em que vive. Essa primeira marca é uma espécie de insatisfação diante do ordenamento das coisas que registra em si mesmo desde menino. Assim, ele registra, na sua infância, antecipações do que depois irá se manifestar mais claramente em seu pensamento e em sua vida, desde certa formação política incipiente dada pelo pai militar, Joaquim Temístocles Freire, na sua crítica à divisão entre trabalho manual e intelectual, até o testemunho na palavra e no corpo do tio João Monteiro. Essas são duas figuras centrais que dão lições políticas importantes naqueles primeiros anos: seus primeiros conscientizadores. Ambos, além da própria percepção da vida social em Jaboatão, são as fontes principais da leitura crítica inicial da realidade nordestina e brasileira. Em relação a essa primeira formação política, Paulo Freire conta o que aprendeu, por exemplo, com seu tio: "Em nossas conversas com ele [...], jornalista de oposição que, com sua bravura e sua pureza, passava dois dias em casa e três na cadeia, tive o meu primeiro 'curso' de realidade brasileira" (FREIRE, 2015 [1994], p. 82-83). Do mesmo modo: "Em 1928, ouvia meu pai e meu tio dizendo que não apenas era preciso mudar o estado de coisas em que andávamos, mas era urgente fazê-lo. O país estava sendo destruído, roubado, humilhado. E então a frase célebre: 'O Brasil está à beira do abismo'" (p. 84).

Ao mesmo tempo, com pouca idade, experimenta de perto a repressão e a tortura, pela Polícia Civil de Pernambuco, sofrida pelo tio João Monteiro. Paulo Freire sente o testemunho do corpo que sofre as atrocidades da ditadura: nele percebe os efeitos da repressão, mas também a coragem e o valor da resistência, da não vacilação e da luta irrenunciável pela liberdade da palavra e da vida. Com o corpo muito debilitado em decorrência da tortura, o tio morre de tuberculose em 1935, no ano posterior ao da morte do pai, quando Paulo Freire tem 13 anos. O pai também o impacta pelo testemunho da palavra e da condição econômica que é forçado a oferecer a sua família como capitão do exército na ativa, e, depois, tendo que se aposentar por problemas de saúde.

Desse modo, as bases de seu pensamento político começam naqueles primeiros anos, quando Paulo Freire percebe sua mais firme convicção na necessidade de transformar o mundo. Sobre isso, ele escreve: "Pelo contrário, em tenra idade, já pensava que o mundo teria de ser mudado. Que havia algo errado no mundo que não podia nem devia continuar" (p. 41). Isso foi possível porque, segundo podemos observar em outra carta, desde a meninice, Freire está atento a tudo: "Minha curiosidade epistemológica esteve constantemente a postos" (p. 162).

Nesse sentido, embora a mudança de Recife para Jaboatão seja vista negativamente pelo Paulo Freire criança, o adulto percebe a positividade da ampliação do mundo para um menino que sai do conforto do quintal da casa para se encontrar, nu e cru, com as marcas mais diretas do que o educador de Pernambuco chama de "tradição autoritária brasileira, a memória escravocrata, e a exacerbação do poder que corta, entre nós, as classes sociais" (p. 102), bem como com o exercício autoritário do poder não apenas pelas elites governantes, mas também pelo açougueiro, pelos professores e professoras, pelo vizinho – enfim, o autoritarismo como marca que habita os que fazem parte, mesmo em classes sociais antagônicas, de uma cultura dominante, aquela que explora e leva, entre outros, os campesinos à miséria.

Paulo Freire menino já percebe que, nessa cultura, o dominado internaliza e reproduz os valores do dominante de forma tal que a luta contra esse estado de coisas exigirá, necessariamente, uma transformação cultural e, mais especificamente, educativa das relações sociais. Na vida cotidiana da roça pernambucana, o educador se vê percebendo, desde menino, seu futuro, sua vocação, mas não só. Essa vivência direta da crua realidade econômica e política vai propiciando uma leitura da realidade brasileira na qual Paulo Freire encontra as razões de ser mais profundas de seu pensamento político-pedagógico.

Há, portanto, nessa primeira marca que Paulo Freire reconhece em seu passado e que perpassa essas cartas, uma relação muito afirmativa com a infância: Paulo Freire busca (e encontra!), em seu tempo de menino, o Paulo Freire maduro que é: sua infância cronológica não é falta, mas presença em seu presente. Seu tempo de menino se faz presente com intensidade em sua maturidade. Numa primeira marca, é o início de um educador sensível a um estado de coisas que condena uma grande parte dos que o habitam a viver uma vida não humana, tanto pelas condições em que vivem quanto pela repressão que recebem quando se rebelam contra ela.

Um segundo traço também afirmativo dessa leitura diz respeito ao quanto, desde pequeno, Paulo Freire manifesta o gosto pelo mundo das letras, pela leitura, pelas questões da sintaxe e da gramática do português, da linguística, do mundo do estudo que o cativa desde a mais tenra idade. Assim, todo ele vibra afirmativamente com seus inícios na leitura da palavra que supõe também uma leitura do mundo. Descobre, nesses inícios, uma fonte de seu presente, sua razão de ser. Em outro texto, ele afirma: "A retomada da infância distante [...] me é absolutamente significativa" (FREIRE, 1989, p. 12).

Como educador de certo modo especialista na questão da leitura, julga importante, necessário, passar pela própria infância cronológica para compreender as complexidades do ato de ler. E a infância não o decepciona. A descrição de sua própria alfabetização é extremamente bonita, delicada e cuidadosa, ao narrar o momento em que é alfabetizado pela mãe e pelo pai no quintal da casa em Recife, à sombra das mangueiras. Pauzinhos das ramas das árvores, fazendo as vezes de giz, desenham as palavras e as frases sobre a terra feita lousa. Paulo Freire não é alfabetizado com a cartilha, mas com palavras de seu mundo, e sai de casa para a escola já sabendo ler e escrever (FREIRE, 2015 [1994], p. 63). Seu início na leitura das palavras é prazeroso e brincalhão, leitura de um mundo amigo e hospitaleiro, de grande intimidade com as árvores e a natureza, de um mundo familiar amoroso, afável e dialógico. Nessa alfabetização, a leitura da palavra inicia-se em consonância com a leitura do próprio mundo: as primeiras palavras escritas e lidas são as palavras que compõem o mundo, não há ruptura nem distância entre umas e outras.

Esse mesmo episódio sobre seu início nas palavras, bem como a importância das árvores e do quintal da casa em sua infância, é referido em outros textos, alguns inclusive com mais detalhes e aspectos. Por exemplo, num trecho também autobiográfico de *À sombra desta mangueira,* numa seção intitulada "Meu primeiro mundo" (FREIRE, 2013 [1995], p. 39-45). O quintal, com suas árvores – mangueiras, cajueiros, jaqueiras, barrigudeiras (sumaúmas) –, aparece aqui como "minha imediata objetividade", o "primeiro 'não eu' geográfico" (p. 40), que, junto aos seus "eus pessoais", o constitui como "eu". O quintal marca tão profundamente Paulo Freire que renasce em sua memória de maneira tão inesperada quanto forte, por exemplo, na Suíça, em pleno "terceiro" exílio. Ao ler uma carta de Recife em Genebra, se revê a si mesmo como o menino que desenha palavras e frases no chão sombreado pelas mangueiras. Nesse texto, o quintal da casa na Estrada do Encanamento, 724, no bairro de Casa Amarela, em Recife (FREIRE; GUIMARÃES, 1982, p. 14), representa o mais próprio da identidade do educador, suas raízes, literalmente o "chão da escola (informal)" em que ele é alfabetizado e a primeira referência de quem se tornaria um educador mundial. Esse chão está atravessado inicialmente pelo trato amoroso da mãe e do pai e pelo ingresso na escola particular da professora Eunice Vasconcellos. A primeira escola formal, portanto, é percebida por Paulo Freire como uma espécie de prolongamento e aprofundamento do começo no mundo das letras no quintal da casa. Não há ruptura entre a casa e a escola; ao contrário, esta é apenas a continuidade daquela, ou, em outras palavras, a escolarização já começou mansamente em casa. Essa leitura das palavras e do mundo vai ser ampliada, ainda mais, com a mudança para Jaboatão, que comporta uma mudança para o atraso, a pobreza, a miséria, a fome, o tradicionalismo, a consciência mágica, as estruturas de espoliação e o autoritarismo de um tempo, uma cultura e uma realidade política pernambucana, nordestina e brasileira que marcam a ferro e fogo os sonhos de liberdade, democracia e justiça no pensamento e na vida de Paulo Freire. Com a mudança de Recife para

Jaboatão, ampliam-se as palavras porque se amplia o mundo, do amoroso e cuidadoso quintal da casa da família à dura e injusta realidade rural do nordeste brasileiro.

A experiência da própria alfabetização é também retomada num texto que recolhe uma intervenção de Paulo Freire na abertura do Congresso Brasileiro de Leitura, em Campinas, em novembro de 1981 (Freire, 1989). Nele, é reafirmada a importância de recuperar sua relação com a leitura durante a infância cronológica. Com esse relato, ele mostra como foi bem concreto esse início, revelando quais foram as primeiras palavras lidas e escritas no quintal da casa, vindas de seu universo infantil: nomes de pássaros – sanhaçu, olha-pro-caminho-quem-vem, bem-te-vi, sabiá –, de animais – gatos da família, Joli, o velho cachorro do pai –, de acidentes geográficos e climáticos, reais ou imaginados – lagos, ilhas, riachos, vento, nuvens –, e da transformação das cores das mangas que ensinavam o significado de verbos como "amolegar", próprios desse mundo quase natural. Palavras desse mundo; de uma natureza que faz parte, tão harmoniosamente, de sua infância cronológica.

Para destacar, há um aspecto no relato da recuperação de seus inícios nas letras: sua insistência no fato de que a "leitura" de seu mundo foi feita infantilmente, ou seja, que ele não foi "um menino antecipado em homem, um racionalista de calças curtas" (Freire, 1989, p. 16), e que seu pai e sua mãe alfabetizadores cuidaram para que sua "curiosidade de menino" não fosse distorcida por estar entrando no mundo das letras: a decifração da palavra acompanhava "naturalmente" a leitura de seu próprio mundo. Até os materiais e o cenário ajudavam nesse sentido: não havia ruptura entre o mundo da vida e o mundo da alfabetização, no qual a sala de aula era a sombra das mangueiras, o chão era o quadro-negro, e o giz, os gravetos das árvores.

Essa observação é significativa, pois nos ajuda a entender as razões de Paulo Freire manter a infância dentro de si durante toda a vida. Inclusive, suas pedagogias mais tardias, como *Por uma pedagogia da pergunta*, parecem mais infantis que as iniciais, como a própria *Pedagogia do oprimido*. Na primeira, a forma (dialógica), o tom (curioso, aberto, descontraído) e o conteúdo (focado no valor educacional da pergunta) têm um caráter muito mais infantil que na segunda, que é mais assertiva, taxativa e com pressupostos teóricos e ideológicos mais fortes e determinados. Parece que Paulo Freire vai se infantilizando, no sentido de preservar as potências da infância, e cultivando uma intimidade potente com uma infância não cronológica.

Um outro aspecto destacável desse testemunho diz respeito ao linguajar infantil com que Paulo Freire se refere a sua infância cronológica. Ele está num Congresso de Leitura: evento de educadores, de adultos. Paulo Freire povoa o relato sobre sua infância cronológica com expressões infantis ("gargalhando zombeteiramente", "peraltices das almas", "passarinhos manhecedores"). Junto a outras, elas povoam suas recuperações da infância e mostram uma "saudade mansa" daquela época e, ao mesmo tempo, uma espécie de reconhecimento de que, mesmo entre educadores (provavelmente interessados na educação de jovens e adultos), há certas coisas que só podem ser expressas com palavras infantis. O linguajar infantil aparece, assim, com uma força expressiva que excede, transborda, a linguagem adulta e também a acadêmica. Parece-me, então, que fica assim evidenciado como, para além da idade cronológica do sujeito falante, a infância tem uma força expressiva singular, qualquer que seja a idade do portador da palavra. Num sentido, o linguajar infantil parece não poder ser substituível para se referir a certas verdades constitutivas de nossa entrada no mundo das línguas; em outro sentido, como veremos em outra seção, não são justamente as coisas mais desimportantes aquelas que podemos nomear mais propriamente, ou só podemos nomear, com palavras infantis.

Uma das *Cartas a Cristina*, a décima, também expressa esse mesmo gosto pelas letras alguns anos depois, quando Freire relata suas peregrinações, já jovem, retornado a Recife, numa melhor condição econômica. Agora o trabalho como professor lhe permite contribuir para o orçamento da casa e também comprar livros e revistas especializadas; as livrarias são o destino preferido em seus passeios e lugar de encontro com os amigos. Um dos hábitos, nessas andanças pelas livrarias da capital do estado junto com outros jovens, é descrito como "curiosidade menina" (FREIRE, 2015 [1994], p. 129): colocam-se todos os amigos, ritualisticamente, ao redor do caixote com livros a ponto de ser aberto; é a ansiedade, a surpresa, a curiosidade pelos novos livros que chegam à capital despertando o desejo de saber; o cheiro dos livros que fica guardado na memória corporal, a singularidade do primeiro encontro com as letras, que depois será recriada na tranquilidade da casa. Mesmo havendo várias livrarias no centro de Recife, perto uma da outra, o ritual da espera da abertura da caixa de livros sempre se renova. São livros sobre a linguagem: gramáticas, livros de linguística, de filosofia da linguagem. Letras sobre letras. Palavras sobre palavras. Como já foi dito, a língua portuguesa e a relação fortemente estética de Freire com ela concentram suas atenções por horas a fio. Desse modo, em Recife, as vivências de Jaboatão encontram um contexto cultural mais propício a uma reflexão que se quer crítica e cuidadosa (FREIRE, 2015 [1994]).

Assim, a forma com que algumas inspirações nascem faz com que elas fiquem por muito tempo em Paulo Freire; quem sabe, nunca se apaguem. Entre elas, podemos incluir sua intimidade com a natureza, sua análise crítica da realidade política brasileira, sua insatisfação perante essa realidade e um desejo irrefreável de mudança, seu gosto pelas letras, sua fascinação por tudo o que tivesse a ver com a língua portuguesa – tudo isso nasce em casa, na infância, e, pela forma e modo com que nasce, nasce para ficar, através do tempo passageiro, num outro tempo que não passa.

Uma forma conjuntiva e conectiva de viver a infância cronológica

> A nossa geografia imediata era, sem dúvida, para nós, não só uma geografia demasiado concreta, se posso falar assim, mas tinha um sentido especial. Nela se interpenetravam dois mundos, que vivíamos intensamente. O mundo do brinquedo em que, meninos, jogávamos futebol, nadávamos em rio, empinávamos papagaio e o mundo em que, enquanto meninos, éramos, porém, homens antecipados, às voltas com nossa fome e a fome dos nossos. [...] No fundo, vivíamos, como já salientei, uma radical ambiguidade: éramos meninos antecipados em gente grande. A nossa meninice ficava espremida entre o brinquedo e o "trabalho", entre a liberdade e a necessidade.
> (FREIRE, 2015 [1994], p. 49-50)

> Nascidos, assim, numa família de classe média que sofrera os impactos da crise econômica de 1929, éramos 'meninos conectivos'. Participando do mundo dos

que comiam, mesmo que comêssemos pouco, participávamos também do mundo dos que não comiam, mesmo que comêssemos mais do que eles – o mundo dos meninos e das meninas dos córregos, dos mocambos, dos morros. Ao primeiro estávamos ligados por nossa posição de classe; ao segundo, por nossa fome, embora as nossas dificuldades fossem menores que as deles, bastante menores.
(Freire, 2015 [1994], p. 51)

Quer dizer, eu costumo até dizer que eu e meu irmão éramos meninos conjunção, quer dizer, conectivos, funcionam de ligar uma oração à outra etc.
(Freire in Blois, 2005, p. 28)

A deterioração da situação econômica da família, que exige a mudança de Recife para Jaboatão, lugar onde as dificuldades econômicas se aprofundam, marca também uma mudança parcial nessa relação com a natureza tal e qual Paulo Freire a vive em Recife. As epígrafes desta seção mostram claramente essa passagem em que uma relação mais propriamente infantil, marcada pelo brincar e pela intimidade, assim como a quase fusão com a natureza, é gradativamente afetada pela necessidade de buscar, nesse mesmo meio, sustento para a própria vida e a dos seus.

Além disso, Paulo Freire começa a ter um contato maior e mais intenso com meninos e meninas das classes populares. Nesse sentido, nas duas últimas epígrafes, ele define a si mesmo e ao irmão como "meninos conjunção" e "meninos conectivos": a conexão ou conjunção é entre classes, na medida em que eles são uma ponte entre os meninos da classe dos que comem (pouco, mas alguma coisa, pelo menos) e os da classe dos que não comem. Jason Mafra tem estudado a fundo essa imagem, mostrando que a ideia de conectividade é uma categoria fundante na vida e na obra de Paulo Freire (Mafra, 2017, p. 28 ss). Mais especificamente, Mafra vê, na figura do "menino conectivo", um "arquétipo" que configura "o *lócus* existencial e construtor de uma antropologia como prática do conhecimento e da liberdade" (p. 68). Assim, a ideia expressa aqui é a de que "menino conectivo" e infância não se restringem somente a uma etapa cronológica, mas são uma condição para que o ser humano continue a viver transformando o que parece dado como definitivo.

"Menino conjunção" e "menino conectivo" significam, portanto, uma infância apaixonada e interessada pelas uniões, pelas reuniões, pelas ligações, pelos laços. Nesse caso específico, entre duas realidades sociais marcadamente dessemelhantes, mesmo que não necessariamente enfrentadas como seriam os opressores e os oprimidos. As ideias de conjunção e conexão marcam dois aspectos ou matizes diferentes sob a forma comum do encontro: por um lado, a conjunção tem o papel de somar, acrescentar, expandir, fazer crescer, aumentar; é a força generativa que coloca junto e faz passar, nesse caso, do um ao dois: de uma classe à reunião de duas. De outro lado, a ideia de conexão, que marca uma forma de relação que justamente só pode se dar a partir do dois, que aparece já não apenas como uma expansão do um, mas como um entrelaçamento de duas unidades colocadas em ligação. Desse modo, a conexão marca o caráter relacional do menino. Com isso, se a conjunção agrega, a conexão enlaça, ata. Assim, a infância aparece com a marca complementarmente afirmativa de geração e de relação, de união e encontro.

Ao mesmo tempo, poderíamos dizer que Paulo Freire não apenas provoca a conjunção e a conexão entre classes, mas também as vivencia ele mesmo entre etapas cronológicas em sua própria vida. Assim, sua autobiografia oferece uma criança cronológica, Paulo Freire, que vive uma vida também de adulto, entrelaçada a uma condição adulta pela própria vivência de uma infância em um lugar onde a experiência da fome e a preocupação com a própria fome e com a dos semelhantes – amigos conjugados e conectados, mas também mãe, pai, irmãos – o fazem pular, sem escalas intermediárias, das brincadeiras ao trabalho, da diversão nos rios, nos quintais com suas árvores e nos morros à busca, neles mesmos, do sustento mais básico e necessário para o corpo – o próprio e o dos seres mais queridos. É muito bom brincar na natureza, porém é também preciso encontrar, nela, o alimento que mitigue a fome. Na casa, não há dinheiro suficiente para alimentar a família. Os comerciantes negam o crédito à mãe, que sofre não apenas a dor de não poder alimentar os filhos, mas também a crueldade e a humilhação do maltrato ao pedir solidariedade no açougue. Em consequência disso, a vida do menino se "adultiza" rapidamente: precisa dar um jeito para ajudar sua família e a ele próprio para não se entregarem à brutalidade da fome. Assim, a entrada no mundo adulto inclui a entrada no mundo das culpas, da moral e dos "bons hábitos" em que vive sua família de pai espírita e mãe católica – quando, por exemplo, a necessidade de pegar o fruto ou a galinha do vizinho para mitigar a fome o leva a contradizer os valores que predominam não só em casa, mas também no entorno social. Porém, Paulo Freire se esforça por mostrar que nenhuma dessas duas dimensões apaga nem impede a outra, qual seja: viver sua infância com alegria mesmo perante essa dupla existência; sua infância cronológica ser, ao mesmo tempo e com igual intensidade, uma infância extremamente alegre, carregada de uma alegria simultaneamente infantil e adulta.

Na narrativa das *Cartas a Cristina*, mesmo tendo focado a partir da sua perspectiva presente, Freire oferece uma narrativa cheia de imagens e sensações infantis, como diz a própria Cristina em sua curta resposta:

> Fico feliz hoje em sentir e perceber, depois de tantas cartas enviadas e recebidas, de tantas saudades e curiosidades, às vezes até infantis, tanta sede de conhecer seu universo, as suas "idas e vindas", o quanto foi importante para minha formação enquanto profissional, mulher e cidadã, a sua participação, o seu trabalho, as suas questões sempre tão bem levantadas e colocadas e sua bela insistência em lutar pelos seus sonhos (Freire, 2015 [1994], p. 298, grifo meu).

Como já notamos a respeito da recuperação de sua alfabetização em *A importância do ato de ler*, aqui também atravessam o relato saudades e curiosidades infantis, afetos, emoções e sentimentos da infância. São sensações de alegria e de dor, muitos medos – por exemplo, com a mudança para Jaboatão, que é vivida como um exílio que o tira da casa de nascença em Recife, do mundo seguro, de uma escolaridade nova e estimulante com a professora Áurea Bahia –, medos novos, com as histórias das almas penadas que apareciam de noite na velha-nova casa de Jaboatão e seu afeto pelo grande relógio de parede da sala, cujo som atenua seu medo do silêncio noturno; tristeza e um medo crescente no dia em que a família tem que vender o relógio por razões financeiras; pânico, dor, saudade antecipada e vazio quase infinito provocado pela morte do pai; intimidade na relação bastante pessoal com tudo o que tem a ver com a natureza: árvores, plantas, animais, rios, morros, com os quais nunca perde essa relação de intimidade, mesmo quando eles começam a ser vistos cada vez mais também como fonte de sobrevivência. Assim, uma sensação de vida infantil precária atravessa sua narrativa.

Muitos símbolos no relato são percebidos dessa maneira pelo Paulo Freire maduro, como o piano da tia Lourdes e a gravata do pai, marcas de pertencimento a uma classe média que, mesmo quando os recursos da família são escassíssimos e a fome aperta, não podem ser vendidos, porque vendê-los seria como sair da própria classe.

Contudo, predomina no relato do Paulo Freire cronologicamente adulto um linguajar infantil para se referir à sua infância cronológica como se, por meio desse relato, pudesse de certo modo não apenas revisitá-la, mas revivê-la. Como se o Paulo Freire ainda fosse um "menino conjunção" e um "menino conectivo", mas, dessa vez, conjugando dois tempos próprios e, como veremos, conectando duas formas de habitar o mundo.

Outras referências, já nem sempre cronológicas, à infância cronológica, a própria e a dos filhos

A necessidade de partir da infância para pensar o presente aparece também num livro dialógico com Sérgio Guimarães. "Partir da infância" é o título da seção em que Paulo Freire responde afirmativamente ao convite para começar pela infância, mas não pela história da infância, e sim pela "infância enquanto escolaridade" (FREIRE; GUIMARÃES, 1982). Nesse contraste entre história e escolaridade, podemos ler um outro, entre duas temporalidades, a de *chrónos* e a de *kairós* (KOHAN, 2004). A história se desenvolve em *chrónos*, segue o movimento numerado mimético, consecutivo, sucessivo e irreversível que constitui o tempo cronológico – que, de alguma maneira, independe de nossa percepção e é qualitativamente indiferenciado. É o movimento dos relógios, dos planejamentos, dos cronogramas. Diferentemente, a escolarização segue um tempo *kairós*: ela precisa acontecer no momento oportuno, nesse e não naquele outro momento, e só ocorre quando as condições são propícias. As ciências da vida estabelecem um *kairós* para a escolarização e, dentro dela, a alfabetização. No entanto, a dureza das condições de vida, pelo menos no Brasil e em muitos países de América Latina, permite que apenas uma minoria tenha esse tempo *kairós* respeitado. Para um educador popular e de jovens e adultos como Paulo Freire, isto é, educador de pessoas colocadas na posição de ter que correr atrás do tempo que lhes foi roubado, o tempo oportuno, o *kairós*, é sempre o agora, porque ele é justamente uma oportunidade, uma espécie de possibilidade de passagem entre dois mundos. Nesse sentido, podemos ler que, quando Paulo Freire se refere à infância como escolaridade, refere-se a um estado de infância além da cronologia: são os escolares não cronologicamente infantis que Paulo Freire está especialmente interessado em alfabetizar – infantes quanto ao estado de escolaridade, aqueles que entram na vida escolar quando não estão mais no tempo cronológico socialmente reconhecido como o mais oportuno para entrar na escola.

Nesse diálogo, então, Paulo Freire vai se referir novamente à própria escolarização, que, no seu caso, coincide em boa medida, em sua infância cronológica, com o *kairós* socialmente estabelecido para ela. Ele enfatiza como a maneira com a qual foi alfabetizado, ainda criança, com palavras de seu mundo infantil, também está presente em suas ideias sobre a alfabetização e em sua maneira de pensá-la e praticá-la como educador de jovens e adultos. Nesse texto, a lembrança é a mais nítida, precisa, com mais detalhes: a mãe, Edeltrudes (Trudinha), sentada do lado dele e do pai numa cadeira de vime; o pai, Joaquim, se balança na rede, à sombra de duas mangueiras, espaço livre e despretensioso, informal, seu quintal.

Um outro aspecto importante do relato é a maneira pela qual Paulo Freire destaca, nesse período cronologicamente infantil, a importância dos relacionamentos para se tornar quem se tornou. Menciona suas relações com os demais membros da família, com os animais, as árvores, as palavras... Destaca que a sua alfabetização foi um processo afetivo, dialógico e amoroso (FREIRE; GUIMARÃES, 1982, p. 15-18). Paulo Freire deixa claro que nem seu pai nem sua mãe eram professores – apesar de os considerar educadores –, e que lhe deram, entre outras coisas... tempo! Ambos estavam, sua mãe em uma cadeira e seu pai na rede, pacientemente ensinando-o a ler as palavras de seu mundo.

É importante deter-se nessa observação. Paulo Freire, que, em certo sentido, defende durante toda a sua vida a profissionalização docente perante as tentativas de desqualificar o trabalho de professores e professoras (FREIRE, 2017 [1993]), é alfabetizado por educadores não profissionais que cuidam do mais importante para que alguém possa entrar no mundo das letras com alegria e emoção: eles fazem com que a leitura e a escrita das palavras acompanhem a leitura e a escrita de seu mundo. Seus pais vivenciam um clima dialógico e oferecem todo o tempo que o filho precisa para se alfabetizar. Oferecem um tempo próprio, de afetos e sentimentos, que não se pode medir pelo relógio. Além de letras e palavras, Paulo Freire aprende a forma com que seu pai e sua mãe o introduzem no mundo das letras. Aprende um tempo de presente, uma presença, um presente.

Paulo Freire afirma que a forma dialógica com a qual foi alfabetizado acabou sendo a mesma que ele propôs para a educação de adultos, anos depois: ela é um dos eixos que atravessam suas ideias pedagógicas nas diferentes *Pedagogias*, a começar pelo deslocamento do eixo centrado no professor ou no aluno para colocá-lo na relação entre eles. Sua concepção educacional resulta em uma recriação da primeira relação pedagógica vivida, com a qual ele foi educado.

O "andarilho da utopia" fala também muito positivamente de sua relação com a mãe e o pai, que, apesar de ser militar, tem um tratamento dialógico, amoroso e afetivo com a família e com Paulo Freire em particular (FREIRE; GUIMARÃES, 1982). Não encontramos tantos testemunhos de Paulo Freire sobre seus filhos (cinco: Maria Madalena, Maria Cristina, Maria de Fátima, Joaquim Temístocles e Lutgardes) em sua obra escrita, e a maioria deles diz respeito aos anos em Santiago, onde os dois menores – Joaquim Temístocles e Lutgardes – passaram boa parte de sua infância cronológica. Contudo, tanto o seu testemunho quanto o de alguns dos filhos e filhas sugere que também essa dimensão afetiva vivida em sua infância foi revivida por Paulo Freire com seus filhos enquanto infantes cronológicos, mas não só.

Uma dessas referências está no contexto de uma reflexão mais geral sobre o exílio e sua relação com a primeira esposa, Elza (FREIRE; BETTO, 1985, p. 90-91). Depois de mostrar como Elza compartilhou com ele a experiência da prisão e do exílio, acompanhando-o sem estar de fato ela mesma na condição jurídica de exilada, mas como um ato político, de uma forma inteiramente solidária, ele reconhece que ela sustentou a maior parte da vida familiar e "foi educadora de nós todos" (FREIRE; BETTO, 1985, p. 90). De fato, Elza era professora primária e estava muito mais ocupada do que Paulo Freire com o cotidiano da educação dos filhos. Ele comenta, nessa mesma página: "No exílio, os filhos chegavam, brincando, a dizer: 'Velho, na verdade a infraestrutura desta família é a velha!'". E, a seguir, traduz essa frase como: "Quer dizer, abre o olho, porque se a infraestrutura cai, a gente se acaba...", ao que segue um grande elogio a Elza e ao seu papel no que diz respeito ao sustento da família durante os anos do exílio e o sentimento de culpa que, nele, não era fácil evitar, como "numa dificuldade de um filho – a sua escolaridade, o começo de um filho na escola, uma necessidade maior de um filho".

Paulo Freire também dá alguns exemplos de como, ocasionalmente, era invadido por um sentimento de culpa por causa das condições de sua esposa e filhos. Por exemplo, esse sentimento emergiu fortemente uma vez, no inverno cru de Santiago, no momento em que um dos meninos disse que estava sentindo frio e Paulo Freire não tinha dinheiro para comprar roupas quentes para ele. Freire observa como sofreu com esse episódio e como o problema foi resolvido com a solidariedade de um amigo amoroso que trabalhava nas Nações Unidas, que gozava de um crediário num armazém de Santiago e, por isso, comprou roupas de inverno para toda a família. Nordestino como ele, dizia: "O frio vai chegar logo e vocês são do Nordeste, como eu também" (FREIRE; BETTO, 1985, p. 91).

Outra referência aos filhos está nesse mesmo diálogo com Ricardo Kotscho, em que Paulo Freire conta que, quando foi preso pela força militar em 1964, as três meninas o visitaram na prisão, mas sem os dois meninos mais novos, seguindo uma sugestão de sua esposa Elza, que estava com medo de que eles pudessem ficar traumatizados pela situação. Sobre esse episódio, Paulo Freire diz: "Acho que ela estava certa", finalizando o relato.

Uma anedota mais feliz em relação aos filhos está em suas *Cartas a Cristina*. Ele lembra a ocasião em que, pela primeira vez em sua vida, no primeiro ano de seu exílio em Santiago, experimentou a neve.

Já tinha mais de 40 anos e foi com os filhos sentir como a neve caía em sua pele tropical ao brincar com bolas de neve, e conta a anedota com uma palavra fabulosamente infantil (FREIRE, 2015 [1994], p. 35-36): "[...] fui para a rua com meus filhos 'meninizar-me', forma pronominal de um verbo da palavra mais infantil para dizer a infância". Mais uma vez, Paulo Freire vive, brincando com a neve, uma infância lúdica, mas dessa vez com seus filhos, crianças cronológicas, ele mesmo numa idade não cronologicamente infantil. E, numa idade ainda mais adulta, a da escrita das *Cartas a Cristina*, já septuagenário, cronologicamente mais longe da sua infância, ele brinca com a linguagem e inventa um verbo para dizer a ação de alguém que, não sendo menino, se torna menino para brincar na neve com os filhos. Assim, Paulo Freire meniniza-se duplamente e, com ele, meniniza os seus leitores e leitoras de todas as idades.

Há, por fim, outra referência enigmática num parágrafo em que, depois de perceber como o sentimento de ter sido cuidado e amado pelos pais foi importante em sua vida, afirma: "Nem sempre, infelizmente, somos capazes de expressar, com naturalidade e maturidade, o nosso bem-querer necessário a nossos filhos e filhas, através de variadas formas e procedimentos, entre eles o cuidado preciso, nem para mais nem para menos. Às vezes, por n razões, não sabemos revelar a nossos filhos que os amamos" (p. 60).

Quem sabe o próximo testemunho ajude a entender o anterior. É talvez o mais educativo de todos. É um testemunho do filho caçula, Lutgardes, que aparentemente confirma que Paulo Freire seguiu com os filhos o mesmo caminho que percorreu com seus pais, o que parece mais do que esperado. Lutgardes, sociólogo e professor, comenta, em um vídeo feito pelo Instituto Paulo Freire de São Paulo, a maneira como o pai estava sempre muito ocupado quando viviam em Santiago, no Chile. Ele trabalhava a semana inteira e, nos fins de semana, escrevia a *Pedagogia do oprimido*. As crianças, cansadas de não ter tempo com o pai, decidiram conversar com ele em seu escritório: "Olha, pai, assim não dá, você está trabalhando a semana inteira e no final de semana você trabalha o tempo todo, como é possível uma coisa dessas?". O pai respondeu: "Está certo. De agora em diante, todos os sábados a gente vai sair junto". Lutgardes, já pai na ocasião da entrevista, sentado com a filha no colo, sorri, e seus olhos brilham enquanto completa seu relato: "E aí foi uma maravilha, a gente saía junto, passeávamos pela cidade, ou íamos ao cinema, almoçávamos juntos, nos dávamos as mãos... Paulo Freire era carinhoso, ele era uma pessoa muito doce, muito afetiva, né?" (INSTITUTO PAULO FREIRE, 2005). Esse testemunho talvez ajude a entender o anterior porque mostra duas fases da relação de Paulo Freire com seus filhos: um estilo de vida que o fez muitas vezes ausente, pela sua dedicação ao trabalho acadêmico – e, posteriormente, por suas viagens pelo mundo –, mas intensamente presente na amorosidade da escuta, da palavra e da resposta atenta e afirmativa ao pedido dos filhos e das filhas. Em entrevista (neste livro, p. 35) que mantivemos com ele, o próprio Lutgardes brincou que esses sábados não duraram muito, mas reafirmou o caráter principalmente amoroso da relação. Também é perceptível, a partir dessa entrevista, como as viagens de certa forma atrapalharam e, ao mesmo tempo, enriqueceram o processo de escolarização do caçula.

A amorosidade com que Paulo Freire lida com os filhos e filhas é muito semelhante ao modo com que ele descreve a importância da escuta de sua mãe e de seu pai para as suas inspirações infantis. Para exemplificar a postura que ele e Elza mantinham em relação aos filhos e filhas, destacamos seu próprio testemunho:

> Meu pai teve um papel muito importante na minha busca. Afetivo, inteligente, aberto, jamais se negou a ouvir-nos em nossa curiosidade. Fazia, com minha mãe, um casal harmonioso, cuja unidade não significava, contudo, a nivelação dela a ele nem dele a ela. O testemunho que nos deram foi sempre o da compreensão, jamais o da intolerância. Católica ela, espírita ele, respeitaram-se nas suas opções. Com eles aprendi, desde cedo, o diálogo (FREIRE, 2015 [1994], p. 62).

Como consequência dessa postura da mãe e do pai, ressalta, logo a seguir: "Nunca me senti temeroso ao perguntar e não me lembro de haver sido punido ou simplesmente advertido por discordar". Como vemos, a amorosidade e a tolerância que recebeu da mãe e do pai educaram o Paulo Freire pai. Desse modo, ele mantém uma relação amorosa, dialógica e antiautoritária com seus filhos e filhas. Em outro texto, *Por uma pedagogia da pergunta*, ao pensar com Antônio Faundez a importância da pergunta e da resposta na formação humana, Paulo Freire se mostra um pai parecido com o seu, o que ilustra a conectividade que fazia questão de manter com os filhos e filhas:

> Uma das exigências que sempre fizemos, Elza e eu, a nós mesmos em face de nossas relações com as filhas e filhos era a de jamais negar-lhes respostas às suas perguntas. Não importa com quem estivéssemos, parávamos a conversa para atender à curiosidade de um deles ou de uma delas. Só depois de testemunhar o nosso respeito a seu direito de perguntar é que chamávamos a atenção necessária para a presença da pessoa ou das pessoas com quem falávamos. Creio que, na tenra idade, começamos a negação autoritária da curiosidade com os "mas que tanta pergunta, menino"; "cale-se, seu pai está ocupado"; "vá dormir, deixe a pergunta pra amanhã" (FREIRE; FAUNDEZ, 2017 [1985], p. 68).

Assim, Paulo Freire mostra, nesse trecho, como ele e Elza cuidam para que a curiosidade dos seus filhos e filhas, seu "direito de perguntar", seja respeitada. Nessa passagem, ele contrapõe uma postura autoritária perante às perguntas, que as desalenta, a uma postura respeitosa, a própria, que lhes responde. Parece claro que, aqui, Paulo Freire não está considerando outras opções de enfrentar as perguntas das crianças. Em outras palavras, poderíamos perguntar: será que responder às suas perguntas é sempre a forma mais respeitosa de se relacionar com elas? Que outras alternativas, dialógicas, temos para enfrentar as perguntas de nossas filhas e filhos e assim corresponder a uma solicitação de atenção? Dá-lhes respostas às suas perguntas é a maneira mais adequada de respeitar seu direito de perguntar?

As cartas a Nathercinha

> *É uma coisa boa, Natercinha, que a gente nunca deixe de ser menino.*
> (FREIRE in LACERDA, 2016, p. 50)

Recentemente, foram publicadas por Nathercia Lacerda (2016) as cartas que Paulo Freire escreveu para ela nos tempos do exílio em

Santiago do Chile e que o próprio Freire menciona em *Cartas a Cristina*. Trata-se de uma obra muito bonita, com fotos históricas, apresentação de Nathercia, as seis cartas de Paulo Freire, uma carta atual dela a Paulo Freire, uma carta de Madalena a Nathercinha e alguns detalhes que expressam muito cuidado e carinho. As seis cartas de Paulo Freire foram digitadas e fotografadas a partir do manuscrito original.

Nathercinha é prima de segundo grau de Paulo Freire. Ele é filho de uma das irmãs do avô dela, o Lutgardes – portanto, sobrinho desse avô e primo da mãe de Nathercia. Embora ele fosse de fato seu primo, pela diferença de idade entre eles, na época ele era mais próximo de um tio que de um primo. A correspondência entre eles foi iniciada por Nathercinha quando ela tinha 9 anos, e ele, 45, em 1967. As cartas de Paulo Freire a Natercinha (ele escrevia o apelido da prima-sobrinha sem o "h" depois do "t", talvez porque o nome de sua avó fosse Natércia) estão datadas entre o outono de 1967 e outubro de 1969. A última carta foi enviada de Cambridge, Estados Unidos, onde ele já estava morando depois de deixar o Chile e antes de ir para Suíça.

> Essas cartas são um canto à infância, em sua forma e em seu conteúdo – tanto pelo capricho da letra com a qual foram escritas, especialmente cuidada para que pudesse ser lida por uma menina, quanto pelo tom igualitário, intimista, carinhoso. A escrita é cheia de poesia, metáforas, imagens infantis. A seguir, farei referência às três primeiras delas. Aos 45 anos, Paulo Freire se sente menino, vive a infância, a mantém sempre viva nele. Os outros meninos e meninas, os que habitam a infância cronológica, são, para Paulo Freire, seus semelhantes, amigos, pessoas com quem se conversa. Como disse Madalena Freire em carta a Nathercinha, ele propõe "uma conversa entre amigos, colocando-se como um igual. Aos poucos, vai se diferenciando como adulto, sem perder o pé de igualdade entre vocês" (LACERDA, 2016, p. 82).

Para que um diálogo entre adultos e crianças seja possível, o adulto precisa se colocar, desde o início, no mesmo patamar da criança, ser um amigo ou amiga, um igual. Afinal, na vida de um ser humano, a infância é o que o mantém vivo: é dela que vem a curiosidade para descobrir o mundo e para se entender melhor com outros seres humanos.

Relacionar-se como um igual com uma criança é como se relacionar em pé de igualdade com uma parte de si mesmo.

A primeira carta tem trechos de "gente grande", quando Paulo Freire afirma que o mundo está como está porque os seres humanos esqueceram a infância (p. 50). O tom da carta é diáfano, claro, enfático: o mundo e os seres humanos precisam da infância. Na segunda carta, ele expressa sua vontade de viver a meninice, de correr, cantar e brincar, mas também seu gosto pela vida em todas as idades, o que exige cuidar da infância-menina, não cronológica: "Você nunca deixe morrer em você a Natercinha de hoje. A menina que você é hoje deve acompanhar a mocinha que você vai ser amanhã e a mulher que será depois (p. 54-55). A terceira carta é talvez a mais "política" de todas, a mais explícita em termos da força, justamente política, da infância:

> Se os homens grandes, as pessoas grandes pudessem ou quisessem rir como as roseiras, como as crianças, não lhe parece que o mundo seria uma coisa linda? Mas eu acredito que um dia, com o esforço do próprio homem, o mundo, a vida vão deixar que as pessoas grandes possam rir como as crianças. Mais ainda – e isto é muito importante – vão deixar que todas as crianças possam rir. Porque hoje não são todas as que podem rir. Rir não é só abrir ou entreabrir os lábios e mostrar os dentes. É expressar uma alegria de viver, uma vontade de fazer coisas, de transformar o mundo, de amar o mundo e os homens somente como se pode amar a Deus (p. 57-58).

Paulo Freire afirma que é preciso que todos os seres humanos, de todas as idades, possam sorrir igual a uma criança para que o mundo fique mais bonito de verdade, ou seja, mais justo, mais alegre, mais cheio de vida. Podemos até nos sentir incomodados com a tonalidade normativa do texto e com o que poderia ser lido como uma idealização da infância, mas é notável como Paulo Freire deixa ver que as bondades do universo infantil não são acessíveis a todas as crianças. Assim, a infância é também essa vontade de transformar o mundo para que não apenas algumas vidas possam ser vividas com alegria e vontade de viver: uma força para que todas as vidas sejam vidas de verdade, de alegria, de curiosidade, de amor. O mundo pode ser mais mundo com infância do que sem ela, assim como uma vida com infância pode ser mais vida do que sem ela.

Em outro texto, diz que a infância é transformadora, revolucionária, e que por isso "o conservadorismo é incompatível com a juventude. É que não se conserva o que tem vigência. O que tem vigência fica por si mesmo" (FREIRE, 2013 [1995], p. 99). Eis a força política da sempre presente juventude da infância, sua recusa à manutenção do mundo nas suas injustiças e opressões.

Num texto publicado como prefácio a um livro de memórias sobre Paulo Freire em inglês (WILSON; PARK; COLÓN-MUÑIZ, 2010), sua segunda esposa, Ana Maria (Nita) Araújo Freire faz um tributo a essa relação íntima que o grande mestre pernambucano manteve com a infância durante toda sua vida. Esse texto, intitulado "Paulo Freire, o eterno menino", rende homenagem a essa intensidade e intimidade com que Paulo Freire viveu meninamente toda a sua vida. O que significa, como Nita Freire bem sinaliza nele, "ter *anunciado* um novo, que só *meninos* de caráter puro, sério, de adulto, podem fazer" (p. xxv). A exaltação da infância pode soar exagerada e idealizada, mas contém uma potência singular: afirmar a meninice como uma força séria que atravessa as idades. Nesse mesmo texto, Nita lembra alguns reconhecimentos, como o título de *Bambino permanente* [Menino permanente], a ele outorgado pela Biblioteca Comunale di Ponsacco, em Pisa, Itália, em 31 de março de 1990. Mais uma vez, a permanência da meninice mostra que ela não está apegada a uma idade cronológica.

Nesse texto e na biografia que escreveu sobre Paulo, Nita Freire lembra um escrito em que o marido, mesmo falando da própria morte, o fazia com alegria menina: "Poxa, rapaz! A alegria menina continua vivíssima e menina ainda. Acho que ainda vou viver muito e morrer no Brasil. Pois bem, quando eu morrer, esta alegria ainda estará menina!" (FREIRE, P. in FREIRE, A. M., 2006, p. 621). As palavras ficaram curtas: a alegria menina de Paulo Freire ainda está viva entre nós, entre quem quer que seja que se encontre com seu pensamento e sua vida menina.

A infância mais afirmativa
de Paulo Freire: a revolução

> *A menina continua viva, engajada na construção*
> *de uma pedagogia da pergunta.*
> (Freire; Faundez, 2017 [1985], p. 235)

Para Paulo Freire, a infância vai muito além da cronologia, e isso já foi destacado por vários estudiosos do mestre dos sonhos pedagógicos. Por exemplo, em uma comparação com o italiano G. Agamben, E. Santos Neto e M. R. P. Silva (2018 [2007]) enfatizam que, para Paulo Freire, a infância é entendida como uma condição da existência humana, associada à sua qualidade de inacabada. Por sua vez, Célia Linhares destaca que, em Paulo Freire, o infantil é "o que ainda se reserva como sonho, potência, desejo e, portanto, o que ainda está envolto em mistérios, em possibilidades inéditas e, como tal, ainda não logrou encontrar palavras para expressar-se claramente" (Linhares, 2007, p. 11). Assim, se essa assimilação da infância ao desejo confere a ela certa carência ou negatividade numa dimensão antropológica, como uma "metáfora da existência humana" nas suas dimensões ética e política, a infância e o infantil, como a própria autora afirma a seguir, contêm a mais afirmativa forma de liberdade como criação de uma vida coletiva carregada de possibilidades, sonhos e utopias.

Ao mesmo tempo, uma das visões mais afirmativas da infância na obra de Paulo Freire aparece na última parte de seu livro falado com Antonio Faundez, *Por uma pedagogia da pergunta.* Talvez isso não seja uma coincidência, pois, como acabamos de afirmar, é essa a mais infantil das suas pedagogias. Nela, a infância aparece não como etapa da vida, nem como condição desta ou metáfora da existência, mas como qualidade de um processo revolucionário. Efetivamente, assim o mestre pernambucano termina esse livro-diálogo com o pensador chileno:

> Em minha primeira visita a Manágua, em novembro de 79, falando a um grupo grande de educadores no Ministério da Educação, dizia a eles como a revolução nicaraguense me parecia ser uma revolução menina. Menina, não porque recém-"chegada",

mas pelas provas que estava dando de sua curiosidade, de sua inquietação, de seu gosto de perguntar, por não temer sonhar, por querer crescer, criar, transformar.

Disse também naquela tarde quente que era necessário, imprescindível que o povo nicaraguense, lutando pelo amadurecimento de sua revolução, não permitisse porém que ela envelhecesse, matando em si a menina que estava sendo.

Voltei lá recentemente. A menina continua viva, engajada na construção de uma pedagogia da pergunta (FREIRE; FAUNDEZ, 2017 [1985], p. 234-235).

A imagem da infância, ou da meninice, não poderia ser mais afirmativa e potente. Ela é um modo de elogio, uma forma de falar bonito, uma espécie de louvor a uma revolução que não apaga sua curiosidade, sua inquietação, seu gosto de perguntar, seu querer sonhar, seu desejo de crescer, criar, transformar. É isso que constitui a infância sem idade para Paulo Freire: um desejo, um gosto, uma sensibilidade para as forças da vida, como a curiosidade, o sonho, a transformação.

A meninice da revolução nicaraguense não tem a ver com seu tempo cronológico de estar no mundo. Ela é, sim, uma menina de curta idade, mas não é uma menina pela sua curta idade, quer dizer, por ter nascido há pouco tempo, ou por ser uma "recém-chegada" ao mundo. Não. Ela não é uma menina pelo que ela não tem ou pelo que ela tem de pequeno, de pouco tempo vivido, ou pelo que ela será, pela sua projeção num tempo futuro. A revolução (nicaraguense) é menina pelo que ela é, pelo seu modo de habitar o tempo presente, pelo que ela mostra de força afirmativa, pela sua potência, pela sua forma de ser uma revolução curiosa, inquieta, sonhadora, criadora, transformadora. Ela é uma menina pela maneira com que afirma uma vida revolucionária, pelo seu jeito de mostrar uma revolução ao mundo, de fazer não apenas uma revolução, mas um modo de existência revolucionária.

Estamos no final dos anos 1970, que é também o final do que Paulo Freire chama de seu terceiro exílio. Ele está retornando ao Brasil, mas continua viajando pelo mundo. Encontra-se, na Nicarágua, diante de uma revolução que é também uma criança cronológica, tem apenas poucos meses de idade e, como tal, antevê diversas possibilidades para seu crescimento no tempo.

São muitas as figuras possíveis para crescer e, entre elas, Paulo Freire destaca duas formas de se relacionar com a infância que podem se distinguir ao amadurecer: a) a primeira, que entende o amadurecimento como um envelhecimento e, portanto, como um apagamento da infância para superá-la ou convertê-la em outra coisa; essa é a possibilidade que povoa uma maneira de se entender a infância como algo que deve ser transformado em outra coisa que a supere. Dessa possibilidade, desdobra-se também uma concepção para a educação como o caminho mais apropriado para essa saída, uma espécie de formação da infância que permitirá convertê-la naquilo que é idealizado para ela e que será também o que ela não é; b) uma segunda, aqui implicitamente defendida por Paulo Freire, que entende a infância como algo que o amadurecimento faria bem em preservar, alimentar e cuidar na medida em que confere vida à vida e, por isso, nunca se deve abandonar. Dessa forma de entender a infância desprende-se, para a educação, uma outra relação com ela, outra lógica da formação, mais próxima da atenção, do cuidado e da escuta da infância, porque se a infância for superada ou apagada, a vida perde algo que a diminui enquanto tal: sem infância, a vida é menos vida, a qualquer idade. Seguindo essa possibilidade, a educação poderia deixar de se preocupar em fazer da meninice outra coisa que ela não é para se ocupar de cultivá-la e atendê-la para que ela continue sempre viva, sendo o que é, em todas as idades.

Essa infância-meninice da revolução nicaraguense é a potência criativa e curiosa da vida em qualquer idade. Ela é uma menina engajada, comprometida, fecunda: ela lança-se para construir uma pedagogia da pergunta, aquela que aprende e ensina a perguntar; perguntando e se perguntando, ela se pergunta "o que é perguntar?", qual é seu sentido, por que e para que fazê-lo. Essa pedagogia se coloca a si mesma, permanentemente, em estado de pergunta, vive intensamente a pergunta e o perguntar.

Como vemos, Paulo Freire, que não se dedicou particularmente à educação de crianças, e sim de um povo sem idade, propõe uma visão muito afirmativa da infância como meninice. Essa é uma visão propriamente infantil, tanto que ela é o maior elogio a uma revolução, aliás, nada menos que a uma revolução, aquilo que é a coisa mais séria do mundo, a mais importante e adulta de todas as coisas entre os adultos, e, por isso mesmo, não precisa deixar de ser, ao mesmo tempo, a mais alegre, brincalhona e perguntadora de todas as coisas. Nessa perspectiva, a coisa mais adulta de todas precisa, por isso mesmo, ser também a coisa mais menina do mundo. Nada parece mais necessário que revolucionar o estado de coisas e os modos de vida dominantes na América Latina, e o que Paulo Freire está sugerindo é que uma revolução infantil é a mais educadora das revoluções. O que é mais necessário no mundo adulto não pode prescindir da infância.

Paulo Freire sabe muito bem, desde criança, da necessidade de revolucionar a vida na América Latina. É justamente uma das coisas que aprendeu quando era menino, em Jaboatão, e que sempre o acompanhou. Junto a essa necessidade, também afirma que uma revolução sem infância é uma revolução que perde sua capacidade de criar, de se perguntar, se inquietar... Ou seja, a infância é condição de uma revolução que se orgulhe de estar sendo o que é.

Não é o lugar, aqui, de julgar a avaliação que Paulo Freire faz da educação nicaraguense, muito menos a própria revolução nicaraguense, nem sequer de avaliar seu sucesso ou insucesso históricos... Não é isso o que afirma Paulo Freire; não é a infância que garante o sucesso de uma revolução; talvez, até, seja justamente o contrário: o mundo que vivemos parece ser muito hostil com uma infância assim concebida. Quanto mais infantil, menina, quanto mais uma revolução afirma uma pedagogia da pergunta, mais exposta está às hostilidades do sistema. A infância nada tem a ver com uma tática do sucesso. O que Paulo Freire está afirmando é que uma revolução "propriamente tal", ou uma revolução que está sendo e quer ser verdadeiramente uma revolução, a mais revolucionária das revoluções, não pode esquecer nem apagar sua infância. Assim, a revolução mais revolucionária é a mais menina das revoluções. E, sendo menina, educa na meninice, na alegria, na curiosidade, na pergunta, que não tem idade.

Segundo vimos nas primeiras seções do presente capítulo, Paulo Freire não apenas considera essencial manter a meninice para além da infância cronológica, mas sua vida é um exemplo de um cultivo permanente de sua meninice. Estendemos aqui essa apreciação sobre a revolução à educação: a educação mais revolucionária, mais verdadeira, mais própria é uma educação menina – alegre, curiosa, perguntadora. Da mesma forma, para qualquer educador ou educadora, a infância não é apenas algo a ser educado senão uma condição para se viver uma vida educacional sensível ao autoquestionamento, ao engajamento em um ato pedagógico ao mesmo tempo inquieto e criativo.

Por isso, talvez também possamos estender os riscos dessa postura menina: quanto mais infantil, mais um educador pode estar exposto às hostilidades do sistema. Contudo, a uma só vez, quanto mais infantil for, mais educador ou educadora será aquele ou aquela que não esqueça nem apague sua infância e, ao contrário, a mantenha viva num modo questionador, alegre e curioso de habitar sua prática educativa.

Em outras palavras do educador de Pernambuco, a infância adquire o estatuto ontológico primeiro no âmbito do humano, do que realiza sua historicidade enquanto um ser lançado à problematização e transformação da vida presente. Em seus termos, "na compreensão da História como possibilidade, o amanhã é problemático. Para que ele venha é preciso que o construamos mediante a transformação do hoje. Há possibilidades para diferentes amanhãs" (FREIRE, 2001, p. 40), porque "o futuro não é um *dado dado*, uma *sina*, um *fado*" (FREIRE, 2015 [1994], p. 179, grifos no original). Assim, a infância realiza o sentido político de uma existência propriamente humana: sua vocação irrenunciável por ser mais, por afirmar o futuro como possível e não como determinado, seu permanente estar sendo em vez de ser de uma vez e para sempre. Sua curiosidade por outras formas de vida que não as que estão sendo afirmadas no mundo que habitamos. Nesse sentido, o andarilho da utopia diz: "A luta não se reduz a retardar o que virá ou assegurar a sua chegada; é preciso reinventar o mundo" (FREIRE, 2001, p. 40). A infância é política. Ela é uma condição inesquecível da "politicidade" da educação e da vida política de um educador ou educadora. A infância é, para Paulo Freire, uma força reinventora de mundo.

Palavras infantis para quem nunca deixa de ser criança

Foi assim que, numa tarde chuvosa no Recife, céu escuro, cor de chumbo, fui a Jaboatão, à procura de minha infância.
(FREIRE, 2014 [1992], p. 43)

Como acabamos de afirmar, o estar sendo menina que Paulo Freire atribui à revolução sandinista na Nicarágua pode ser atribuído também à própria vida do educador pernambucano. Isso pode ser conferido quando relemos algumas de suas afirmações sobre a sua infância cronológica ou sobre a meninice de uma revolução. Ao notar a forma de sua escrita, ao mesmo tempo questionadora e amorosa, percebemos a meninice de Paulo Freire como algo que ele próprio alimenta e não quer nunca abandonar.

Até nas últimas das suas intervenções públicas – entrevistas, encontros, cerimônias –, sentimos, nele, um jeito menino de estar sendo e de andar pelo mundo, de questionar infantilmente a si mesmo, aos outros e ao próprio mundo até o final de sua vida. Para dizer essas notas infantis com suas palavras: a infância perene de Paulo Freire se expressa em sua curiosidade, sua inquietação, seu gosto por perguntar, por não temer sonhar, por querer crescer, criar, transformar, na sua fala de menino, no uso originário das palavras que seu primeiro mundo formou nele durante sua meninice cronológica, que se prolongou pela vida toda. Ele fala como menino, com linguajar e forma de menino até nas ocasiões mais solenes e importantes, justamente porque só a meninice pode dar conta dessas ocasiões. Paulo Freire nasce e cresce mantendo-se menino, vivo, curioso, atento, sempre engajado na construção de uma pedagogia menina, infantil, uma pedagogia menina da pergunta. A infância não é questão de idade, de ter poucos anos, de quantificação do tempo. O educador nordestino que o diga:

Os critérios da avaliação da idade, da juventude ou da velhice, não podem ser puramente os do calendário. Ninguém é velho só porque nasceu há muito tempo ou jovem porque nasceu há pouco. Além disso, somos velhos ou moços muito mais em função de como pensamos o mundo, da disponibilidade com que nos damos, curiosos, ao saber, cuja procura jamais nos cansa e cujo achado jamais nos deixa satisfeitos e imobilizados. Somos velhos ou moços muito mais em função da vivacidade, da esperança com que estamos sempre prontos a começar tudo de novo, se o que fizemos continua a encarnar nosso sonho. Sonho eticamente válido e politicamente necessário. Somos velhos ou moços muito mais em função de se nos inclinarmos ou não a aceitar a *mudança* como sinal de *vida* e não a *paralisação* como sinal de *morte* (FREIRE, 2013 [1995], p. 97, grifos no original).

A infância é uma vida curiosa, incansável, insatisfeita, mobilizada, vivaz, esperançosa. Uma vida que começa tudo de novo ou que está sempre começando. Uma vida que vê na mudança um sinal de vida e na falta de mudança um sinal de morte.

Assim, a infância não é uma quantidade de tempo vivido, mas uma forma de se relacionar com o tempo, justamente, a qualquer idade. Em uma das cartas pedagógicas que compõem o póstumo *Pedagogia da indignação,* já muito afastado, portanto, da infância cronológica, uns poucos meses antes de morrer, em janeiro de 1997, Freire comenta, na primeira carta, o dinamismo da vida urbana, as transformações que ela exige para pessoas com mais de 70 anos, como ele próprio, e conclui: "É como se hoje fôssemos mais jovens do que ontem" (FREIRE, 2000, p. 31).

A frase é uma declaração de infância; uma definição precisa: a infância é, justamente, uma forma de experimentar o tempo à medida que ele se inverte; hoje somos mais jovens que ontem, eis a meninice, sem idade, de cada idade, a qualquer idade. A infância é viver o tempo juvenilmente, aberto aos mundos que uma pergunta abre, não importa os anos que se tenha. É uma forma – o mestre dos sonhos pedagógicos continua – de estar "à altura de nosso tempo", uma altura que não se mede em distância do chão, mas em disposição para correr riscos, abertura para o inusitado, intimidade com os segredos do mundo, disposição para ser de outra maneira, assim como – Freire conclui logo em seguida – para "compreender adolescentes e jovens".

Podemos ser mais jovens, até meninas e meninos (se nos atrevemos a ser muito jovens!), aos 70 anos. Há meninos de 70 anos mais jovens que adultos de 40, que jovens de 20 ou, ainda, que crianças de 9. Alguns anos antes, com mais de 60 anos, Paulo Freire afirma algo semelhante sobre ele mesmo:

> Sexagenário, tenho sete anos; sexagenário, eu tenho quinze anos; sexagenário, amo a onda do mar, adoro ver a neve caindo, parece até alienação. Algum companheiro meu de esquerda já estará dizendo: Paulo está irremediavelmente perdido. E eu diria a meu hipotético companheiro de esquerda: Eu estou achado: precisamente porque me perco olhando a neve cair. Sexagenário, eu tenho 25 anos. Sexagenário, eu amo novamente e começo a criar uma vida de novo (FREIRE, 2001a, p. 101).

Amar a onda do mar; adorar ver a neve cair, sobretudo quando se pertence a uma região onde inexiste a neve. Perder-se no que parece menor, insignificante, desimportante, na beleza de um detalhe. Relacionar-se esteticamente com o mundo, nesse sentido, é apreciar sua boniteza sem economizar tempo nisso. Por fim, amar a infância significa se atrever a começar a viver novamente a cada vez. A reaprender a nascer depois da morte. A voltar a amar depois da morte da companheira amada. A nascer novamente no amor após a morte do ser amado. A começar a amar quando parece que o amor acabou, quando o amor da vida inteira morre e parece que terminou o amor na vida. A infância chama justamente a começar a amar novamente, como se nunca tivéssemos amado, como se começássemos a amar pela primeira vez. Amor infantil, amor de infância, infância do amor que nasce sempre e de novo.

Assim, a infância é uma forma de se relacionar com o tempo, de brincar no tempo: para invertê-lo e se tornar mais jovem com seu passar e para se relacionar com o futuro como algo sempre aberto, como algo que não nos faz (FREIRE, 2000, p. 56), mas que nós lutamos para refazer e, nessa luta, nos refazemos também a nós mesmos. A infância é uma forma de olhar para o futuro de olhos abertos, como ele também se dispõe para nós, na condição inacabada que nos habita como humanos (Santos Neto; Alves; Silva, 2011). Por fim, a infância é, antes de mais nada, uma forma de habitar o presente, de estarmos inteiramente presentes no presente, como se o tempo fosse só presente, encorpando o agora, e como se nós fôssemos sempre infância, como se o futuro fosse apenas uma outra forma do presente. Na infância, há pouco passado e um futuro aberto, indefinido; o tempo da infância é o presente. Leiamos Paulo Freire, menino de conjunções e conexões: "Eu acho que o melhor tempo é o tempo que você vive, é hoje" (Freire in Blois, 2005, p. 30). Ou em outro relato: "O melhor tempo, na verdade, para o jovem de 22 ou de 70 anos, é o tempo que se vive. É vivendo o tempo como melhor possa viver que o vivo bem" (Freire, 2013 [1995], p. 98). Os dois textos parecem próximos, mas vale notar a forma reflexiva do verbo no segundo: não se trata apenas de viver, mas de se viver, e viver-se, de jogar-se a si mesmo à vida, na vida. É o tempo do bom viver.

Justamente porque a infância é essa presença e essa relação com o presente, é importante que as crianças cronológicas cresçam "no exercício desta capacidade de pensar, de indagar-se e de indagar, de duvidar, de experimentar hipóteses de ação, de programar e de não apenas seguir os programas a elas, mais do que propostos, impostos. As crianças precisam de ter assegurado o direito de aprender a decidir, o que se faz decidindo" (Freire, 2000, p. 58-59).

Eis aqui, talvez, uma das marcas principais de uma pedagogia da infância para Paulo Freire: dar à infância cronológica as condições para que ela possa viver infantilmente sua infância, o que significa que ela possa viver também infantilmente sua entrada no mundo das letras através de uma educação política sensível, atenta, hospitaleira da infância, que não a agrida, que não a condene a morrer. Nesse aspecto, as preocupações educacionais de Paulo Freire, como sabemos, excedem, e muito, a infância cronológica.

Em palestra sobre "Direitos humanos e uma educação libertadora", oferecida na Universidade de São Paulo em junho de 1988, ele afirma: "A educação de que eu falo é uma educação do agora e é uma educação do amanhã. É uma educação que tem de nos pôr, permanentemente, perguntando-nos, refazendo-nos, indagando-nos" (Freire, 2001a, p. 102).

A infância é a forma de toda educação, a qualquer idade. Eis um dos paradoxos de quem dá a vida pela educação de pessoas adultas: do modo como Paulo Freire pensa a educação, inclusive a educação de jovens e adultos, ela não pode não ser, entre outras coisas, uma educação "infantil", porque o que constitui a infância é uma condição dessa educação: se inquietar, indagar, duvidar, perguntar, criar. Essa educação infantil, atenta à infância, convida educandas e educandos, qualquer que seja sua idade, a viver na infância; convida aquelas e aqueles que a habitam, sem importar sua idade cronológica, a mantê-la viva, a cuidá-la; convida aquelas e aqueles que a esqueceram ou perderam, a recuperá-la ou (re)inventá-la.

Talvez por isso o próprio Paulo Freire tenha cuidado de alimentar sempre sua condição infantil. Nessa mesma intervenção, defende uma educação na perspectiva dos direitos humanos que seja: "Corajosa, curiosa, despertadora da curiosidade, mantedora da curiosidade e, por isso mesmo, uma educação que, tanto quanto possível, vá preservando a menina que você foi, sem deixar que a sua maturidade a mate" (p. 101). Percebemos o uso do substantivo feminino, "menina", para chamar a atenção para o sexismo da língua portuguesa. Notamos também o linguajar tão próximo daquele usado para se referir à revolução nicaraguense, uma década antes. Nessa perspectiva, todas e todos são qualquer um. Toda educação precisa preservar a menina que fomos; ajudar a mantê-la viva ao longo da vida inteira.

Seguidamente, Paulo Freire completa sua declaração de amor à infância: "Eu acho que uma das coisas melhores que eu tenho feito na minha vida, melhor do que os livros que eu escrevi, foi não deixar morrer o menino que eu não pude ser e o menino que eu fui, em mim". É tão potente a condição infantil, a meninice, que é preciso não apenas manter viva a infância que fomos, mas também a que não pudemos ser.

Essa necessidade surge também na apresentação das *Cartas a Cristina*, ao justificar a necessidade de não dicotomizar a infância da "adultez" na sua reconstrução autobiográfica de si mesmo:

> Com efeito, um corte que separasse em dois o menino do adulto que se vem dedicando, desde o início de sua juventude, a um trabalho de educação, em nada poderia ajudar a compreensão do homem de

hoje que, procurando preservar o menino que foi, busca ser também o menino que não pôde ser (Freire, 2015 [1994], p. 37).

É preciso, até o final da vida, buscar ser todos os meninos e meninas possíveis: os que fomos e os que não pudemos ser. A infância abre a vida à possibilidade de que tudo possa ser (de maneira diferente de como é). Isso faz muito sentido para um menino conjunção e um menino conectivo, para manter vivas as outras infâncias que não puderam ser conectadas, reunidas, conjugadas, vividas. E faz também muito sentido para qualquer educador ou educadora sensível ao encontro com outras e diferentes infâncias, para ajudar a cuidar ou restaurar, nos outros e outras, sua condição infantil.

A infância, para Paulo Freire, é algo que está muito além da própria biografia, que a inclui, mas que não se esgota nela. Nesse sentido, o lugar que o educador nordestino dá à infância ajuda a pensar que há infância atravessando o *chrónos* de nossas vidas – em nosso passado, em nosso presente, em nosso futuro – e também em outros tempos que possamos experimentar segundo lógicas diferentes. Numa visão menos antropomorfizante, podemos também perceber que há infância nos outros e outras, na "outridade", nas plantas, nos animais, na escola, no mundo. Há uma vida infantil no mundo à espera de ser sentida, escutada, alimentada. Há uma infância da escola a recuperar e reinventar. Há muita infância no mundo, há uma infância do mundo esperando ser ativada e revivida por meninas e meninos conjunções e meninos e meninas conectivos de todas as idades.

Eis minha leitura infantil da infância em Paulo Freire, de sua infância-meninice. De sua paixão menino-infantil. De sua vida de menino em todas as idades. Da força revolucionária da meninice-infância. Há, como vimos, muitas infâncias em Paulo Freire. Há uma força extraordinariamente menina-infantil na sua palavra e na sua vida.

Quem sabe os leitores e leitoras deste capítulo estejam agora um pouquinho mais atentos à infância-meninice, à própria infância-meninice e às infâncias-meninices do mundo. Assim, brincamos, sorrimos, pulamos na neve, no calor, no Brasil de hoje e de sempre, e em qualquer parte do mundo que exija um pouco de infância-meninice para ser mais propriamente mundo. E sigo escrevendo quase finalizando, à busca de novos inícios, de começar outra vez, isto é, de mais infância e mais meninice, nas palavras e na vida de Paulo Freire. E encontro, como uma ponte, uma criança que nos leva a amar a vida numa escrita infantil:

> Aos 23 anos, recém-casado, comecei a descobrir – embora ainda não fosse capaz de expressá-lo com clareza – que o único modo de nos mantermos vivos, alertas e de sermos verdadeiramente filósofos é nunca deixar morrer a criança que existe dentro de nós. A sociedade nos pressiona para que matemos essa criança, mas devemos resistir, porque quando matamos a criança que há dentro de nós estamos matando a nós mesmos. Murchamos e envelhecemos antes do tempo. Tenho agora 62 anos, mas frequentemente me sinto com 10 ou 20. Quando subo cinco lances de escada, meu corpo me faz lembrar a idade que tenho, mas o que há dentro do meu velho corpo está intensamente vivo, simplesmente porque preservo a criança que há dentro de mim. Creio também que meu corpo é jovem e tão vivo quanto essa criança que fui outrora e que continuo a ser, essa criança que me leva a amar tanto a vida (FREIRE; MACEDO, 2015 [1990], p. 241-242).

EPÍLOGO

(Algumas) críticas a Paulo Freire. Para qual política há lugar e tempo na educação?

Uma pedagogia será tanto mais crítica e radical quanto mais ela for investigativa e menos certa de "certezas". Quanto mais "inquieta" for uma pedagogia, mais crítica ela se tornará. Uma pedagogia preocupada com as incertezas que se radicam nas questões que discutimos é, pela própria natureza, uma pedagogia que exige investigação. Assim, essa pedagogia será muito mais uma pedagogia da pergunta do que uma pedagogia da resposta.
(FREIRE; MACEDO, 2015 [1990], p. 89)

Quando eu digo da natureza política da educação, eu quero salientar que a educação é um ato político. Por isso mesmo não há por que falar de um caráter ou de um aspecto político da educação, como se ela tivesse apenas um aspecto político, mas não fosse uma prática política. E não há uma escola que seja boa ou ruim em si mesma, enquanto instituição. Mas ao mesmo tempo não é possível pensar a escola, pensar a educação fora da relação de poder; quer dizer, não posso entender a educação fora do problema do poder, que é político. É preciso que os educadores estejam advertidos disso porque, na medida em que o educador percebe que a educação é um ato político, ele se descobre como um político. Na verdade o educador é um político, é um artista, ele não é só um técnico, que se serve de técnicos, que se serve de ciência.
(FREIRE, 2018 [1995], p. 40)

Como se relacionar a um autor? Lembro de minha formação em Filosofia, na Universidade de Buenos Aires: o mais importante era o que se chamava de "crítica", entendida como um exercício de apontar os problemas, limites de um pensamento ou de um sistema de pensamento. Os autores com os quais trabalhávamos eram, em geral, distantes, mortos há bastante tempo. Muito pouco ou nada de suas vidas era colocado sobre a mesa. Isso é habitual no mundo da filosofia acadêmica. Tem sua graça, mas também seus limites (estou sendo, agora, excessivamente crítico?). O principal limite, penso, é que esse exercício acaba tomando o espaço e a oportunidade de uma dimensão mais viva e criativa do pensamento. Não que aquela seja incompatível com esta, mas o que de fato costuma suceder é que a crítica seduz pela sua força para apontar limites de outro pensamento, e não para fortalecer a potência do próprio pensamento. Quando o pensamento estudado está afastado da vida, quando ele dialoga apenas com uma história intelectual das ideias, a crítica pode se tornar abstrata e descarnada.

Aos poucos, talvez, fui me afastando dessa postura. Não que ela ainda não esteja comigo (pelo menos parte do que segue é a mostra mais evidente de quão complexa é a relação com nossa própria formação, mesmo nos aspectos que podemos, explicitamente, colocar em questão), porém fui incorporando, com força cada vez mais crescente, uma outra atitude: mais afirmativa, conectiva, antes de composição do que de enfrentamento com outros pensamentos (e outras vidas). Um trabalho de colocar a atenção no que permite compor e pensar junto, mais do que sinalizar os limites externos de um pensamento.

Assim, aprendi a gostar dessa postura lendo como alguns filósofos a praticam – talvez Deleuze seja o exemplo mais evidente, embora não o único – e também vendo pessoas – dedicadas ou não à filosofia – vivendo com essa atitude. Nesse sentido, a porção maior dessa aprendizagem talvez não venha tanto dos livros, e sim dos meus anos vivendo, ensinando e aprendendo no Brasil e das viagens, da incontestável força da experiência de diferença que elas trazem. Ao mesmo tempo, a imersão no movimento da "filosofia para/com crianças" me fez sentir a necessidade de viver a filosofia, mais do que apenas estudá-la ou lê-la.

Eis que me encontro – ou reencontro – com Paulo Freire, quase um símbolo do Brasil, de suas contradições, embates e desafios, de suas bonitezas, delicadezas, tensões. Pensei, então, que a (re)leitura e a escrita de um dos maiores educadores de nosso tempo seriam uma excelente oportunidade para aprofundar esse caminho de aprender a pensar e viver a educação. Aprofundar essa espécie de "estado de aprendizagem" em que me encontro há algum tempo, que não veio comigo e que, ele próprio, aprendi (quem sabe de que maneira), entre outros, com Paulo Freire, e que já não quero desaprender. O que tentei fazer neste livro foi compor com o educador nordestino uma maneira, sempre em movimento, aberta, provisória, de pensar um problema filosófico-educacional que nos afeta, lendo seu pensamento e sua vida para pensar junto algumas perguntas "clássicas e básicas" da educação ("o que significa educar?", "qual o sentido da educação?", "o que faz um educador ou educadora?"). Tentei, também, responder a uma pergunta sempre presente: Paulo Freire pode ainda nos ajudar a pensar o que nos interessa pensar hoje, a viver a vida educacional e filosófica que nos interessa viver no presente? Se puder, como? Quais as suas inspirações? O que podemos aprender, para pensar um problema em nosso tempo, com a obra e a vida de Paulo Freire? Com meus limites, defeitos e distrações, busquei, obstinadamente, instigações para compor, reunir, pensar e escrever junto. Espero que a reinvenção de Paulo Freire e do problema filosófico-educacional que este livro propõe seja também inspiradora de outras reinvenções.

> Uma vez, no início das minhas viagens pelo mundo, alguém me perguntou, não lembro onde, "Paulo, o que nós podemos fazer para segui-lo? Para seguir as suas ideias?." E eu respondi: "Se você me seguir, você me destrói. O melhor caminho para você me seguir é você me reinventar, e não tentar se adaptar a mim" (FREIRE; FREIRE; OLIVEIRA, 2009, p. 24).

Aqui, no epílogo, no *logos* que vem depois do *logos*, na palavra que está depois da palavra, espero poder reunir e organizar as ideias já apresentadas de forma a mostrar algum aspecto em comum, reforçar certos detalhes, repetir algumas meninices, abrir novas vias para o pensamento. Antes, mostrarei o contexto político para o lugar entre perverso, inaceitável e insólito em que se tem colocado nos últimos anos a figura de Paulo Freire no seu Brasil natal. Preferiria não fazê-lo, mas é tão descaradamente inaceitável que não há como passar por ele em branco. A uma só vez, perceber esse contexto pode nos ajudar também a elucidar os modos, sentidos e finalidades do problema que trata a presente escrita.

Um contexto político

Digamos as coisas como elas são, sem rodeios: o Brasil vive uma situação política escandalosa. Uma aliança entre partidos, mídia e setores do poder judiciário decidiu fazer o que não conseguiu através do voto: tirar o Partido dos Trabalhadores do governo. Para isso, fabulou o *impeachment* da presidente Dilma e encarcerou Lula, o único petista quase impossível de ser vencido em eleições limpas, ou seja, sem interdições. Um dos aspectos mais chocantes dessa manobra é o trabalho midiático para que grande parcela da população a apoiasse. E, mais ainda, que tenha elegido, para continuar e consolidar esse processo, um ex-militar escolhido com uma política explícita e claramente regressiva em termos de direitos dos setores historicamente mais castigados do Brasil: sem-terra, negros, indígenas, mulheres, LGBTs; isto é, os oprimidos de Paulo Freire, os esfarrapados desse país tão incrivelmente contraditório. É como se a fome, a desigualdade, a exclusão e a miséria pudessem ser resolvidas pelo ainda maior liberalismo econômico. E não é só de pessoas que se trata: também da terra, dos rios, dos animais, do ar, das reservas minerais, tudo agora submetido à lei do tal mercado, ou seja, do dinheiro. Nesse contexto político-econômico, o programa educacional é diáfano: viva a meritocracia, o empreendedorismo, e fora Paulo Freire. Estamos no forno, sobretudo os esfarrapados.

Mas essa é a realidade dos dias que vivemos no Brasil. E é uma realidade que, diferentemente do golpe de 1964, que levou Paulo Freire ao exílio, tem a legitimidade do voto. Pasme o próprio Paulo Freire. Claro, a crítica aqui seria muito bem-vinda. Por exemplo, é evidente que o próprio Partido dos Trabalhadores não é apenas uma vítima e tem uma grande responsabilidade nesse processo. E não só o PT. Todos os que se dizem "progressistas", inclusive os que, como eu, são professores em universidades públicas, não podem postergar a tarefa de colocar em questão a sua parte. O momento exige o maior rigor para com nós mesmos. Mas a questão não é ser ou não ser do PT, a favor ou contra o PT, como nos querem fazer acreditar. O PT praticou a mesma política que tanto criticou e que se segue praticando depois dele. Deu-lhe um conteúdo um pouco diferente, mas não mudou o modo de fazer política do Brasil.

Assim, caiu nas próprias redes. Afinal, a questão é se somos capazes de praticar outra política.

Assim, o momento pede respostas afirmativas e criativas perante a realidade que estamos vivendo. É o que estou tentando fazer com este livro, como resposta ao ataque infame contra o mais renomeado educador da América Latina. O embate em torno de Paulo Freire costuma ser circunscrito entre acirrados e apaixonados ataques e defesas. Aqui, busco algo diferente: mostrar a impropriedade da tentativa de destruição de sua figura a partir da exposição dos valores educacionais e filosóficos de seu pensamento e de sua vida, a partir de uma forma, ideias e referências um pouco diferentes das que costumam utilizar aqueles que o defendem.

Para compreender melhor esse contexto, apresento as linhas principais do embate contra Paulo Freire, o qual ganhou diversas formas de expressão no Brasil nos últimos anos. Uma delas foi através da organização Escola sem Partido (ESP), que, tal como o próprio nome sugere, carrega uma dissociação entre escola e política, não apenas na forma de proscrever o proselitismo escolar em favor de partidos políticos, senão também ao propor uma dissociação mais fundante entre escola/educação e política. Afirma-se, como pretensão, a "neutralidade" da escola e dos profissionais da educação.

O objetivo mais evidente da ESP é o fortalecimento de instituições como a família e a igreja, e o menos declarado, o enfraquecimento da função educadora da escola pública, limitada à transmissão de conteúdos técnicos e científicos, pretensamente objetivos e neutrais. A educação e a escola, afirma-se, deveriam ser apolíticas, e, por isso, seus maiores inimigos são aqueles que, como Paulo Freire, têm defendido a natureza política do trabalho educacional. Assim, a ESP não pode dissimular algumas tensões: em nome da liberdade de cátedra e a partir de concepções de ensino tecnicistas, ela tenta, de fato, anular ou limitar a liberdade de expressão de professoras e professores; tenta judicializar a educação e criminalizar a docência (por um crime que chamam, falaciosamente, de doutrinação ideológica por discutir política e diversidade cultural); promove a perseguição aos professores através de mecanismos de vigilância e controle por parte dos próprios alunos. Assim, busca uma escola na qual não se discutam temas como diversidade sexual, gênero, preconceito étnico-racial – ou seja, em sentido amplo, uma escola sem política, o que significa uma escola que não apresenta visões diferentes de mundo e de formas de estar nele. Desse modo, é uma proposta de uma escola elitista, conservadora e patriarcal.

O próprio Freire é testemunha desse embates. Por exemplo, em seu último texto, *Pedagogia da autonomia,* publicado pela primeira vez em 1996, ele afirma: "Porque, dirá um educador reacionariamente pragmático, a escola não tem nada a ver com isso. A escola não é partido. Ela tem que ensinar os conteúdos, transferi-los aos alunos. Aprendidos, estes operam por si mesmos" (FREIRE, 2017 [1996], p. 32).

Após quase vinte anos, os "reacionários pragmáticos" foram às ruas: "Chega de doutrinação marxista. Basta de Paulo Freire", rezava uma faixa nas manifestações de 15 de março de 2013 contra Dilma Rousseff em Brasília, preparada pelo professor de História do Distrito Federal Eduardo Sallenave, de 27 anos. No fundo, o inimigo político declarado, o marxismo, o comunismo; na linha de tiro, o colocado como responsável local de ter levado o marxismo ao sistema educacional brasileiro: Paulo Freire. Vale notar que a organização ESP existe desde 2004,[32] mas parece ter encontrado no mais recente cenário político brasileiro condições para ações mais penetrantes nas instituições dos três poderes. Claro, essas ações têm encontrado resistências que vêm impedindo que o movimento ESP tenha de fato os instrumentos legais que persegue obstinadamente, seja porque suas ações não foram aprovadas ou porque foram aprovadas e depois revertidas.[33]

Entre as acusações contra Paulo Freire está o esvaziamento do papel do professor. Talvez seja bom lembrar o próprio Paulo Freire para evidenciar o caráter falaz dessa acusação:

> Não há como não repetir que ensinar não é a pura transferência mecânica do perfil do conteúdo que o professor faz ao aluno, passivo e dócil. Como não há também como não repetir que partir do saber que os educandos tenham não significa ficar girando em torno desse saber. [...] o(a) professor(a) só ensina em termos verdadeiros na medida em que conhece o conteúdo que ensina, quer dizer, na medida em que se apropria dele, em que o aprende (p. 121).

Parece que só quem não o lê pode acusar Paulo Freire de esvaziar o papel do professor. Afirmar que o professor não é apenas um transmissor mecânico de conteúdo não significa negar seu papel fundamental, que, para Paulo Freire, tem como sentido principal provocar uma forma específica de aprender: "Ensinar a aprender só é válido, desse ponto de vista, repita-se, quando os educandos aprendem a aprender ao aprender a razão de ser do objeto ou do conteúdo" (p. 132).

O que está em jogo, então, não é um professor que ensina contra um outro que não ensina, mas um professor que, num caso, ensina apenas conteúdos desprovidos de razão de ser a quem ele acha que nada sabe frente a um professor que, reconhecendo os saberes de alunos e alunas, ensina a aprender "a razão de ser", a significação profunda desses conteúdos que ensina; em outras palavras, ensina conteúdos inseridos no contexto e no mundo que fazem deles conteúdos significativos. Oferece o contexto histórico, social, cultural, político sem o qual esses saberes não seriam saberes. Ao contrário, pretender que o ensino de um professor seja neutro debilita seu papel e sua figura, pois se assim fosse ele ficaria marginalizado do pensamento e da problematização históricos. A partir dessa realidade, Paulo Freire infere uma responsabilidade ética do professor:

> O que sobretudo me move a ser ético é saber que, sendo a educação, por sua própria natureza, diretiva e política, eu devo, sem jamais negar meu sonho ou minha utopia aos educandos, respeitá-los. Defender com seriedade, rigorosamente, mas também apaixonadamente, uma tese, uma posição, uma preferência, estimulando e respeitando, ao mesmo tempo, o direito ao discurso contrário, é a melhor forma de ensinar, de um lado, o direito de termos o dever de "brigar" por nossas ideias, por nossos sonhos e não apenas de aprender a sintaxe do verbo haver, de outro, o respeito mútuo (FREIRE, 2014 [1992], p. 108).

Da crítica à neutralidade e da afirmação do caráter diretivo e político da educação surge a necessidade de respeitar o aluno, o que significa aceitar e estimular o discurso contrário ao do professor, porém, sem ocultar ou mentir a respeito do próprio pensamento, o que, segundo

Paulo Freire, constituiria, de fato, uma falta de respeito ao educando ou educanda (e também a si mesmo enquanto educador ou educadora). Sigamos lendo o educador de Pernambuco:

> Respeitar os educandos, porém, não significa mentir a eles sobre meus sonhos, dizer-lhes com palavras ou gestos ou práticas que o espaço da escola é um lugar "sagrado" onde apenas se estuda e estudar não tem nada que ver com o que se passa no mundo lá fora; esconder deles minhas opções, como se fosse "pecado" preferir, optar, romper, decidir, sonhar. Respeitá-los significa, de um lado, testemunhar a eles a minha escolha, defendendo-a; de outro, mostrar-lhes outras possibilidades de opção, enquanto ensino, não importa o quê [...] (p. 108-109).

Os trechos são da *Pedagogia da esperança*, que tem como subtítulo "um reencontro com a *Pedagogia do oprimido*". Passaram-se vinte anos da publicação de sua obra mais lida e, nesse livro, Paulo Freire lê-se a si mesmo. Defende a explicitação da própria perspectiva do professor sobre o que está ensinando como uma forma de respeito aos educandos: mostra o inconveniente do isolamento da escola em relação ao mundo exterior, que se desdobraria em concebê-la apenas como transmissora de conteúdos, sem estudar seu marco social, histórico e cultural, e complementa a necessidade de o professor testemunhar não apenas a própria perspectiva, mas inclusive de defender outras perspectivas. É preciso ler Paulo Freire com muita cegueira, pré-conceito ou má-fé para ver nele um defensor da doutrinação. Leiamos, todavia, mais um pouquinho do dito "doutrinador":

> E não se diga que, se sou professor de biologia, não posso me alongar em considerações outras, que devo *apenas* ensinar biologia, como se o fenômeno vital pudesse ser compreendido fora da trama histórico-social, cultural e política. Como se a vida, a pura vida, pudesse ser vivida de maneira igual em todas as suas dimensões na favela, no cortiço ou numa zona feliz dos "Jardins" de São Paulo. Se sou professor de biologia, obviamente, devo ensinar biologia, mas, ao fazê-lo, não posso secioná-la daquela trama (p. 109, grifos no original).

Paulo Freire afirma, muito claramente, que o professor de Biologia deve ensinar biologia! Será que seus acusadores não leram o bastante ou com atenção suficiente o educador do Nordeste? Ou será que a leitura de sua obra está enviesada por certa elaboração ideológica que os impede de ver o que essa elaboração discursiva de organizações, intelectuais, jornalistas e projetos de lei já estabeleceu antes de ler – inimigos teóricos abstratos e desconfigurados ("a esquerda", "o marxismo", "o comunismo") e representantes locais desses marcos teóricos (Paulo Freire, mas também outros, como Augusto Boal, Leonardo Boff etc.) aparentados com o Partido dos Trabalhadores, o principal alvo? Se assim for, quem, na verdade, oculta sua ideologia? A quais interesses político-ideológicos serve despolitizar a educação no Brasil hoje (o que esconde, de fato, uma politização reacionária exacerbada)?

Essas perguntas permitem pensar que há um fundo comum compartilhado por Paulo Freire e seus inimigos que permite compreender, pelo menos em parte, tamanha hostilidade: ambos afirmam um mesmo sentido evangelizador ou pastoral para a educação. Que uns e outros preencham esses sentidos de maneira oposta (o marco ideológico que num caso é visto como a salvação – o marxismo cristão – é considerado, pelos contrários, a encarnação do diabo) não dissimula o chão comum que habitam. Seus oponentes também querem "salvar" a educação via tecnicismo, meritocracia e o deus mercado.

Contudo, tenho tentado mostrar que as ideias e a vida de Paulo Freire podem ser reterritorializadas de outra maneira, laica e politicamente comprometida com alguns princípios (como a igualdade, a errância, a transformação não antecipada do mundo) de uma educação dialógica mais do que com uma fé e um marco ideológico definido para uma educação conscientizadora. Antes de algumas considerações finais, vejamos algumas críticas lançadas a Paulo Freire, a começar da própria academia.

Algumas críticas acadêmicas

> *Vale dizer que a escola de que precisamos urgentemente é uma escola em que realmente se estude e se trabalhe. Quando criticamos, ao lado de outros educadores, o intelectualismo de nossa escola, não pretendemos defender posição para*

a escola em que se diluíssem disciplinas de estudo e uma disciplina de estudar. Talvez nunca tenhamos tido em nossa história necessidade tão grande de ensinar, de estudar, de aprender, mais do que hoje.

(FREIRE, 2014 [1992], p. 158)

A conexão entre o estado deplorável da educação brasileira e a figura de Paulo Freire não é patrimônio exclusivo da ESP. Em 2017, foi publicado o livro *Quando ninguém educa: questionando Paulo Freire*, de autoria do professor R. Rocha, da Universidade Federal de Santa Maria (UFSM), que faz uma conexão entre o que denomina "a atual crise da educação brasileira" e o que postula como elementos relevantes para compreender a atmosfera pedagógica e curricular do país a partir dos anos 1970: "O populismo democrático e uma maneira peculiar de ler Paulo Freire" (ROCHA, 2017, p. 13). Na introdução do livro, justificando seu interesse pela obra do pedagogo da esperança – do qual o autor esclarece nunca ter se ocupado muito sistematicamente –, Rocha diz ter descoberto, para sua surpresa, que a principal obra de Freire, *Pedagogia do oprimido*, e algumas categorias ali afirmadas são vistas não apenas para entender um período histórico, mas como "conceitos ainda operacionais" (ROCHA, 2017, p. 15). E considera que isso acontece porque, de fato, o livro "já não é mais lido, ou melhor, é lido contra ele mesmo".

Aparentemente motivado pela leitura descontextualizada e a-histórica que se faz da obra de Freire, Rocha ocupar-se-ia dela para nos dizer como deveríamos lê-la. Tratando-se de um filósofo profissional, essa pretensão de tirar os leitores de Paulo Freire da caverna não deveria nos surpreender. Eis a clássica função da filosofia: uma espécie de conscientização, para dar um pouco de luz aos que vivem na escuridão. A luz, pelo que lemos no subtítulo ("questionando Paulo Freire"), parece que viria de uma abordagem, digamos, filosófica, cheia de questionamentos. Para além dos gostos e desgostos sobre o papel da filosofia e sua função iluminadora, o projeto parece, certamente, louvável, dado o impacto da obra de Paulo Freire e o contexto atual já apresentado. Li a obra de Rocha, então, com grande interesse, porque pensei encontrar nela elementos para pensar junto.

Contudo, lamentavelmente, o livro acaba se ocupando do educador nordestino bem menos do que promete e, mais do que questões, oferece uma apreciação que não traz novidades significativas em relação às críticas que a *Pedagogia do oprimido* recebeu praticamente desde sua publicação, muitas delas recolhidas inclusive pelo próprio Paulo Freire. Vejamos alguns detalhes.

A descoberta principal de R. Rocha seria que a *Pedagogia do oprimido* não é um livro de pedagogia porque não diz respeito em especial à escola, e sim ao dirigismo revolucionário de muitos intelectuais e partidos dos anos 1970 (ROCHA, 2017, p. 67-69). E, se o livro pudesse ser aplicado a alguma pedagogia, deveria ser considerado apenas para a alfabetização de adultos, não para os níveis iniciais de ensino, como acabou sendo (p. 72). Rocha acompanha essa "descoberta" com uma série de repreensões a Paulo Freire (p. 71): a) deixa de fora das atividades relevantes para aprender "o ato de prestar atenção ao que alguém nos diz, o acolhimento e a guarda disso"; b) "dispensa o papel da memória e do testemunho"; c) compreende de "forma enviesada" o conhecimento proposicional; d) oferece "uma descrição simplificada do conhecimento humano, feita em favor de uma causa de época". Tudo isso a partir da análise de curtíssimos trechos da *Pedagogia do oprimido* nos quais Paulo Freire não desconsidera ou invalida essas atividades *per se*, mas apenas as problematiza como instâncias do que denomina uma educação bancária.

É uma pena que Rocha não tenha dado mais atenção a um leitor específico de Paulo Freire: o próprio Paulo Freire! De fato, há poucos autores que tenham relido a si próprios tanto quanto o educador de Pernambuco releu, em particular, a *Pedagogia do oprimido*, certamente em função das críticas que essa obra recebeu desde sua publicação. Numa leitura um pouco mais atenta, Rocha teria encontrado a si mesmo e a Paulo Freire se referindo a críticas como a sua. Por exemplo, uma das coisas que Rocha teria encontrado é que Paulo Freire coincide em parte com a sua leitura da *Pedagogia do oprimido*. Leiamos:

> Criticar a arrogância, o autoritarismo de intelectuais de esquerda ou de direita, no fundo, da mesma forma reacionários, que se julgam

proprietários, os primeiros, do saber revolucionário, os segundos, do saber conservador; criticar o comportamento de universitários que pretendem conscientizar trabalhadores rurais e urbanos sem com eles se conscientizar também; criticar um indisfarçável ar de messianismo, no fundo ingênuo, de intelectuais que, em nome da libertação das classes trabalhadoras, impõem ou buscam impor a "superioridade" de seu saber acadêmico às "incultas massas", isto sempre fiz. E disto falei quase exaustivamente na *Pedagogia do oprimido* (FREIRE, 2014 [1992], p. 110).

P. Freire afirma, em 1992, que faz exaustivamente o que R. Rocha diz pretender apontar: criticar o dirigismo intelectual dos anos 1970, tanto por parte de revolucionários como de conservadores. Por isso, em parte, Rocha tem razão: Paulo Freire escreveu a *Pedagogia do oprimido* pensando não nas escolas, mas em certo messianismo dos intelectuais conscientizadores dos anos 1970. Só que, detalhe, o próprio Paulo Freire já diz isso faz 25 anos. Mais significativo ainda, justamente por essa razão é preciso repensar o que se faz desde a pré-escola, e também por isso a *Pedagogia do oprimido* é mais do que pertinente para a escola desde os primeiros níveis:

> Ensinar um conteúdo pela apropriação ou a apreensão deste por parte dos educandos demanda a criação e o exercício de uma séria disciplina intelectual a vir sendo forjada desde a pré-escola. Pretender a inserção crítica dos educandos na situação educativa, enquanto situação de conhecimento, sem essa disciplina, é espera vã (p. 113).

Não há oposição entre os dois campos de aplicação da *Pedagogia do oprimido*. Ao contrário, justamente pelo fato de ter sido escrita contra certo dirigismo intelectual, ela é completamente pertinente para a formação escolar. Mais ainda, essa formação demanda uma educação problematizadora, e não bancária, porque justamente esses intelectuais pseudoprogressistas são a melhor expressão do que é produzido por uma educação bancária, de direita ou de esquerda. É preciso, portanto, outra educação escolar, desde a pré-escola, que crie e exercite essa "séria disciplina intelectual" dos futuros formadores.

Consideremos um dos poucos trechos da *Pedagogia do oprimido* que Rocha transcreve e analisa:

> A prática problematizadora, pelo contrário, não distingue estes momentos no quefazer do educador-educando. Não é sujeito cognoscente em um e sujeito *narrador* do conteúdo conhecido em outro. É sempre um sujeito cognoscente, quer quando se prepara, quer quando se encontra dialogicamente com os educandos (FREIRE, 1974, p. 79, grifos no original).

O pequeno trecho é antecedido pela seguinte afirmação de Rocha: "Mas não há clareza na caracterização da educação libertadora, pois ela é apresentada pela via negativa" (ROCHA, 2017, p. 71). Pois é, o trecho corresponde ao Capítulo 2 da *Pedagogia do oprimido*, sobre a concepção bancária da educação, pelo que parece mais do que lógico, e mais ainda considerando a posição dialética de P. Freire, que ali a educação libertadora seja apresentada pela via negativa em oposição à educação bancária. Vamos, contudo, à "análise" de Rocha logo a seguir, na mesma página: "Uma tradução possível para essa passagem obscura é a seguinte: não há uma distinção essencial entre educador e educando e *ninguém educa ninguém*". A tradução, embora possível, violenta o que está sendo afirmado por P. Freire, que não parece tão obscuro e que é repetido muitas vezes na *Pedagogia do oprimido*: ambos, educador e educando, e não apenas um, são sujeitos do conhecimento; não há um conhecedor e um narrador do conhecimento do outro; não há educação libertadora sem considerar o educando sujeito do conhecimento tanto quanto o educador. Porém, que ambos sejam sujeitos do conhecimento não significa que não exista "distinção essencial entre eles". Mais: a frase "ninguém educa ninguém" aparece tirada de seu contexto e interpretada por Rocha no sentido de que "é de bom senso pensar que não cabe a um adulto educar outro". De fato não parece de "bom senso" a leitura reducionista que acaba inspirando o título do livro de Rocha. A frase completa de Paulo Freire, bastante conhecida, por sinal, está nessa mesma página e diz:

> Já agora ninguém educa ninguém, como também ninguém se educa a si mesmo: os homens se educam em comunhão, mediatizados

pelo mundo. Mediatizados pelos objetos cognoscíveis que, na prática "bancária", são possuídos pelo educador que os descreve ou os deposita nos educandos passivos (FREIRE, 1974, p. 79).

Na educação problematizadora, ninguém educa ninguém seguindo uma lógica bancária, pela qual o educador deposita seus conhecimentos em sujeitos passivos. Os educadores e educandos se educam em diálogo. O que não significa que os saberes tenham todos o mesmo valor ou que os educadores não tenham um papel específico nessa prática dialógica. De qualquer modo, mais uma vez parece que Paulo Freire já tinha ouvido essa crítica:

> Uma dessas maneiras de fazer a crítica à defesa que venho fazendo dos saberes de experiência feitos que, não raro ainda se repete hoje, para legítimo espanto meu, é a que sugere ou afirma que, no fundo, proponho dever ficar o educador girando, com os educandos, em torno de seu saber de senso comum, cuja superação não seria tentada. E conclui vitoriosa a crítica deste teor sublinhando o óbvio fracasso desta ingênua compreensão. Atribuída a mim – a da defesa do giro incansável em torno do saber do senso comum. Na verdade, contudo, jamais afirmei ou sequer insinuei tamanha "inocência". O que tenho dito sem cansar, e repito, é que não podemos deixar de lado, desprezado como algo imprestável, o que educandos, sejam crianças chegando à escola ou jovens e adultos a centros de educação popular, trazem consigo de compreensão do mundo, nas mais variadas dimensões de sua prática na prática social de que fazem parte (FREIRE, 2017 [1996], p. 44).

Não deixa de ser curioso que um autor interessado em como opera ainda hoje o pensamento de Paulo Freire não tenha consultado outros livros, como a *Pedagogia da autonomia*, dedicado especialmente a delinear o específico dos saberes docentes e que contém, nos seus três capítulos, nada menos que 27 exigências para ensinar. Qual o sentido e o valor de questionar Paulo Freire de uma maneira que o educador brasileiro mais renomado internacionalmente desmente uma e outra vez?

Em Pernambuco, o professor da Universidade Federal de Pernambuco Flávio Brayner (2011) faz uma leitura crítica bem mais interessante da *Pedagogia do oprimido*. O aporte central e inovador do livro mais conhecido de Freire seria a forma pela qual, pela primeira vez, o problema da educação – no caso, superar a opressão – deixa de ser considerado um problema externo ou do mundo e passa a ser considerado um problema a ser trabalhado consigo mesmo: a opressão está em cada um, no oprimido e também no opressor, e qualquer um que queira superá-la deve agir consigo mesmo.

Contudo, para Brayner, Paulo Freire cai nos mesmos problemas de toda pedagogia moderna libertária ou emancipadora: a) como definir a opressão; b) supor que as pessoas querem de fato liberar-se do que essa pedagogia define como opressão (BRAYNER, 2011, p. 42). Brayner considera obsoletas as ideias de Paulo Freire: a fábrica já não é o centro do social, e sim o shopping, e o sonho das pessoas, hoje, é consumir. Se antes interessava desvelar as aparências, agora só importa viver nas aparências, aparecer. Considero as críticas de Brayner bastante pertinentes. Subscrevo-as. Nada a objetar: realmente, algumas ideias da *Pedagogia do oprimido* podem ser consideradas obsoletas em função do contexto presente. E críticas como as de Brayner ajudam a pensar o sentido e valor atual desse livro. Não é menos verdade que Paulo Freire continuou pensando e vivendo depois dessa obra, e muitas de suas ideias posteriores podem ser igualmente criticadas. Aqui, como já mostrei, tenho escolhido privilegiar outra forma de apropriação de sua obra, mais própria de uma composição criadora do que de uma crítica, embora tenha também explorado a crítica da crítica.

Uma crítica em algum ponto coincidente com a anterior, mas de alcance muito diferente, vem do pensador argentino Rodolfo Kusch. Em um livro dedicado a pensar a especificidade da cultura popular na América Latina (KUSCH, 1976), ele dedica um capítulo, "Geocultura e desenvolvimento", a analisar criticamente as aproximações desenvolvimentistas da cultura popular e campesina e, nele, faz uma crítica a Freire, a quem coloca junto a outros pensadores no contexto da euforia desenvolvimentista dos anos 1950 e 1960. O texto é da década de 1970 e Kusch, embora reconheça em Freire uma atitude favorável e compreensiva do campesino, o acusa de não respeitar o "*ethos* popular" ao pensar a vida no campo com categorias ocidentalizantes – como a oposição entre natureza e homem, ou entre consciência ingênua e crítica. Kusch o critica também por colocar a educação como promotora em geral do desenvolvimento ou da libertação do oprimido, quando ela é sempre local e tem o sentido de adaptar alguém a uma comunidade e à noção de realidade própria dela. Por isso, no fundo, a educação emancipadora de Paulo Freire não seria mais do que uma visão ocidentalizada, eurocêntrica e negadora das culturas originárias americanas. A defesa da cultura popular por Freire estaria acompanhada de uma pretensão de dar uma consciência verdadeira que essa cultura por si só não teria. Assim, a pretensão de Freire seria torná-la outra cultura, diferente da que ela é. Essa atitude – iluminista, moderna, eurocêntrica – acaba por desconhecer o que é efetivamente próprio das culturas americanas.

A crítica de Kusch não é simples de enfrentar. Embora eu discorde do caráter adaptativo ao local que outorga à educação e ele próprio utilize também categorias europeias que tanto problematiza, o questionamento de algumas categorias com as quais Freire pensa o lugar do campesino na realidade brasileira é muito pertinente; essas categorias são efetivamente vindas de tradições como o marxismo, o existencialismo e a fenomenologia, que reproduzem certa lógica colonizadora.

Nesse mesmo sentido, Freire está sendo justamente passível de críticas a partir de uma perspectiva "descolonial" (e pós-colonial),[34] da mesma forma que, durante sua vida, foi duramente criticado por determinados movimentos desde o feminismo[35] e outras posições.[36] Ao contrário, outros autores veem Freire como uma inspiração para um projeto de descolonização latino-americano.[37]

Contudo, mais uma vez, não é essa a linha na qual prefiro transitar neste livro. Depois de visitá-la brevemente, quero sair dessa posição da crítica que sanciona o que pode e não pode ser pensado. Os ataques a Paulo Freire – e sua defesa – nos levam a um campo demasiadamente trilhado, mais reativo do que reflexivo. Em vez disso, insisto em pensar junto, compondo, conectando, reunindo. Por isso, tenho me proposto, no presente livro, a desentranhar, no pensamento do educador nordestino, os elementos que hoje poderiam ajudar a pensar de forma mais potente o sentido de a educação ser eminentemente política. Deixo de lado o que não me parece ajudar nessa tentativa e mostro quais elementos e por que eles nos resultam inspiradores para pensar.

Cinco princípios ou inícios

Se alguma vez houve um tempo para reintroduzir
Freire nas escolas, nos campos e nos grupos de resistência política
que brotam em todo o país, este tempo é agora.
(CARNOY; TARLAU, 2018, p. 100)

Paulo Freire continua sendo um marco para pensar as relações entre educação e política: mostra a falácia de negar a dimensão política do trabalho pedagógico e propõe uma maneira específica de pensar afirmativamente essa relação. Aqui não apresento essa maneira, mas, inspirado nela, nas suas entrelinhas, a recrio de outra forma, a partir de certos inícios. Aceito sua afirmação sobre a impossibilidade da neutralidade e da não política. Desdobro essa "politicidade" da educação a partir de princípios outros, mesmo que presentes em sua obra. Esses princípios ou inícios poderiam ser também entendidos como razões para ler Paulo Freire hoje.[38] Destaco cinco: a vida, a igualdade, o amor, a errância e a infância. Depois de apresentá-los nos capítulos anteriores, os recuperarei aqui, para concluir o livro.

O primeiro princípio (vida) diz respeito a uma concepção da filosofia associada a uma forma de exercer o pensamento na própria vida que se afirma dentro e também fora das práticas educacionais; esse exercício filosófico abre a vida a um questionamento sobre si e sobre a forma de vida que se compartilha e, com ele, a novas formas de vida; é a política da pergunta filosófica atenta aos sentidos da vida, ao por que se vive dessa maneira e não de outra que, desde os Sócrates, o de Atenas e o de Caracas, abre um espaço educativo singular, perturbador, inquietante: uma nova potência para a vida dos que se perguntam, em companhia da filosofia, ou seja, filosoficamente, quando compartilham um espaço educacional. Em outras palavras, quando educamos sensíveis a essa dimensão, não se trata apenas de aprender ou ensinar teorias, conteúdos, ideias, mas, sobretudo, de afirmar determinado modo de vida, colocando-o em questão, abrindo seus sentidos, fazendo dele uma aventura compartilhada sempre aberta.

O segundo princípio (igualdade) tem a ver com um pressuposto, também político, sobre o igual valor das vidas em todas suas formas de manifestação. É um princípio político e não epistemológico, porque não tem o valor de uma verdade comprovada que possa ser demonstrada cientificamente, mas é uma posição assumida, como um pressuposto, sobre o que uma vida pode quando entramos em relações educativas com outras e outros. Não sabemos o que uma vida pode, mas consideramos que a educação diz respeito a tentar criar condições que potenciem todas as formas de vida a partir do princípio, ou fazendo de conta, que todas são igualmente capazes de expandir a vida em suas máximas possibilidades. Confiamos nos desdobramentos e impactos que esse princípio tem no que cada vida considera de si mesma – no seu valor educativo – e também numa horizontalidade ou ausência de hierarquias nos modos de exercer o poder que esse princípio permite afirmar nas práticas educacionais.

O terceiro princípio é o amor, igualmente político, na medida em que é uma potência das vidas que se encontram no ato educacional, que sua presença torna essas vidas mais vidas, e a educação, mais propriamente educativa. O amor que Paulo Freire nos inspira é uma espécie de energia conectiva entre as pessoas e o mundo, uma forma de força de luta compartilhada por uma vida mais vida do que a que estamos vivendo, a partir do encontro de duas vidas na sua diferença. É também uma força vital através da qual a educação, como modo de relação entre quem ensina e quem aprende, pode interromper os espaços de não vida ocupados atualmente e gerar outros espaços de vida, ou espaços de uma outra vida. É uma energia criadora de um mundo que seja mais mundo do que este que estamos habitando. Por fim, o amor a todas as formas de vida é um componente da educação, e a amorosidade do educador ou educadora, uma dimensão insubstituível de sua tarefa.

O quarto princípio (errância) afirma o duplo valor educacional do errar, no sentido do equivocar-se e do deslocar-se sem determinar previamente o rumo do deslocamento. É algo como confiar nos sentidos políticos do movimento, de entender a vida em constante mudança e a educação em sintonia com essa compreensão da vida. Educar é, nesse duplo sentido, errar, perceber positivamente esses dois movimentos usualmente vistos como negativos para dar lugar à recriação e à reconfiguração que esse duplo errar possibilita. Errar faz sentido porque um outro mundo é sempre possível, o final da história não está nem estará escrito, e esse duplo errar da educadora ou educador abre uma exploração sobre como poderia ser a história mundana ainda por vir. Esse duplo errar também sinaliza um deslocamento, um descentramento, um abrir espaço para os que estão fora, as excluídas, os esfarrapados, as negadas pelo que está dentro.

Finalmente, dedico o último princípio à questão que usualmente é colocada no começo, raramente no final, e menos ainda associada a Paulo Freire: a infância ou meninice. Infância como princípio e principiando, desde outro lugar, uma outra política da educação: a que não forma, transforma, reforma, mas escuta, acolhe, cuida. Infância como uma forma de experienciar o tempo, de habitar o presente, de se apresentar como uma presença curiosa, duvidante, atenta, inquieta, perguntadora, expectante. A infância como uma dimensão a cuidar na figura do ou da educadora: a infância dentro de si e do mundo. Por fim, uma educação infantil, não por ser uma educação da infância, mas por devir uma infância da educação, uma educação outra, menina, nascida da dúvida, curiosidade e ausência infantil de certezas.

Eis o Paulo Freire que leio aqui: um menino educador na "estrangeiridade" da infância. Ou um ser humano que, no estrangeiro, aprendeu o valor da meninice. Ele que o diga:

> Foi durante o exílio que compreendi com clareza o quanto sempre estive verdadeiramente interessado em aprender. O que aprendi no exílio é o que recomendaria a todos os leitores deste livro: esteja todo dia aberto para o mundo, esteja pronto para pensar; esteja todo dia pronto a não aceitar o que se diz, simplesmente por ser dito; esteja predisposto a reler o que foi lido; dia após dia, investigue, questione e duvide. Creio que o mais necessário é duvidar. Creio sempre necessário não ter certeza, isto é, não estar excessivamente certo de "certezas". Meu exílio foi um longo período de continua aprendizagem (FREIRE; MACEDO, 2015 [1990], p. 210).

"O mais necessário é duvidar", diz o menino que aprendeu a duvidar no estrangeiro. Eis uma pedagogia da dúvida e da aprendizagem, entendida como um permanente estado de abertura a pensar diferentemente, a saber diferentemente, a viver diferentemente. Eis a certeza principal, (quase) única: a inconveniência das certezas para poder dar lugar a efetivas aprendizagens. Eis aqui um valor político e educacional da infância. Uma dúvida infantil, menina, nascida no estrangeiro, é o motor de todas as aprendizagens.

Como vimos, essa dúvida menina diz respeito não apenas a um espaço educacional, e sim à vida que habitamos e vamos construindo ao andar. Em um diálogo que constitui um dos seus livros falados, dos mais bonitos e infantis, com o expressivo título de *Fazemos o caminho ao andar*,[39] Paulo Freire, conversando com o educador-menino norte-americano Myles Horton, define claramente o lugar e o valor da infância não só na educação, como também na vida. Eis um dos trechos significativos da conversa:

> Myles Horton: Você me disse em Los Angeles que gostaria de se tornar uma criança como eu. Picasso disse que as pessoas demoram muito para ficarem jovens e eu digo que demora ainda mais para se tornar uma criança pequena. Portanto, para chegar à essa altura estamos lutando.
> Paulo Freire: E, Myles, quanto mais pudermos voltar a ser crianças, nos mantermos como crianças, tanto mais poderemos entender que, porque amamos o mundo e estamos abertos ao entendimento, à compreensão, quando matamos a criança em nós, já não somos. Por isso, em Los Angeles, minha filha Madalena disse sobre Myles: "Ele é um bebê" (FREIRE; HORTON, 1990, p. 64 [2018, p. 84-85, tradução modificada]).

Horton inspira-se livremente em Picasso para afirmar a potência da juventude e, mais ainda, da infância. Para Paulo Freire, a infância é fonte de amorosidade e de abertura para com o mundo. Por isso, a educação não pode transformar a criança em algo que a prive de infância: isso seria uma vida sem vida, uma forma de já não sermos mais em vida, pelo menos na amorosidade e abertura que nos constituem enquanto seres com infância. Assim, a infância aparece no início e no horizonte da vida como algo a ser cuidado e não abandonado, como o que sustenta uma vida amorosa, curiosa, aberta ao novo, a outras vidas.

Mais do que nunca

Estamos já perto do horizonte de nosso livro-menino. É hora, portanto, de retornar ao seu início, à sua infância. Sinto a necessidade de terminar esta escrita retomando o mais primeiro, seu título: *Paulo Freire, mais do que nunca*. "Mais do que nunca." Expressão que exige ser apresentada, porque embora ela seja bastante usada no dia a dia, pareceria que lhe faltara, no início, um advérbio de tempo: hoje? Agora? Quando é o "mais do que nunca"? Por outro lado, ela literalmente parece impossível: como seria possível um tempo de tamanho maior (mais) que nenhum tempo (nunca)? Contudo, não é esse seu sentido principal. "Mais do que nunca" poderia ser traduzido como "muito mais do que em qualquer outro momento". Em inglês seria mais evidente, pois diríamos "*more than ever*", literalmente "mais do que sempre". O "sempre" faz mais sentido do que o "nunca", se entendermos que seu sentido não diz respeito à soma de todos os tempos e sim a um tempo não quantitativo: um presente que vai muito além de um hoje ou um agora que são apenas um instante, um agora: um presente de presença, atravessando e permanecendo na passagem do tempo que o hoje pretende demarcar.

Assim, não é hoje nem agora porque o tempo que "hoje" e "agora" marcam é um tempo cronológico, de um número de movimentos, um tempo que passa. No entanto, o presente de "mais do que nunca" é um presente que não passa: é o tempo da educação. O hoje e o agora são exageradamente instantâneos para serem atribuídos a Paulo Freire: efêmeros demais para sua amorosidade, sua presença, seu presente, seu tempo. Assim, nosso título quer, menos que dar entidade a uma ausência, apreciar uma presença. Expressa, desse modo, um grito, um desejo, uma esperança, uma potência para um presente que não passa. É, na verdade, um pouco intraduzível, porque o "sempre" também não o expressa verdadeiramente, pelo menos não se pensarmos na significação mais imediata do "sempre" como a soma de todos os momentos do tempo.

Assim, há pelo menos dois sentidos com os quais oferecemos o título do livro. O primeiro sugere que, no contexto atual da educação e da política brasileira, é mais importante do que em qualquer outro momento ler e pensar as ideias e a vida de Paulo Freire e se inspirar nelas. Não apenas no Brasil. No texto do qual foi retirada a epígrafe desta seção, Martin Carnoy e Rebecca Tarlau argumentam consistentemente que também nos Estados Unidos de Trump, pelo menos, essa presença é mais necessária do que nunca. Poderíamos incluir tantos outros contextos, em particular nesse vendaval conservador que irrompeu recentemente na América do Sul. Espero ter justificado suficientemente essa pretensão entre nós a partir de pensar, ao longo do livro, uma política da vida, da igualdade, do amor, da errância e da infância para educar.

O outro sentido que *Paulo Freire, mais do que nunca* expressa é um chamado à presença do educador de Pernambuco para um tempo educacional que não passa. Como se sua vida nos convidasse ao presente de uma presença que extrapola o tempo cronológico; ao presente da amorosidade do tempo educativo; ao presente nele inspirado: de vida, igualdade, amor, errância e infância. Por isso, o "mais" não é um mais de quantidade, mas de intensidade, qualidade, presença no tempo da educação.

Alguém poderia dizer que tudo isso é muito abstrato, conceitual, difícil de praticar. Bem, o presente livro não pretende ser um guia sobre como se deve educar, e muito menos oferecer receitas prontas para o dia a dia. De qualquer maneira, oferecemos um exercício porque, talvez, por meio dele, seja ainda mais claro perceber o sentido principal deste livro: propiciar uma vida educadora mais inquieta e autoquestionadora sobre os sentidos de educar. Vamos fazer, então, um exercício de praticidade, uma espécie de brincadeira. A semana letiva tem cinco dias, nossos princípios são cinco. Vamos pensar um dia de cada vez. Na segunda-feira, início da semana, entramos na escola sem deixar nossa vida de fora. Estaremos atentos para perceber se o que fazemos dentro da escola tem a ver – ou não – com nossas vidas, e como nossas vidas podem se fazer, desfazer e refazer numa sala de aula. Na terça-feira, entramos confiando que todos os nossos estudantes são igualmente capazes de aprender e de viver uma vida digna de ser vivida. Não importa os efeitos de aprendizagem que percebemos. Eles podem se dever a muitas razões. Vamos sentir o que acontece quando não subestimamos nem sobrestimamos a capacidade de ninguém. Na quarta-feira, dedicamos mais atenção à amorosidade com que, na sala de aula, fazemos o que fazemos, na trama de afetos e desafetos que geramos entre nós, entre outros e outras, com os saberes, as instituições, as janelas, os livros, as mesas. Na quinta-feira nos preparamos arduamente para estarmos atentos, para seguir o fio dos pensamentos e saberes aonde quer que nos levem no tecido coletivo que os movimenta na sala de aula; nesse dia, não buscaremos levar os alunos a lugar nenhum, nos proporemos a empreender uma viagem conjunta. Por último, a sexta-feira será menina: curiosa, inquieta... Nesse dia, só faremos perguntas.

Voltar ao início tão perto de terminar esta escrita tem o sentido de afirmar que, em educação, e talvez não só em educação, sempre é tempo de começar. Ainda, ou sobretudo, quando parece que estamos no final dos tempos, como hoje no Brasil. Eis uma política infantil para a educação: a que sente que, como Freire, estamos sempre no começo (FREIRE; HORTON, 1990, p. 56 [2018, p. 78]), e que sempre há lugar para um outro mundo. Aqui, inspirado em Paulo Freire, tenho acompanhado essa política infantil de algumas inspirações próprias: errância, amor, igualdade, vida e a própria infância. Tomara que elas inspirem outras inspirações, outros começos.

Por fim, espero ter mostrado que a pretensão de expurgar ou abolir a ideologia de Paulo Freire da educação brasileira é um despropósito pelos valores políticos afirmativos que seu pensamento e sua vida oferecem; pois bem, essa pretensão expurgatória é também impossível, porque essa maneira de viver a educação está presente em um tempo que não é o das resoluções, decretos, leis, ou diretrizes: ela está presente em um tempo outro, o do encontro entre educadores e educadoras, educandos e educandas, em qualquer escola ou fora dela, cada vez que, juntos, num plano de igualdade, erram e colocam amorosa e infantilmente em questão a si mesmos e a vida compartilhada, mesmo com todas as forças que puxam para outras direções.

É hora de terminar. E de voltar a começar. Agora. Hoje. Mais do que nunca. Sempre. Obrigado, Paulo Freire. Obrigado pela sua infinita potência infantil. Obrigado pela sua extraordinária presença num presente que não é de ontem, hoje ou amanhã, mas que é, justamente, o presente do tempo da educação. De uma pergunta. De um sorriso.

De um abraço. Obrigado pela sua indelével presença no mundo, cheia de vida, igualdade, amor, errância e infância.

Terminado o livro, encontrei um parágrafo de Paulo Freire que não era possível deixar de incluir. Onde? Hesitei. E pensei que seria bom que ele, e não eu, terminasse o livro com palavras que são um canto à vida, a uma vida intensa, amorosa, apaixonada, transbordante, sendo permanentemente criada e recriada, como a que Paulo Freire vive e inspira a viver. Eis as palavras que espero que comovam a quem chegou até aqui como me comovem cada vez que as leio e que fazem com que eu me sinta vivo em cada palavra escrita e lida, transbordado da vida amorosa que Paulo Freie inspira:

> Realmente gosto de gostar de outras pessoas e de me sentir bem com elas. Gosto de viver. De viver a vida intensamente. Sou do tipo de pessoa que ama apaixonadamente a vida. Claro que vou morrer um dia, mas tenho a impressão de que, quando morrer, também vou morrer com grande intensidade. Vou morrer sentindo-me intensamente. Por essa razão, vou morrer com enorme anseio por viver, pois desse modo é que tenho vivido. [...] Para mim, a coisa fundamental na vida é trabalhar para criar uma existência que transborde de vida, uma vida que seja muito bem pensada, uma vida criada e recriada, uma vida que seja feita e refeita nessa existência. Quanto mais faço alguma coisa, mais existo. E eu existo com muita intensidade (FREIRE; MACEDO, 2015 [1990], p. 237-238).

APÊNDICE

Paulo Freire, filosofia para crianças e a "politicidade" da educação

> *[...] quando matamos a criança em nós, já não somos.*
> (FREIRE in FREIRE; HORTON, 1990, p. 64 [2018, p. 85])

> *Eu uso perguntas mais do que qualquer outra coisa.*
> (HORTON in FREIRE; HORTON, 1990, p. 146 [2018, p. 149])

Filosofia para crianças (FpC) é um movimento mundial criado por Matthew Lipman e Ann Margaret Sharp, no final dos anos 1960, para levar a investigação filosófica à educação das crianças. Enraizados no pragmatismo de John Dewey, Lipman e Sharp propuseram uma reconstrução da história da filosofia na forma de um programa completo (composto de novelas filosóficas para crianças e manuais para docentes), para que os educadores, da educação infantil até o ensino médio, pudessem ter uma ferramenta para criar comunidades de investigação filosófica (CIF), espaços educacionais seguros nos quais conseguissem compartilhar suas ideias e preocupações relativas a questões de interesse filosófico, como verdade, amizade, justiça.

As CIFs seriam espaços democráticos através dos quais as crianças desenvolveriam as habilidades de pensamento criativo, de crítica e de atenção necessárias para se formarem como os cidadãos democráticos que nossas sociedades precisam. O programa de FpC foi criado no Instituto para o Desenvolvimento da Filosofia para Crianças (IAPC), na Montclair State University (MSU), e foi gradualmente disseminado em mais de sessenta países, que atualmente têm diferentes tipos de práticas filosóficas com crianças, mais ou menos próximas do modelo de Lipman e Sharp. Em países com rica tradição em educação e filosofia, como França e Itália, foram criadas propostas bastante diferentes, e atualmente há uma grande variedade de práticas que reúnem filosofia e infância em todo o mundo. No Brasil, a história começou com Catherine Young Silva, que, em 1985, criou em São Paulo o Centro Brasileiro de Filosofia para Crianças (CBFC), hoje extinto. Nos anos 1990, o CBFC impulsionou bastante ativamente a inserção do programa em diversos estados do país através da criação de centros regionais. Atualmente, existe um movimento filosófico-educacional entendido de maneiras muito diferentes e com sentidos também diversos.

O impacto político que a FpC tem na prática educacional é uma questão bastante contestável. Embora Lipman e Sharp sempre tenham enfatizado seu caráter democrático e a forma como a FpC poderia ser um caminho educacional para fomentar e fortalecer as sociedades democráticas, a "democracia" é um conceito contestável, e a avaliação das variadas práticas democráticas em diferentes partes do mundo exige considerar mais cuidadosamente essa afirmação. Ao mesmo tempo, a forma como, no Brasil, a FpC tem se inserido mais fortemente – mesmo que não exclusivamente – nas redes privadas de ensino e, em particular, em escolas que atendem famílias de alto poder aquisitivo, gera dúvidas sobre a questão. Para nós que estamos preocupados com a realidade política do país e com a consolidação de um sistema crescentemente injusto e excludente, impõe-se a seguinte pergunta: podemos esperar que a FpC seja uma ferramenta educacional para transformar sociedades injustas, excludentes e antidemocráticas em sociedades realmente democráticas, como seria a pretensão de Lipman e Sharp?

O objetivo deste texto é analisar essa questão comparando os pressupostos e as implicações políticas da FpC com as ideias de Paulo Freire, que também teve esse objetivo em seu pensamento e vida educacionais. Para isso, a primeira seção analisará a relação entre Matthew Lipman e Paulo Freire, e apontará que essa relação não é tão próxima quanto muitos defensores da FpC, especialmente na América Latina, pensam. Analisarei as diversas tentativas de vários autores para descrever as semelhanças e diferenças entre esses dois educadores. Uma segunda seção explorará a visão de Freire e Lipman sobre a educação do ponto de vista do contexto das políticas neoliberais predominantes na contemporaneidade. Uma terceira seção considerará formas de se iniciar o caminho político de filosofar com as crianças a partir do pensamento de Paulo Freire, com vistas a lançar alguma luz sobre o potencial político do fazer filosófico com crianças, especialmente em regiões como a América Latina, onde o discurso neoliberal se infiltrou de forma particularmente forte nas políticas educacionais. Considerarei em que medida Paulo Freire pode ser uma inspiração importante para praticantes da filosofia com crianças interessados na democracia e na justiça social, especialmente no que diz respeito ao papel político do educador.

A relação entre Paulo Freire e Matthew Lipman

Acho que é realmente impossível ensinar como pensar mais criticamente apenas fazendo um discurso sobre pensamento crítico.
(FREIRE in FREIRE; HORTON, 1990, p. 173 [2018, p. 171])

Estou seguro de que, na tentativa de criar alguma coisa dentro da história, temos que começar a ter alguns sonhos.
(FREIRE in FREIRE; HORTON, 1990, p. 56 [2018, p. 78])

Algumas tentativas de aproximação

Alguns esforços foram feitos, principalmente por parte de acadêmicos latino-americanos, e em particular brasileiros, para mostrar os paralelos entre Matthew Lipman e Paulo Freire.[40] Entre os defensores mais entusiastas dessas conexões está Marcos Lorieri, atual professor da Universidade Nove de Julho (Uninove-SP) e ex-diretor do Centro Brasileiro de Filosofia para Crianças (CBFC) e da Pontifícia Universidade Católica de São Paulo (PUC-SP), onde Paulo Freire também lecionou. Lorieri vê afinidades metodológicas e teóricas entre ambos, baseadas na ideia compartilhada de diálogo e na ênfase comum na construção social do conhecimento.[41] Uma outra colega brasileira, Mabel Weimer, desenvolveu em Cuiabá, nos anos 1990, um extenso e ambicioso programa de formação de professores na Secretaria de Estado de Educação de Mato Grosso, a partir de uma reunião das ideias de Lipman e Freire. Seu trabalho resultou em uma dissertação de mestrado na UFMT (1998). Outros dois impulsores das práticas filosóficas com crianças, Wonsovicz (1993) e Giacomassi (2009), também veem o ensino dialógico como o ponto chave de conexão entre Lipman e Freire.

Em outros países latino-americanos, similaridades também foram encontradas por Accorinti (2002), que vê um projeto comum, basicamente sob as ideias de autonomia, liberdade e pensamento multidimensional. Na mesma linha de argumentação, Parra e Medina (2007) consideram uma aspiração compartilhada a formação de "valores cidadãos" através de comunidades de investigação (Lipman) inspiradas pelo silêncio ativo e pela pedagogia da pergunta (Freire). Na Espanha, José Barrientos (2013) editou um livro sob o título sugestivo de *Filosofía para niños y capacitación democrática freiriana*, embora a coleção de ensaios pressuponha, mais do que evidencie, as semelhanças entre os dois paradigmas.

No mundo anglo-saxão, dois conhecidos estudiosos de filosofia para crianças, Patrick Costello e Richard Morehouse (2012), viram uma "estreita afinidade" entre a educação problematizadora de Freire e as comunidades de investigação filosófica inspiradas por Lipman. Costello e Morehouse defendem o ensino escolar de uma "pedagogia libertadora" filosoficamente inspirada (2012, p. 7).

O encontro

Vejamos as conexões entre Lipman e Freire de uma forma mais direta. A evidência mais convincente e quase única para apoiar uma conexão entre eles emerge do próprio Lipman, nos seguintes parágrafos de sua autobiografia:

> Ao discutir filosofia para crianças dentro de um contexto global, seria negligente se não tomasse nota do educador brasileiro Paulo Freire, que desenvolveu uma reputação global como resultado de ter inclinado sua perspicácia filosófica a serviço da educação

das crianças. Em particular, ele pretendia utilizar as habilidades da discussão filosófica de modo a melhorar as habilidades mais humildes, mas, ao mesmo tempo, mais poderosas das crianças: ler e escrever. Educadores latino-americanos foram rápidos em perceber as semelhanças que existiam entre a abordagem educacional de Freire e a filosofia para crianças do IAPC e se encontraram questionando qual de nós dois, Paulo Freire ou eu, era a principal influência sobre o outro.

Em 1988, Catherine Young Silva, quem desenvolveu o currículo no Brasil, organizou um encontro entre mim e Freire, a ser realizado na casa de Freire, em São Paulo. Foi uma visita amistosa, na qual Freire fez a maior parte da conversa e dedicou suas observações à influência da história da filosofia em seu pensamento educacional, reconhecendo assim que eu tinha feito o mesmo, de modo que nossas realizações correm paralelas em muitos aspectos.

Foi uma conversa reflexiva e agradável, e acho que não descobrimos nenhum ponto de grande diferença entre nós. Da grande janela de Freire, pudemos ver, de longe, o horizonte de São Paulo, elevando-se acima da cidade e ainda focando nossa imaginação na estrada à frente. A última aplicação dos pontos de vista de Freire foi quando ele se tornou o Secretário de Educação do Brasil, embora, mesmo nessa posição exaltada, era duvidoso que o sistema educacional brasileiro pudesse ser facilmente revertido. No entanto, graças a Catherine Young Silva e sua família, milhares de professores brasileiros e centenas de milhares de crianças brasileiras foram apresentados à filosofia (LIPMAN, 2008, p. 148, tradução nossa).

Apesar dos esforços de Lipman para satisfazer nossas expectativas, o texto citado fala por si: ele é impreciso sobre Freire, que não foi secretário de educação do Brasil, e sim da cidade de São Paulo, e, mais significativamente, embora as preocupações de Freire certamente incluíssem crianças, ele, de fato, concentrou seus esforços não tanto na educação delas, mas na de adultos. Ao mesmo tempo, Freire pretendia capacitar os mais humildes através do desenvolvimento de suas capacidades de leitura mas, para ele, a leitura não era principalmente uma habilidade de pensamento, e sim uma forma existencial de ser. Seu objetivo era principalmente educar os "oprimidos" analfabetos não apenas na leitura de palavras, mas na leitura do mundo. Somente tal leitura poderia criar um caminho para a conscientização.

Lipman afirma que não houve "pontos de discrepância gritantes" na conversa, mas, a partir dessa citação, a única coincidência evidente é um paralelo entre suas realizações baseado principalmente nas influências comuns da história da filosofia. Embora a referência estética e poética ao horizonte da cidade de São Paulo possa nos fazer considerar objetivos educacionais semelhantes entre ambos, a citação não nos permite ir muito além.

Há outra referência de Lipman, breve, a essa mesma conversa com Freire em entrevista concedida em 1994 a um jornal brasileiro (CARVALHO, 1994). O jornalista pergunta a Lipman sua opinião sobre o "método de Paulo Freire", e ele responde da seguinte forma:

> *Folha* – O que o sr. acha do método Paulo Freire?
> *Lipman* – Nós nos conhecemos quando estive no Brasil há alguns anos. Ele me falou das semelhanças do que fazíamos. O interesse dele na formação de comunidades de trabalho com o intuito de chegar à alfabetização está muito próximo do nosso interesse em formar comunidades de investigação para fazer as crianças chegarem a uma solidariedade social que possa melhorar sua educação.

A referência à conversa compartilhada é um pouco diferente aqui. Lipman sugere um paralelo entre as comunidades de investigação e os círculos de cultura de Freire. Mas, novamente, a referência, curta, não nos ajuda a ir muito além. Lipman, inclusive, incorpora um conceito bastante estranho ao seu trabalho, a solidariedade social, o que provoca mais o desejo de entender o que ele pretende com essa referência.[42]

Além dessa conversa agradável, não há contato real entre Lipman e Freire. De fato, Lipman inclui Freire uma única vez na bibliografia de um dos seus livros (LIPMAN; SHARP; OSCANYAN, 1980), mas sem qualquer referência concreta dentro da obra. Assim, apesar dos desejos de muitos educadores latino-americanos – me incluo –, as ideias de Lipman não tiveram nenhuma influência evidente nas ideias de Freire, nem as de Freire nas de Lipman. Podemos apenas apontar que ambos tiveram algumas leituras em comum (como Dewey, Buber ou Merleau-Ponty), o que pode explicar certas semelhanças entre suas obras.

Vozes que perguntam

Além disso, diferentes vozes também pedem para olhar com mais cautela para esse relacionamento. Já em 1999, Gadotti, o mais eminente pesquisador de Freire no Brasil, seu chefe de gabinete na Secretaria de Educação de São Paulo e atual diretor do Instituto Paulo Freire em São Paulo, participou de um debate (com Ann Sharp, David Kennedy e Marcos Lorieri) sobre os pressupostos educacionais da filosofia para crianças no IX Congresso do Conselho Internacional para a Investigação Filosófica com Crianças (ICPIC), sediado na Universidade de Brasília em julho de 1999. Embora Gadotti destaque alguns pontos em comum entre Freire e Lipman, também assinala as seguintes diferenças (GADOTTI, 1999): a) Freire enfatiza, muito mais que Lipman, a questão ideológica, mesmo quando se refere à ética; b) Freire não dá, como Lipman, tal importância ao método; c) na FpC há muito mais ênfase na importância da racionalidade que em Freire; e d) Freire não aceitaria a distinção entre professores e formadores ou especialistas (pois ela implicaria uma perspectiva funcionalista do ensino). Em trabalho monográfico do ano 2000, apontei também semelhanças e diferenças entre ambos (KOHAN, 2000). Também Sofiste (2010) aponta que, mesmo havendo uma grande convergência entre as ideias de comunidade de investigação (Lipman) e diálogo (Freire), existem duas discrepâncias principais: a) embora os dois considerem, como objetivo principal da educação, alcançar uma sociedade democrática, a compreensão da democracia é muito diferente em ambos os casos; b) a "consciência crítica" de Freire envolve rigor científico e engajamento político, mas apenas o primeiro está presente no pensamento educacional de Lipman. Magalhães também mostra algumas diferenças entre eles e, inspirado por ambos, desenvolve experiências filosóficas através da educação popular com crianças de rua no estado de Alagoas (2008).

No entanto, a abordagem mais crítica sobre a relação entre Lipman e Freire é oferecida por Silveira (1998) no contexto de seu exame do programa de Lipman. Com base no que é conhecido no Brasil como a Pedagogia histórico-crítica, uma abordagem gramsciana da educação, Silveira, discípulo de D. Saviani, considera que os trabalhos de Lipman e Freire são "pedagogias opostas" (SILVEIRA, 1998, p. 377) em termos de sua crítica à educação tradicional, seu conceito de diálogo e currículo, sua compreensão do pensamento e do bom senso, a função política de seus projetos e valores culturais, o papel do professor e os cenários pedagógicos (SILVEIRA, 1998). Em todas essas abordagens, Silveira identifica perspectivas opostas. Para dar apenas um exemplo, o professor não participa da formulação do programa de Lipman, que já é fornecido com seus textos, ideias principais, planos de discussão e exercícios. Isso seria inaceitável para Freire, que acreditava que o professor deveria participar ativamente de todos os domínios de sua tarefa. Lipman reduziria a tarefa do professor à execução de um programa pensado por outro, ao passo que, segundo a noção de práxis de Freire, a teoria e a prática são impossíveis de separar. A divisão do trabalho entre o filósofo que pensa e concebe o programa e o professor que o aplica seria sintoma de uma concepção tecnicista, opressiva. Essa mesma posição é tomada por Oliveira, que chamou o papel do professor de calcanhar de Aquiles do programa de Lipman, dada a natureza reprodutiva e alienada de sua tarefa (OLIVEIRA, 2009).

Um trabalho recente de Funston (2017) adota uma abordagem diferente. Apresentado como uma tentativa de integrar a filosofia para crianças (FpC) e a pedagogia crítica, considera as comunidades de investigação capazes de trabalhar com questões de ação e liberdade que são essenciais para a pedagogia crítica e especificamente para o trabalho de Paulo Freire. Funston percebe a crítica comum da educação tradicional ou bancária como algo compartilhado entre a FpC e Freire, embora reconheça diferenças entre a comunidade de investigação e os círculos de cultura e seus conceitos de pensamento crítico. Funston sugere que um professor, em uma comunidade de investigação, tem uma autoridade epistêmica maior do que o coordenador dos círculos de cultura. Enquanto a FpC considera o pensamento crítico como um conjunto de habilidades de raciocínio, a pedagogia crítica vai além: o pensamento crítico coloca em questão a injustiça do *status quo*, e isso requer pensar politicamente (FUNSTON, 2017). Como resultado, Funston propõe uma síntese de filosofia para crianças e Paulo Freire, que chama de "FpC crítica", uma versão politicamente mais comprometida da FpC.

Freire: o ensino, a aprendizagem e o político

> *Nada tenho contra ensinar. Mas tenho muitas coisas contra ensinar de uma forma autoritária.*
> (FREIRE in FREIRE; HORTON, 1990, p. 193 [2018, p. 187])

> *E um educador não deve nunca se tornar um especialista.*
> (HORTON in FREIRE; HORTON, 1990, p. 128 [2018, p. 135])

Na XVIII Conferência do ICPIC, em Madri, em 30 de junho de 2017, Gert Biesta descreveu o presente educacional em termos de instrumentalismo e medição (BIESTA, 2017) e o domínio do que ele chama de "aprendização".[43] Critica o processo pelo qual a educação é centrada no aluno e a linguagem da educação é substituída pela linguagem da aprendizagem (BIESTA, 2013). Aponta que a escola é redefinida como um ambiente de aprendizado, onde nada é ensinado além de facilitar o aprendizado; a educação de adultos está virando "aprendizagem ao longo da vida". Segundo Biesta, há nessas mudanças aspectos positivos que confrontam formas de educação autoritárias, controladoras e unilaterais. Mas também há aspectos menos positivos, principalmente o fato de a linguagem da aprendizagem descrever o processo educacional como uma transação econômica na qual o aprendiz é consumidor, e o professor, provedor. Nessa perspectiva, o aprendiz se destaca como empreendedor, e valores como competição, mérito e talento são mais enaltecidos, enquanto outros, como cooperação, igualdade e solidariedade, estão ausentes. Devido a essa "aprendização", o discurso educacional abandona a discussão de questões educacionais essenciais sobre conteúdo, propósitos e relações. Como essas preocupações se relacionam com Paulo Freire?

À primeira vista, essa crítica se aplicaria a qualquer um que, como Paulo Freire, defende uma pedagogia centrada no aluno. Contudo, as coisas são mais complexas. É preciso entender mais profundamente o significado do aprender para Paulo Freire e sua relação com o ensinar.

Para o autor de *Pedagogia do oprimido*, ensinar e aprender são atos políticos e não podem ser compreendidos apenas com uma definição técnica ou pedagógica. A educação não pode ser apolítica, politicamente neutra ou asséptica. Nesse ponto, ele concorda com outro grande educador do século XX, Myles Horton (FREIRE; HORTON, 1990 [2018]). Horton expressa o que compartilha com Freire da seguinte maneira: "*Neutralidade é simplesmente seguir a multidão*. Neutralidade é apenas ser o que o sistema nos pede que sejamos. Neutralidade, em outras palavras, era um ato imoral" (p. 115, grifo no original). Não reconhecer essa "politicidade" da educação seria assumir uma posição política, aquela que contribui para a manutenção do *status quo*. Esse ponto de vista pode ser encontrado tanto no Freire da *Pedagogia do oprimido* quanto no da *Pedagogia da esperança* e da *Pedagogia da autonomia*.

As fontes filosóficas e teológicas de Freire foram amplamente estudadas.[44] Como ele próprio aponta (FREIRE, 1997), a inspiração da *Pedagogia do oprimido* é clara e explicitamente marxista e cristã. O livro é, de fato, uma crítica social e política da geopolítica brasileira e também do papel dos intelectuais na libertação das pessoas. Como já vimos, termos educacionais como "escola", "estudante" e "currículo" aparecem ali relativamente poucas vezes. A educação é entendida mais como uma força social libertadora do que como uma instituição ou sistema específico. Nesse aspecto, há duas formas de educação justapostas: bancária e problematizadora (FREIRE, 1974). A primeira (com um modelo de transmissão, o professor depositando conhecimento no estudante que não tem esse conhecimento) serve para perpetuar a opressão. A segunda (com um modelo dialógico, com educadores e educandos ensinando e aprendendo uns com os outros pela mediação do mundo) oferece aos oprimidos (e, eventualmente, aos opressores) não apenas a consciência de sua condição, mas também o desejo de transformá-la. O modelo bancário é o que temos em nossos sistemas educacionais, e pode estar presente até mesmo em programas revolucionários, sob os mais nobres ideais.

É importante notar que o princípio, o meio e o fim de uma educação freireana são políticos: a) o fim: uma sociedade não opressora, sem oprimidos e opressores; b) o meio: uma educação problematizadora e verdadeiramente dialógica como uma "exigência radical de toda revolução autêntica" (FREIRE, 1974, p. 149); e c) o princípio (que não é mencionado explicitamente, mas atravessa toda a *Pedagogia do oprimido*): que qualquer ser humano pode aprender a ler (palavras, mas principalmente o mundo) se encontrar as condições apropriadas para fazê-lo.

De que forma a educação funciona como uma força na busca pela libertação? Qual é o segredo da educação problematizadora? "Já agora ninguém educa ninguém; como tampouco ninguém se educa a si mesmo, os homens se educam em comunhão, mediatizados pelo mundo" (FREIRE, 1974, p. 79). Essa frase emblemática da *Pedagogia do oprimido* é extraordinária e complexa. Nega que a educação venha do educador ou de si mesmo, o educando. De onde ela vem então? Da relação dialógica estabelecida entre educadores e educandos, com base em uma leitura compartilhada do mundo que esse diálogo oferece e que é possibilitada pela relação democrática e não hierarquizada que vivem.

Dessas afirmações não se pode concluir que o ensino desaparece. Muito pelo contrário: nesse tipo de educação, os papéis do ensino e do educador continuam sendo fundamentais, embora a posição educadora não seja mais uma posição fixa, e sim relativa, o que significa que, na relação educacional, qualquer um pode ocupar os papéis de ensinar e aprender. Claro, sua compreensão muda em relação a uma educação bancária: quem ensina não fornece o conhecimento que o aluno não tem. Essa tensão educacional entre educador e educando é resolvida de tal maneira que educador e educando são ao mesmo tempo conhecedores e ignorantes, e ambos ensinam e aprendem. O educador que sabe dialogar também ocupa o lugar de aprendiz e cria as condições para que o educando chegue à conscientização sem ser o provedor de tal consciência. Em uma educação problematizadora, o conhecimento que importa não é nem o do educador nem o do educando, mas o que é recriado entre um e outro através de um engajamento dialético de todos em sua leitura comum do mundo.

Freire sugere que uma educação pode ser descrita por meio de termos como opressão, desumanização, positivismo e autoritarismo, enquanto a outra pode ser descrita através de noções como libertação, humanização, conhecimento científico verdadeiro e diálogo. O caminho pedagógico e político da primeira para a segunda tem dois momentos. Primeiro, os oprimidos revelam sua condição e tornam-se conscientes disso através da percepção do "inédito viável", que antes sequer consideravam. No segundo momento, eles buscam uma maneira de colocá-lo em prática. Uma vez transformada a realidade opressiva, a contradição entre educador e educando é superada em uma relação dialógica, e a pedagogia do oprimido se transforma em uma pedagogia libertadora para todo ser humano, oprimido e também opressor.

No entanto, o ponto mais delicado, apontado por Biesta, é: como podemos ativar o caminho pedagógico e político da opressão para a libertação? (BIESTA; STENGEL, 2016). Isso é, em certo sentido, a antinomia da conscientização: não pode ser dada porque, nesse caso, o educador estaria negando a própria conscientização; mas, sem essa "ajuda" externa, como alguém pode se libertar, fugindo da opressão usual e, em certo sentido, confortável?

De fato, essas ideias da *Pedagogia do oprimido* foram constantemente questionadas pelo próprio Freire durante sua peregrinação em torno de diferentes realidades educacionais ao longo de seus dezesseis anos de exílio (de 1964 a 1980; ver GADOTTI, 2001), bem como em seu retorno ao Brasil, onde, entre outras coisas, foi secretário de educação da cidade de São Paulo por mais de dois anos e teve uma oportunidade muito concreta de colocar suas ideias em prática em grande escala. Como resultado desse processo de autoquestionamento, revisitou as ideias da *Pedagogia do oprimido* em 1992 no livro *Pedagogia da esperança* (2014 [1992]), com o subtítulo "Um reencontro com a *Pedagogia do oprimido*", e em *Pedagogia da autonomia* (2017 [1996]), o último livro publicado antes de sua morte em 1997.

Nos dois livros, Freire é muito mais moderado, mas ainda politicamente claro. Mudanças aparecem nos meios: a revolução deu lugar a um compromisso menos radical, mas ainda incondicionado, com a transformação do *status quo* através da práxis educacional: "Mudar o mundo é tão difícil quanto possível" (FREIRE, 2000, p. 39). Ele não mais descreve sua perspectiva como revolucionária, mas como "progressistamente pós-moderna" (FREIRE, 2014 [1992], p. 184). No entanto, o princípio e os fins ainda existem, e a educação é reafirmada como política. E ele reafirma que ensinar não é transmitir conhecimento ao aluno, mas "criar as possibilidades para a sua produção ou para a sua construção" (FREIRE, 2017 [1996], p. 24). E mais uma vez: "Quem ensina aprende ao ensinar e quem aprende ensina ao aprender" (FREIRE, 2017, p. 25).

Nesses trabalhos posteriores, porém, a transmissão de conhecimento é menos estigmatizada, e há algum espaço positivo para ela: os educadores devem agora saber o que ensinam (ver também FREIRE; HORTON, 1990 [2018]), mas o que os constitui mais propriamente como tais é colocar seus conhecimentos à disposição da aprendizagem: da aprendizagem dos outros, mas também da própria aprendizagem. Um educador não se relaciona com aqueles que aprendem como os que não sabem, mas como aqueles com os quais, enquanto ensina, é possível e necessário aprender. Segundo Freire, a aprendizagem precede o ensino, não só porque, historicamente, o aprendido tornou possível ensinar, mas porque a aprendizagem dá ao ensino legitimidade e sentido, tanto pedagógico quanto político, quando ela permite recriar ou refazer o que foi ensinado (FREIRE, 2017). Como na *Pedagogia do oprimido*, o educador não desaparece, mas é ressignificado e encontra legitimidade política numa forma de práxis dialógica.

Em outras palavras, o que dá sentido, epistemológico e político, ao ensino é o cultivo que faz da curiosidade epistemológica, capacidade crítica, força criativa, gosto pela rebelião e vocação epistemológica e ontológica para "ser mais" (p. 19) de educandos e educadores. Um ensino que não fomenta a criação e a rebelião, mas o conformismo e a submissão, é politicamente indesejável e questionável.

No livro falado com o chileno Antonio Faundez, Freire explicita de maneira preciosa a relação entre ensinar e aprender e o sentido em que um educador aprende ao ensinar:

> [...] ao ensinar, ele aprende também, primeiro, porque ensina, quer dizer, é o próprio processo de ensinar que o ensina a ensinar. Segundo, ele aprende com aquele a quem ensina, não apenas porque se prepara para ensinar, mas também porque revê o seu

saber na busca do saber que o estudante faz (Freire; Faundez, 2017 [1985], p. 64).

Eis outro sentido em que o aprender fortalece o ensinar: um educador que não aprende mostra, ao ensinar, uma relação de pouca abertura não apenas ao estudante, mas também a ele próprio e ao próprio ensinar: porque, como diz tão claramente Paulo Freire, só ensinando pode-se aprender a ensinar, e só revendo o próprio saber, aprendendo a saber diferentemente, pode-se ensinar o outro a aprender.

Assim, embora Paulo Freire tenha reafirmado a predominância do aprender sobre o ensinar, está longe de promover a "aprendização", tal como denunciada por Biesta. Seu conceito de aprendizagem mostra inclusive que a crítica de Biesta pode ser, em certo sentido, inespecífica: não se trata apenas de dar mais importância ao ensino ou ao aprendizado, mas da forma como ambos são compreendidos. Uma recuperação do ensino também poderia servir às políticas neoliberais e, como vemos com Paulo Freire, a prioridade da aprendizagem também pode ser crítica do neoliberalismo. Existe inclusive uma passagem da *Pedagogia da esperança* na qual Paulo Freire desaconselha a prioridade da aprendizagem em palavras muito próximas das de Biesta:

> Ensinar, mesmo do ponto de vista pós-modernista progressista de que falo aqui, não pode ser reduzido a simplesmente ensinar os alunos a aprender por meio de uma operação em que o objeto de conhecimento era o ato de aprender. Ensinar a aprender só é válido, a partir desse ponto de vista, deve ser repetido, quando os educandos aprendem a aprender aprendendo a razão de ser do objeto ou do conteúdo (Freire, 2014 [1992], p. 112).

A aprendizagem não pode ser reduzida a uma atividade técnica ou instrumental, como aprender habilidades de pensamento ou usar ferramentas cognitivas. Aprender significa compreender a razão de ser do que é aprendido, isto é, sua função social e política, os ideais éticos e estéticos a que o discurso do aprender serve no mundo social atual. Dessa forma, a educação é política pela maneira como os educadores ensinam o que ensinam. Nesse sentido, a distinção conteúdo/forma precisa ser reexaminada: enquanto o conteúdo do que é ensinado é importante (seria ingênuo subestimar a importância do conteúdo, inclusive sua importância política), a maneira como ele é ensinado é igualmente – talvez até mais – importante (inclusive politicamente). Assim, os transmissores de conhecimento, que assumem o papel de transmissores essenciais, não só transmitem conhecimento aos alunos, mas também, como conteúdo invisível, um modo de se ver, uma relação consigo mesmos. O saber transmitido pode ser conhecimento tradicional, ou algo mais *aggiornado,* mais atual, como técnicas de comunicação ou habilidades de pensamento. Em qualquer caso, esse processo, voluntária ou involuntariamente, nutre um paradigma de como as pessoas se veem a si mesmas: um aluno não apenas aprende conhecimento (ou técnicas ou habilidades de pensamento), mas também aprende uma relação ao saber (ou pensar) a si mesmo como alguém que precisa de outra pessoa (conhecedora, especialista em pensamento) para saber (ou pensar). Paulo Freire denunciou esse processo como opressor e chamou os educadores a terem consciência de que o modo como interagem com os educandos é tanto ou mais importante do que o conteúdo que transmitem. É aqui que o ensino dialógico desempenha um papel importante. Quando aprendem através de um processo dialógico, os educandos aprendem a se relacionar consigo mesmos, com seus professores e com seus companheiros como iguais, aprendem a importância de aprender entre iguais e experimentam a educação como uma forma igualitária, cooperativa e democrática de vida social, afastada das formas dominantes de viver em nossos tempos. Nos termos de Paulo Freire, eles vivenciam uma prática educativa que fortalece, por meio de um processo dialógico, a vocação epistemológica de todo ser humano de "ser mais".

Para concluir a seção, segundo Freire, a educação é uma força política que é capaz de fortalecer ou debilitar o que pode quem aprende. Por isso, em educação importa não a transmissão do conhecimento ou a falta dele. Em última análise, o que realmente importa é o tipo de interação, o tipo de poder que se exerce entre os que participam desse processo, entre quem ensina e quem aprende, seja quem for: essas relações ensinam hierarquia (opressão) ou igualdade (liberação)? Professores e estudantes aprendem através de relações dialógicas e igualitárias ou estão aprendendo um exercício opressivo de poder? Essas questões sugerem que o neoliberalismo pode não ser compatível com a igualdade e o diálogo entre iguais, ou seja, que o neoliberalismo não é compatível com a educação emancipadora de Paulo Freire.

Lipman: filosofia e política

Não importa onde esse educador trabalhe, a grande dificuldade
– ou a grande aventura! – é como fazer da educação
algo que, sendo séria, rigorosa, metódica e tendo um processo,
também cria felicidade e alegria.
(FREIRE in FREIRE; HORTON, 1990, p. 170 [2018, p. 169])

Vamos considerar agora os compromissos políticos da FpC. Enquanto escrevia minha tese de doutorado orientado por Matthew Lipman, há mais de vinte anos, inventei um diálogo com J. Dewey sobre a relação entre educação, filosofia e democracia. Tomei citações diretas de diferentes textos de Dewey e as conectei através de uma série de perguntas.[45] Mostrei esse diálogo para Lipman, e sua reação foi tanto de entusiasmo quanto de surpresa (ele não reconhecia algumas citações como sendo de Dewey). Então perguntei se poderíamos conversar sobre os tópicos daquele primeiro diálogo, o que ele aceitou prontamente. Devido à relevância de suas respostas para a temática deste texto, transcrevo algumas partes dessa conversa antes de comentá-las:

Walter: Como você vê a conexão que Dewey estabelece entre filosofia, educação e democracia?

Matthew: Entre filosofia, educação e democracia, vejo a investigação como um elemento comum. Eu insisto na educação como investigação, porque os estudantes deveriam estar questionando, deveriam estar lidando com o que é problemático no mundo, tentando reconstruir as situações e como lidar com elas. A filosofia os ajuda a identificar problemas. A democracia tem que empregar a investigação para proceder apenas de maneira imparcial. Se ele usasse apenas métodos políticos, como a decisão da maioria, provavelmente não lidaria com questões que poderiam enfrentar através da investigação. Não estou convencido de que a democracia seja apenas uma noção política.

Walter: Você pode explicar de que maneira a democracia é uma forma de investigação?

Matthew: Quando falo de democracia como indagação, estou falando de um ideal de democracia. Já a temos de maneira irregular. Por exemplo, jurisprudência e lei introduzem racionalidade no processo social. Não estou dizendo que sejam instituições racionais, porque todo método de defesa é baseado no confronto e na persuasão. No entanto, há um esforço para alcançar a racionalidade.

[...]

Walter: Em que as democracias atuais estão tão afastadas do ideal da democracia como investigação?

Matthew: Há pouca investigação acontecendo. E não é isso que estamos fazendo neste país. Não estamos procurando descobrir os abusos da nossa democracia. Estamos procurando escondê-los a maior parte do tempo (risos).

Walter: Por que isso?

Matthew: Porque neste país estamos muito confusos. Respeitamos a noção e o ideal da democracia, mas temos medo de vê-la em seu confronto com o capitalismo. Nesse ponto, apenas encolhemos os ombros e nos afastamos, e não queremos falar sobre o fato de que democracia e capitalismo podem ser incompatíveis. Como não sabemos, neste momento, que outro tipo de economia poderíamos ter, só temos as grandes corporações. Existe tal concentração de poder militar e econômico...

Walter: Você vê a democracia e o capitalismo como incompatíveis?

Matthew: Eu diria que, teoricamente, não há compatibilidade. O capitalismo está destruindo o meio ambiente e tornando os seres humanos dispensáveis. O capitalismo, em sua maneira cega e poderosa, apenas passa por cima e destrói, e tem aspectos muito assustadores, mas talvez algumas coisas boas saiam dele. Da mesma forma com a democracia, talvez algumas coisas ruins saiam dela. A democracia pode ser boa em alguns aspectos e não em outros. O capitalismo em certos momentos pode ter alguma justificativa.

Walter: Por exemplo?

Matthew: Bem, existem fatos de experiência que você não quer negar. É um fato que a filosofia para crianças sobrevive, que as pessoas aprendem dela. Quando introduzi a FpC na American Philosophical Association em 1973, me perguntaram: "O que você acha que vai acontecer com isso?". E eu disse, na reunião de talvez duzentos filósofos: "Eles vão nos matar". Não aconteceu, porque a democracia hoje não é uma torre de pedra monolítica. Tem todo tipo de rachaduras, cavernas e fendas nas quais as pessoas têm certa liberdade e proteção. Assim, não é justo, porque algumas pessoas têm mais do que outras, e algumas são muito vulneráveis, expostas às brutalidades do sistema, e outras são protegidas, como eu. Então, há muitas coisas boas que precisam ser identificadas, reconhecidas e construídas para não jogar o bebê fora junto com a água quando terminamos de dar o banho. Mas eu realmente não sei.

Walter: Deixe-me fazer uma última pergunta. Qual é o papel da educação em uma democracia concebida como investigação?

Matthew: A educação é a instituição da sociedade que nos prepara para sermos viáveis, não apenas para suportar ou viver, mas para viver bem; é o que *eudaimonia* significa, viver bem. Sem educação, não podemos viver bem. Então, é uma instituição muito importante, e é por isso que há muita luta em torno dela, todo mundo quer controle sobre a educação. Numa sociedade ideal, seria uma instituição muito poderosa, muito mais poderosa que as instituições econômicas.

Na primeira parte da conversa, Lipman destaca democracia, educação e filosofia como formas de investigação. A filosofia explora, em sua dimensão educacional, o aspecto problemático da experiência. A democracia pratica a investigação para proceder de maneira "imparcial". Ao mesmo tempo, quando solicitado para desdobrar sua concepção de democracia como investigação, Lipman introduz a jurisprudência e a lei como esforços para inserir a racionalidade no processo social. Mesmo que ele não seja explícito aqui, o que a jurisprudência ou a lei fazem, ou deveriam fazer, é praticar o que em outros lugares Lipman chama de razoabilidade, isto é, a razão temperada pelo julgamento. Que conceito de razão está subjacente à perspectiva de Lipman? Ele distingue entre racionalidade e razoabilidade (LIPMAN, 2001). O primeiro é o pensamento crítico, a lógica formal e informal, com suas habilidades de investigação, formação de conceitos, tradução e raciocínio. O segundo é o pensamento de ordem superior: crítico, criativo e atencioso.

Lipman deixa explícito que não está se referindo a práticas reais, e sim a ideais. Segundo ele, em um ambiente educacional ideal, as crianças deveriam estar explorando sua experiência de maneira democrática (imparcial) e filosófica (problematizadora). Quando questionado sobre a democracia atual, Lipman sugere que nos EUA ("neste país") os abusos do sistema democrático não são confrontados, mas ocultos. Ele sugere uma incompatibilidade teórica entre democracia e capitalismo e articula uma visão clara das forças destrutivas do capitalismo, de suas injustiças e brutalidades. No entanto, não considera o capitalismo irracional: a incompatibilidade entre democracia e capitalismo parece ser ética (e política), não lógica. O capitalismo é racional, logicamente coerente. É apenas eticamente (e politicamente) inaceitável por não ser razoável. O capitalismo em sua forma corporativa atual segue vivo, segundo Lipman, porque não temos podido pensar (melhor: nos EUA, eles não têm podido pensar) em outras alternativas econômicas.

Portanto, a questão, para Lipman, passa a ser: como podemos passar das democracias reais para as democracias ideais? Como podemos transformar nossas formas de vida "confusas" e "amedrontadas" em formas baseadas em uma investigação imparcial? Para essa tarefa, Lipman parece confiar na educação: é através da reforma de nossos sistemas educacionais que cidadãos democráticos reais serão formados. E a FpC tem um papel especial nessa reforma educacional (LIPMAN, 1988): ajudar aqueles que compõem as novas gerações a serem, numa futura democracia, cidadãos mais razoáveis do que nós, os cidadãos das democracias atuais, somos.

A questão é: a FpC realmente toma (e permite tomar) partido pela democracia *versus* o capitalismo? Para fazer isso, a FpC deveria permitir que as crianças expostas ao programa percebessem as forças destrutivas do capitalismo. Se não fizer isso, então a FpC não dá conta do recado. E, de fato, há muito poucas oportunidades nas novelas da

FpC que permitam questionar os males do capitalismo ou o potencial conflito entre capitalismo e democracia, com a possível exceção de *Mark*, um programa de ensino médio tardio. Se assim for, existe o perigo potencial de os chamados facilitadores da FpC não estarem propiciando qualquer problematização do capitalismo enquanto ainda estão aprimorando as habilidades de pensamento crítico, criativo e atencioso desenvolvidas pelo programa. Em outras palavras, a prática da FpC pode ser feita sem de fato questionar politicamente o estado de coisas capitalista.

Assim, embora Lipman e Freire tenham perspectivas semelhantes sobre as forças destrutivas do capitalismo, a forma pela qual atualizam educacionalmente suas ideias é muito diferente. Enquanto Lipman defende termos como "neutro", "imparcial" ou "autorretraído" para descrever a posição do educador, a quem chama de "facilitador", Freire tem desafiado enfaticamente a neutralidade e argumentado que o educador deve tomar partido a favor dos oprimidos pelo sistema capitalista.

No final, um novo começo

> *Estou sempre no começo, como você.*
> (FREIRE in FREIRE; HORTON, 1990, p. 56 [2018, p. 78])

Não precisamos "jogar o bebê fora junto com a água quando terminamos de dar o banho", como diz Lipman. Contudo, se realmente acreditamos que uma filosofia educacional pode contribuir para uma vida boa, ela não pode ser imparcial ou insensível às forças destrutivas do capitalismo. Precisamos considerar nossas práticas filosófico-educacionais como políticas e afirmar uma racionalidade diferente, um compromisso com a igualdade e a diferença, com a justiça e a liberdade. Também precisamos repensar a política na educação (e na filosofia).

Que estrada podemos seguir? Há várias alternativas. Freire pode ser uma inspiração para isso, como sugere Funston (2017), através da pedagogia crítica. Contudo, existem outros caminhos para explorar a inspiração de Freire para além da pedagogia crítica.

Um deles é seguir a virada decolonial, abrindo, por exemplo, uma "racionalidade mestiça" (ANZALDÚA, 1999), uma do corpo sensual, "cheia de sentimentos, de emoções, de gostos" (FREIRE in FREIRE; HORTON, 1990, p. 23 [2018, p. 52]). Ela seria uma racionalidade sensível a diferentes formas de ser do "oprimido" (para usar os termos freireanos), que incluiria a opressão dos LGBTs, índios, negros, mulheres e crianças: uma racionalidade sensível à contradição e à ambiguidade. No mundo da FpC, esse caminho foi sugerido, por exemplo, por Chetty (2017), que questiona a noção de razoabilidade de Lipman em situações constituídas por desigualdades estruturais, nas quais, racialmente, as minorias podem se sentir coagidas pelo que ele chama (a partir de BURBULES, 2000) de uma "razoabilidade hegemônica". O autor também mostra como essa razoabilidade tem sido constituída a partir do que chama de "ignorância branca" (CHETTY, 2018), sendo, portanto, etnicamente excludente e politicamente problemática.

Outra possibilidade envolve um dispositivo que desfaz as identidades: um problematizar um número de dualismos como ensino/aprendizagem, criança/adulto, mente/corpo, para o qual feministas pós-humanistas podem ser inspiradoras. Esse é um caminho já transitado, no mundo da FpC, por Murris (2016), que problematiza as figuras da criança como substância ou essência, e que desterritorializa a interação humano/não humano na prática pedagógica para além dos fluxos dominantes do capitalismo cognitivo, especialmente no caso da linguagem pelo qual nos referimos a essas práticas (MURRIS; HAYNES, 2018).

Uma outra opção seria interromper os fluxos capitalistas que habitam o sistema educacional, afirmando uma forma diferente de escola, inspirada na noção grega de *scholé* (ver MASSCHELEIN; SIMONS, 2013; 2014) ou na tradição da educação popular latino-americana (como Simón Rodríguez (2001); sugerimos isso em Kohan (2013). Outra alternativa seria incomodar a já incômoda experiência de tempo, turva e cronológica, cultivada pelas nossas instituições educacionais, e promover as condições para perturbar e difratar (BARAD, 2018) o tempo e descolonizar a infância (ROLLO, 2016). Em outras palavras, interromper o tempo cronológico da colonização e do capitalismo que captura nossa experiência de escolaridade e infância, e criar as condições para vivenciar outros tempos, o que significa outras formas de vida social.

Naturalmente, todos esses caminhos não são exclusivos nem, até certo ponto, irreconciliáveis. Os caminhos e as formas para encontrá-los e seguir por eles estão abertos: fazemos o caminho andando (FREIRE; HORTON, 1990 [2018]). Filosofia e política são inspirações para percorrer o caminho da educação, como fazem Paulo Freire e Matthew Lipman. Em um tempo presente povoado por forças despolitizantes, esta escrita busca lançar alguma luz sobre o potencial político da FpC. Tentamos mostrar, com a ajuda da contribuição de Paulo Freire sobre a "politicidade" da educação, que a potencialidade política da FpC não está suficientemente atualizada no programa FpC. Em outras palavras, se os educadores que trabalham com FpC estiverem interessados em democracia e justiça, o programa não parece ser suficiente. O que poderia ser feito para atualizar essa potencialidade? Sugeri várias opções. Mas — como também podemos aprender com Paulo Freire — cada educador constrói seu próprio caminho. Há sempre tempo, um tempo não cronológico, para começar a caminhar de maneira diferente na educação e na política, de mãos dadas com a filosofia.

Notas

[1] A tradução de Manoel Bandeira do poema de Bertolt Brecht foi extraída do caderno "Mais!", do jornal *Folha de S.Paulo,* em sua edição de 07 de fevereiro de 2002.

[2] Em diálogo com Sérgio Guimarães, Paulo Freire esclarece que seu segundo nome, "Reglus", surge de um erro no cartório: deveria ter se chamado Paulo "Regulus". Seja como for, o nome não vingou, e desde que ele tem memória foi chamado de Paulo Freire (FREIRE; GUIMARÃES, 2010 [1987], p. 21).

[3] Disponível em: <http://blogs.lse.ac.uk/impactofsocialsciences/2016/05/12/what-are-the-most-cited-publications-in-the-social-sciences-according-to-google-scholar/>. Acesso em: 2 nov. 2017.

[4] A educação, claro, é o campo em que sua figura tem maior destaque. Por exemplo, a última edição da maior reunião anual de pesquisadores educacionais do mundo, organizada pela American Educational Research Association (AERA), teve 65 sessões acadêmicas dedicadas a discutir as ideias do educador de Pernambuco, e o Paulo Freire Special Interest Group (SIG) é um dos maiores dessa associação, com mais de mil membros (FISCHMAN; SALES; PRETTI, 2018, p. 30). Talvez esses dados ajudem a entender por que seu nome é menos contestado fora do que dentro do Brasil.

[5] Lidia Rodríguez (2015) mostra, com o apoio de Moacir Gadotti, os limites de tal periodização e defende sua preferência por uma leitura que, antes de fases, demonstre um retorno a um desenvolvimento em espiral de certos temas que permanecem nos textos de Freire. Mantemos aqui a referência a etapas porque privilegiamos, como veremos, a leitura de sua vida mais do que de sua obra.

[6] Disponível em: <https://www12.senado.leg.br/ecidadania/visualizacaoideia?id=90310>. Acesso em: 23 maio 2019.

[7] O movimento é fundado e presidido por Miguel Nagib, presidente da ONG Escola Sem Partido e impulsor dos diversos projetos de lei denominados "contra o abuso da liberdade de ensinar" (cf.: <https://www.programaescolasempartido.org/>). Ele se apresenta inspirado no Código de Defesa do Consumidor e cumpriria o Art. 70 do Estatuto da Criança e do Adolescente (ECA), no sentido de ser "dever de todos prevenir a ocorrência de ameaça ou violação dos direitos da criança e do adolescente", sendo um deles a sua liberdade de consciência e de crença. Assim, o projeto interviria para impedir o "abuso da liberdade de ensinar do professor", para preservar

essa "liberdade de consciência dos estudantes" e o "pluralismo de ideias nas salas de aula" exigido pela Constituição Nacional. Diversos setores da sociedade civil têm se manifestado contra esse movimento. Entre os intelectuais que têm se pronunciado mais sistematicamente contra a Escola sem Partido, é preciso mencionar Gaudêncio Frigotto, professor da Universidade do Estado do Rio de Janeiro, organizador do livro *Escola "sem" partido: esfinge que ameaça a educação e a sociedade brasileira* (Rio de Janeiro: UERJ/LPP, 2017), e Fernando Penna, historiador, professor da Universidade Federal Fluminense, autor de um capítulo no citado livro e idealizador de diversas intervenções públicas contra a Escola sem Partido. Voltaremos a esse projeto no epílogo deste livro.

[8] No original, em inglês: *"We need an education in which teachers are no longer merely transmitters of knowledge that other people create and about whose origins the teachers know nothing – reinforcing a way of teaching where teachers transfer this knowledge, without any kind of historical curiosity, to the students, who also receive the knowledge in this manner. To change this, education needs to embrace philosophy; we need not only – exclusively – technology and science but also philosophy of Science, philosophy of technology, philosophy of knowledge. We must seriously question how we think and how we know".*

[9] A coincidência não deve surpreender, uma vez que a filosofia da educação é, na maioria das vezes, considerada um campo mais educacional ou pedagógico do que filosófico, olhado com certo desinteresse, condescendência ou indiferença pelos filósofos e filósofas acadêmicos.

[10] Recentemente, em um diálogo epistolar, Inés Fernández Mouján, após visitar a biblioteca de Paulo Freire, faz uma relação dos livros que ele lia entre os anos 1950 e fins dos 1970. A lista é expressiva: de K. Jaspers, *Origem e meta da história*; de Husserl, *Notas relativas a uma fenomenologia para uma filosofia fenomenológica*; de Marx e Engels, *A sagrada família, Obras escolhidas*; de Lenin, *Que fazer?*; de Rosa Luxemburgo, *Reforma ou revolução?*; de G. Lukács, *Ontology*; de Jean-Paul Sartre, *O ser e o nada. O Homem e as coisas, A transcendência do ego, Questão de método, Colonialismo e neocolonialismo*; de Simone de Beauvoir, *O pensamento político da direita*; de James Cone, *Teologia negra e poder negro* e *Teologia negra da libertação* – neste último, escreve o prólogo; de G. Bachelard, *Dialética*; de H. Marcuse, *Vers la libération, Razão e libertação* e *Eros e civilização*; de Goldmann *Epistemologia e filosofia política*; de Hegel, *Fenomenologia*; de M. Horkheimer, *Teoria tradicional e teoria crítica*; de M. Heidegger, *A pergunta pela coisa*; de Gramsci, *O príncipe moderno e outras escritas, Cadernos do cárcere*, de Maquiavel, *política y Estado moderno*; de Mao Tsé-Tung, *O livro vermelho*; de Memmi, *Retrato do colonizado* e *A libertação do judeu*; de Fanon, *Los condenados de la tierra, Sociología de una revolución, Piel negra, máscaras blancas*; de E. Fromm, *El miedo a la libertad, O coração do homem*; de Amílcar Cabral, *A prática revolucionária, A arma da teoria, Unidade e luta, Revolução em Guiné*; de Davidson, *La liberación de Guinea*; de Malcolm X, *Autobiografia*; de Mendel, *Pour décoloniser l'enfant, Sociopsicanálise da autoridade*; de Althusser, *A revolução teórica de Marx*; de Merleau-Ponty, *Fenomenologia da percepção*; de P. Furter, *Educação e vida*; de Vieira Pinto, *Consciência e realidade nacional*; de Foucault, *As palavras e as coisas*; de Spinoza,

Tratado teológico-político. Na biblioteca havia também obras de, entre outros, Darcy Ribeiro, Juan D. Perón, Hernández Arregui, Fernando Henrique Cardoso, Enzo Faletto, Fernández Castro, E. Laclau, Che Guevara, Fidel Castro e Getúlio Vargas.

[11] I. Fernández Mouján mostra que a influência marxista vai ganhando crescente peso na ideia de conscientização em Freire, em especial pela via de Frantz Fanon, com a noção de dupla consciência ou consciência dual (cf. FERNÁNDEZ MOUJÁN, 2016).

[12] No Brasil, têm sido produzidas algumas conexões entre P. Freire e M. Foucault, como tentarei fazer aqui. Por exemplo, J. Mafra (2008), A. Berino (2008), K. Maciel (2017) e R. Oliveira (2017). Berino sugere como ponte a "estética da existência" a partir de uma carta curiosa enviada a Paulo Freire por um "leitor mascarado", que ecoa uma entrevista que o próprio Foucault assinou como "o filósofo mascarado". Berino reproduz a carta e tece alguns comentários aproximando as preocupações de Foucault e de Paulo Freire (BERINO, 2008, p. 35).

[13] Depois de ler uma versão preliminar do presente capítulo, Facundo Giuliano manifestava, numa mensagem eletrônica, sua insatisfação pela minha leitura de Freire a partir de "metanarrativas da modernidade/colonialidade" (Marx, Foucault) que ele próprio critica fartamente (ver GIULIANO, 2018). A questão, considero, é muito mais complexa. Prefiro pensar que, antes de existirem autores coloniais ou não coloniais, existem leituras colonizadoras ou descolonizadoras de autores de diversas tradições. Mais do que um pensamento, são os usos e sentidos outorgados a um pensamento que têm um valor colonizador ou descolonizador.

[14] Num trabalho complexo e difícil de ler, B. Cintra (1998) faz uma leitura dessa dupla inspiração a partir das categorias de grego e semita. Paulo Freire tomaria e combinaria elementos dos dois humanismos matriciais do Ocidente: o helênico (filosofia) e o semita (comunhão).

[15] Assim, em data próxima à publicação de *Pedagogia do oprimido*, foram também publicados, por exemplo, *Teología de la liberación: perspectivas* (de Gustavo Gutiérrez, em Lima, 1971) e *A Theology of Human Hope* (de Rubem Alves, em New York, 1969, em inglês e em castelhano como *Religión: ¿opio o instrumento de liberación?*, outro livro de um exilado publicado primeiro em línguas estrangeiras). Em 1973, Paulo Freire escreve o prólogo da edição em castelhano do livro de James H. Cone, *A Black Theology of Liberation* (*Teología negra. Teología de la liberación.* Buenos Aires: Lolhe), produto de um seminário promovido por P. Freire com H. Assmann, E. I. Bodipo-Malumba e J. H. Cone no Conselho Mundial de Igrejas.

[16] I. Fernández Mouján deixa ver como, por exemplo, foram muito importantes, no exílio, as leituras de Fanon e Sartre, nos quais se inspira para colocar juntos anti-imperialismo, antirracismo e anticolonialismo (ver MOUJÁN, 2016).

[17] Assim se define Paulo Freire em diálogo com Donaldo Macedo a propósito de um projeto de livro sobre Amílcar Cabral, que se intitularia *O pedagogo da revolução*: "Sou um intelectual militante". (FREIRE; MACEDO, 2015 [1990], p. 117).

[18] Suzana Lopes de Albuquerque (2019) trabalhou sobre as fontes que comprovam a circulação das ideias de Jacotot no Brasil: cartas de Castilho e o periódico de

homeopatia *Sciencia*, digitalizado e disponibilizado no site da Hemeroteca Digital da Biblioteca Nacional em suas 25 edições, sendo 5 de 1847 e as demais de 1848.

[19] Sabemos também que o primeiro diretor da Escola Normal de Niterói, José da Costa Azevedo, foi responsável pela elaboração de um método de leitura baseado nas ideias de Jacotot (ALBUQUERQUE, 2018).

[20] As ideias de Jacotot poderiam ser apropriadas por discursos conservadores como uma "saída" ou "solução" para o forçado e proposital sucateamento da escola pública: o ensino domiciliar seria uma forma de superação dos problemas institucionais dessa escola, que estaria gerando gastos desnecessários e mal aproveitados aos cofres públicos. Porém, essa "saída", que tiraria do Estado a responsabilidade pela educação para delegá-la às famílias ou às igrejas evangélicas das comunidades mais pobres, é de fato incompatível com os princípios e o sentido de ensino universal de Jacotot.

[21] Cf. "Nota sobre as edições da *Pedagogia do oprimido*", na edição comemorativa dos cinquenta anos (FREIRE, 2018, p. 25-26). A respeito, há uma discrepância observada pelos editores (FREIRE, 2018, p. 25, n. 16) dessa versão (examinada em exemplares da primeira edição) com a do próprio Paulo Freire em *Pedagogia da esperança* (2014 [1992]), na qual ele afirma que a primeira edição em português teria sido publicada no Brasil em 1975. Os editores acrescentam que Paulo Freire deve ter recebido essa informação do editor da Paz e Terra e que, como ambos já faleceram, a questão não poderá ser resolvida. Para um estudo mais detalhado e rigoroso das edições de *Pedagogia do oprimido*, ver: BRUGALETTA, F. La circulación de la pedagogía de Paulo Freire. El papel de las editoriales en la historia reciente de la educación. In: LORA, M. E. A. (Org.). *Desplazamientos. Educación, historia, cultura*. México: UNAM (no prelo).

[22] Os testemunhos estão recolhidos em diversos documentos. Entre os brasileiros, cf. a *Biobibliografia*, editada por Moacir Gadotti (2001). Entre os inúmeros livros do exterior, sugiro *Memories of Paulo*, editado por T. Wilson, P. Park e A. Colón-Muñiz (2010), que reúne depoimentos desde os anos 1960 até a morte de Paulo Freire. No prefácio, Donaldo Macedo afirma: "Paulo foi um amigo especial, um ser humano refinado, um intelectual amorosamente militante, cuja morte deixa em nossos corações um vazio turbulento. Ao mesmo tempo, sua paixão e compaixão vão sempre guiar e definir nossa luta coletiva para erradicar o ódio, na medida em que abraçamos o que sempre e atenciosamente compartilhou conosco: AMOR" (WILSON; PARK; COLÓN-MUÑIZ, 2010, p. xiii, tradução nossa).

[23] Esse é o título de um livro excelente de Miguel Escobar Guerrero, *La pedagogía erótica: Paulo Freire y el EZLN* (2012). Nele, são apresentadas semelhanças entre Paulo Freire e o movimento zapatista, a partir do que o próprio autor denomina como "psicoanálisis sociopolítico". Trata-se não apenas de um estudo teórico, mas de uma prática de inspirações freireanas no Colégio Pedagógico da Universidade Nacional Autônoma do México, a partir de um contato direto e intenso com Paulo Freire. O conceito de autonomia é um ponto comum entre Freire e o EZLN: para ambos, "*la lucha por la autonomía es esencial en la construcción individual y colectiva del ser humano*" (ESCOBAR, 2012, p. 48). Talvez o seguinte

parágrafo sintetize a principal procura do autor: "*La propuesta de Pedagogía eróti-ca, por lo tanto, es una propuesta de traer el erotismo de Eros a la vida, como invita-ción a luchar contra su adversario Tánatos, que, dentro del modelo de globalización capitalista de guerra, ha abierto el camino a las partes más primitivas del ser humano, conjugadas en su poder político de destrucción: en el erotismo de Tánatos.*" (ESCOBAR, 2012, p. 159).

[24] As referências a Che Guevara em relação ao amor são muitas. Por exemplo, veja-se Freire (2018 [1995], p. 131), no qual relaciona também outro revolucionário, Amílcar Cabral, com o amor; também o relaciona com A. Cabral em um diálogo com A. Faundez em que mostra como eles jamais renunciaram a uma comunhão com as massas populares (FREIRE; FAUNDEZ, 2017 [1985], p. 57).

[25] Em outras ocasiões, Paulo Freire refere-se de forma positiva a um mundo "onde seja mais fácil amar". Por exemplo, no prefácio de um livro do mexicano Miguel Escobar: "*El sueño de un mundo en que amar sea más fácil, de un mundo que nazca de un profundo y radical no al proyecto neoliberal*" (FREIRE in ESCOBAR, 2012, p. 50). Contudo, aí a negativa aparece na recusa ao projeto neoliberal.

[26] Assim concebida a filosofia, surge um monte de perguntas sobre a sua situação na escola: como sabemos se alguém está sentimentalmente educado? Quais as condições formativas para alguém se tornar um educador dos sentimentos? Basta sentir-se filósofo para poder ensinar filosofia (ou com filosofia)?

[27] Milena Fresquet Kohan diz, em redação manuscrita em março de 2019: não é o ódio que se opõe ao amor ("pois ambos nos lembram a cor vermelha"), mas a indiferença.

[28] A mãe, em *O livro do bebê*, não diz que foram eles que alfabetizaram Paulo Freire e conta que ele "começou a aprender a ler no dia 15 de julho de 1925, aos 4 anos. Sua primeira mestra foi D. Amália Costa Lima, que, juntamente com suas filhas, o mimavam demais" (FREIRE, A. M., 2006, p. 51). Sem contar que em julho de 1925 ele tinha 3, e não 4 anos, preferimos seguir o testemunho detalhado e reite-rado do próprio Paulo Freire.

[29] O programa de rádio está disponível no Centro de Referência Paulo Freire: <http://acervo.paulofreire.org:8080/xmlui/handle/7891/3279>. Acesso em: 1 maio 2018.

[30] A mesma anedota é comentada em diálogo com Donaldo Macedo, no qual apa-recem mais detalhes do encontro com os membros do MPLA e de como, depois de estar na Zâmbia, na Tanzânia também surgiram encontros imprevistos e irre-cusáveis (FREIRE; MACEDO, 2015 [1990], p. 104 ss.).

[31] Segundo Camnitzer (2007), é próprio de educadores latino-americanos recorrer a estratégias estéticas para enfrentar questões políticas e educacionais. Referindo-se tanto a Simón Rodríguez quanto a Paulo Freire, o autor afirma que, na América Latina, a arte, a educação e a política se relacionam de forma estreita perante a ne-cessidade de ampliar o acesso ao ensino e de fornecer às pessoas ferramentas para criar; assim, na arte e na pedagogia, trata-se de como passar de uma criação *para* o povo a uma criação *pelo* povo. "A crença de Freire de que 'a leitura de mundo

precede a leitura da palavra' poderia ser tratada como um paradigma tanto para a arte conceitual quanto para as novas formas progressistas de educação" (p. 112, tradução de Denise Rachel). Nesse sentido, pode-se afirmar que a arte está presente de diversas maneiras em educadoras e educadores latino-americanos: na busca de um estilo (de escrita, de ensino e de existência), como estratégia ou caminho metodológico, mas também como dimensão inegável de uma vida educadora.

[32] Um dos adeptos da Escola sem Partido, Thomas Giulliano, professor de História, publicou um livro, *Desconstruindo Paulo Freire* (2017), no qual acusa Freire de ser "genocida intelectual e pedagógico, que fabricava mimados", que tornava o aluno "um sujeito detentor de posições inegociáveis [...]". Segundo Giulliano, a pedagogia de P. Freire propõe "o controle total do homem sobre o homem", e o autor o acusa de acreditar que "através de sua pedagogia chegaríamos ao fim da história, à formação do homem perfeito". O site em que o livro é promovido (www. historiaexpressa.com.br) tem o mesmo nome da editora que o publicou, o que faz pensar que o próprio Giulliano é ao mesmo tempo autor, editor, promotor, vendedor e distribuidor de sua obra. Tomamos as referências da entrevista oferecida por Thomas Giulliano a Diego Casagrande no programa "Opinião livre" em 25 de julho de 2017, em *Boletim da Liberdade* (Disponível em: <www.boletimdaliberdade.com.br>. Acesso em: 22 set. 2017), e da intervenção de Giulliano na audiência pública da Câmara do Deputados em 21 de março de 2017. O ataque a Paulo Freire não é apenas intelectual, político e pedagógico, mas também estético e moral. Segundo Giulliano, o pedagogo dos oprimidos "foi alguém que, além de insuficiente no desenvolvimento estético, estilístico para um país como o Brasil (?) que tem tanta cultura para ser nosso patrono, e do ponto de vista moral está muito abaixo de qualquer referência para o debate". Giulliano considera que "termos ele como patrono é uma vergonha [...]" e que se deveria "substituí-lo e colocá-lo no limbo teórico onde ele merece [...]". Giulliano também acusa Freire de ser, indiretamente, o causador do atual descontrole e violência nas escolas; este "tem a ver de forma indireta com Paulo Freire: alçou os alunos a um protagonismo nefasto..." E conecta o pensamento de Paulo Freire aos professores: "Ele é responsável pelo esvaziamento do papel do professor". Os professores teriam perdido seu papel para o protagonismo do aluno e, segundo Giulliano, "são os principais responsáveis" pelo estado lamentável da educação brasileira. Trata-se de um ataque evidentemente preconceituoso, dogmático, tendencioso: ele não se sustenta em qualquer análise, razão ou justificativa a não ser um desprezo profundo pelo mundo e pelos valores estéticos, éticos e políticos que Paulo Freire afirma e representa: os do povo nordestino, a cultura popular, a escrita cuidada, engajada, que expressa essa cultura.

[33] Apesar de não ter força legal, o projeto se espalha pelo país, granjeando vários adeptos, mas também mobilizando protestos e tensões por parte de pessoas que resistem às ideias do ESP, desde instâncias públicas até um grande contingente de docentes e estudantes de todos os níveis de ensino. Entre as primeiras, destaca-se a Advocacia Geral da União (AGU), que emitiu parecer ao Supremo Tribunal Federal defendendo a inconstitucionalidade da lei aprovada no estado de Alagoas em 2016, revogando-a; além dessa, outras instâncias emitiram pareceres contrá-

rios à ideia do ESP, tais como a Procuradoria Geral da República; o Ministério Público Federal, por meio da Promotoria Federal dos Direitos do Cidadão; o Conselho Nacional de Direitos Humanos, que emitiu uma resolução repudiando as iniciativas do ESP; o Alto Comissariado das Nações Unidas para os Direitos Humanos, que tratou os projetos de lei promovidos pelo movimento como ameaças aos direitos humanos básicos; a Sociedade Brasileira para o Progresso da Ciência (SBPC), que afirma que o ESP é uma grave ameaça às ciências, à educação, ao estado laico e à liberdade de expressão no Brasil; além de diversas associações de professores de educação básica e superior e de reitorias de universidades federais. A resistência ao ESP também foi uma das pautas das mobilizações estudantis de 2016, em que diversos alunos secundaristas e universitários ocuparam instituições de ensino em protesto contra esse projeto de lei, chamando-o de "Lei da Mordaça". Ainda no que se refere à resistência, destaca-se a atuação do Movimento Professores contra o Escola sem Partido, criado por docentes da área da educação da Universidade Federal Fluminense, bem como a Campanha Nacional pelo Direito à Educação, coordenada por Daniel Cara.

[34] Entre essas críticas, destaco a de Facundo Giuliano (2018), inspirada em autores como R. Kusch, W. Mignolo e E. Dussel. Giuliano realiza uma crítica do que denomina "*el carácter colonial (evaluativo y moral)*" no pensamento de Paulo Freire. De modo interessante, dá especial ênfase à última obra publicada em vida por Freire, a *Pedagogia da autonomia*. Giuliano acusa Freire de sustentar um "racismo epistemológico" e de "moralização pedagógica" pelo uso de categorias modernas como "apreensão da realidade", "avaliação crítica", "bom juízo", e de dicotomias como "curiosidade ingênua" *versus* "curiosidade crítica" ou "epistemológica". Além de apresentar a crítica de Kusch ao caráter ilustrado da visão freireana do campesino, essa inspiração leva Giuliano a criticar também o que Paulo Freire chama de vocação ontológica do ser humano, o "ser mais", ao que contrapõe um "estar sendo" e um "nada mais estar" ("*estar no más*") afirmados por Kusch. Essa crítica de Giuliano também é passível ela própria, em bom grau, das mesmas críticas que realiza a Freire.

[35] No início dos anos 1990, K. Weiler (1991) coloca em questão o pressuposto freireano de que há uma única experiência de opressão e o que chama de seus objetivos abstratos de libertação. A postura de Weiller não é apenas crítica: ela propõe uma epistemologia feminista que, ao mesmo tempo que critica algumas ideias de Paulo Freire, expande sua obra. Os três princípios dessa epistemologia são: a) questionar o papel e a autoridade do professor; b) reconhecer a importância da experiência pessoal como fonte de conhecimento; e c) explorar as perspectivas de pessoas de diferentes raças, classes e culturas. Talvez essa terceira dimensão seja, efetivamente, a menos explorada por Paulo Freire. As relações entre pensadoras feministas, o que nos Estados Unidos se chama "pedagogia crítica", e Paulo Freire têm sido muito intensas e complexas desde a publicação da *Pedagogia do oprimido*. (N.A.)

[36] Um exemplo é o de Blanca Facundo, que, em 1984, oferece uma crítica bastante interessante não apenas de Paulo Freire, mas também da forma acrítica e

romântica com que, nos Estados Unidos, seu pensamento estava sendo incorporado. Facundo é uma porto-riquenha que, seduzida pela leitura da *Pedagogia do oprimido*, tenta fazer diversas experiências a partir das suas ideias, em particular entre comunidades latinas, e, ao encontrar vários problemas, vai consolidando um olhar crítico contrastante frente à imensa maioria dos intelectuais freireanos nos Estados Unidos. Segundo ela, educadores e educadoras progressistas precisam ir além de Freire. Analisa, por exemplo, um problema educacional concreto – o da avaliação –, respeito ao qual Freire entraria em contradições, e a campanha de alfabetização em Guiné-Bissau, que, com apoio em pesquisas e documentos diversos, considera um fracasso não explicado, pelo menos não suficientemente, por Freire. Seu texto (FACUNDO, 1984) é não apenas uma crítica a Paulo Freire, mas, sobretudo, uma advertência para uma forma – acrítica, idealizada, ingênua – de se relacionar com sua obra. Alguns freireanos, como Robert Mackie (1997 [1988]), reagiram agressivamente a ela. Anos depois, em 1995, John Ohliger compila uma lista temática bastante ampla de críticas a Paulo Freire (Disponível em: <https://www.bmartin.cc/dissent/documents/Facundo/Ohliger1.html>. Acesso em: 19 fev. 2019).

[37] Por exemplo, para Streck, Moretti e Pitano (2018), a *Pedagogia do oprimido*, assentada em princípios como a solidariedade e a participação, seria a referência fundante de uma perspectiva "descolonial" para a América Latina.

[38] Recentemente, Licínio C. Lima ofereceu quatro razões para estudar Paulo Freire hoje: a) trata-se de um clássico do pensamento educacional crítico; b) é uma obra de grande potência crítica; c) afirma uma pedagogia democrática, a participação e uma cidadania ativa; d) propõe uma educação permanente humanizadora (LIMA, 2018, p. 29-34).

[39] Em inglês, *We made the road by walking*, traduzido para o português como *O caminho se faz caminhando* (FREIRE; HORTON, 1990 [2018]).

[40] Para o impacto mais geral das ideias de Lipman na América Latina, ver Henning (2005) e Kohan (2000, 2014).

[41] Em correspondência privada, Lorieri afirma que a TV da Pontifícia Universidade Católica de São Paulo pretendia gravar uma conversa entre Lipman e Freire que teria lugar nos Estados Unidos em agosto de 1997. Infelizmente, Paulo Freire morreu alguns meses antes, em 2 de maio de 1997.

[42] Talvez tenha havido, simplesmente, um problema na tradução da entrevista.

[43] Mantenho a tradução literal do termo "*learnification*", cunhado por Biesta.

[44] Ver o capítulo "A vida" (p. 61).

[45] Ambas as conversas estão incluídas, em inglês, como apêndice de minha tese (KOHAN, 1996). Estão publicadas na íntegra, em português, em: KOHAN, 1999.

ANEXO

Entrevista com Esther Pillar Grossi[1]

Walter: Esther, primeiro, agradeço enormemente a oportunidade desta entrevista-conversa-diálogo... Sinto-me privilegiado por termos trabalhado juntos no GEEMPA [Grupo de Estudos sobre Educação, Metodologia da Pesquisa e Ação] e compartilhado não apenas um espaço de trabalho, mas também de amizade, pelo menos nos últimos dez ou doze anos. Considero você uma das pessoas que mais fez, nas últimas décadas, pela educação do Brasil, e mais especificamente pela alfabetização das crianças e a formação de professores e professoras alfabetizadoras. Outro brasileiro que fez muito pela educação no Brasil foi Paulo Freire, que está hoje sendo atacado por setores ultraconservadores do país como o principal responsável pelo estado atual da educação no Brasil. Poderia me dizer o que pensa sobre Paulo Freire?

Esther: Em primeiro lugar, eu fui uma grande amiga de Paulo Freire, e ele foi uma figura extraordinária, levantando, justamente num momento muito necessário, a bandeira em favor dos oprimidos... E o trabalho de ajuda em relação a essa opressão teve início em Angicos, Rio Grande do Norte, com alfabetização de adultos. A partir dali ele escreveu *Pedagogia do oprimido,* em que aborda a relação das massas oprimidas e seus dirigentes, advogando um respeito muito grande para com elas. Penso que houve realmente uma confusão entre o que Paulo Freire propôs e sua transposição imediata, direta, para a escola, fazendo com que na escola se praticassem algumas confusões sobre o que seria a construção de conhecimentos dentro dela.

[1] Entrevista concedida em novembro de 2017 pelo WhatsApp.

Walter: Pode falar um pouquinho mais dessa confusão, Esther? Porque Paulo Freire também foi, depois de retornar do exílio, como sabe, secretário municipal de educação em São Paulo, e esteve diretamente envolvido com o trabalho nas escolas...

Esther: Parece-me que Paulo Freire, como secretário de educação de São Paulo (nesse período eu era secretária em Porto Alegre), realmente não se deu muito bem com a tarefa, tanto que ele deixou o cargo antes do término do mandato da Luiza Erundina, passando a Secretaria de Educação para Sérgio Cortella. E me lembro até de ele desabafar comigo sobre dificuldades com os professores, em particular com a ideia de eleição de diretores. Parece incrível, mas Paulo Freire percebeu que havia um equívoco na eleição dos diretores, pelo menos da forma em que era encaminhada, e penso que, mesmo com sua experiência na Secretaria de Educação, ele não conseguiu desfazer o equívoco das esquerdas, particularmente o PT, ao julgarem que há um saber popular que deve ter prioridade na escola, e que então o professor tem que escutar os alunos e – interpretando a frase de Paulo Freire, mais de uma vez expressa – devolver estruturado aquilo que os alunos lhe apresentam de forma desorganizada. Isso serve justamente para suas ideias na luta pela libertação dos oprimidos, mas não é o que acontece na escola, com o saber da alfabetização. Ele mesmo me disse uma vez: "Olha, Esther, quem entende de alfabetização és tu". Ele não criou, de fato, nenhum método. Na alfabetização, é evidente que os alunos não têm um saber. Esse saber precisa ser construído. Eu sinto, presumo, que Paulo Freire se antecipou à ideia da psicogênese das aprendizagens, levando em conta o fato de que os alunos constroem hipóteses sobre aquilo que eles estão ungidos em aprender. E essas hipóteses são um saber de ignorância. Sara Paín diz que ignorância não é burrice, é uma inteligência. Então um aluno que pensa que se escreve com desenhos já evoluiu ao saber que escrever é transpor para uma superfície algo que relate ou estabeleça uma permanência com aquilo que ele está pensando ou que está acontecendo. E, mais adiante, as outras hipóteses que os alunos fazem evoluindo em sequência ao achar que "não se escreve com desenhos, mas com sinais gráficos", mas ainda sem nenhuma vinculação com a pronúncia. Então, evidentemente, o conhecimento é feito a partir de uma elaboração do aprendente, e o professor tem que levar em conta o que o aluno está pensando.

Walter: Encontrei uma frase de Paulo Freire na qual ele diz algo que talvez tenha a ver com o que você diz que ele antecipou... É de uma entrevista dos anos 1990: "A alfabetização é uma experiência criadora e isso significa que o alfabetizando tem que criar, tem que mudar, para usar uma expressão mais técnica, 'o seu sistema de sinais gráficos'... quer dizer, ele tem que ser, no fundo, o arquiteto desta produção ou desta criação, obviamente ele ou ela ajudada ou ajudado pelo educador". Pode comentá-la?

Esther: Eu tenho uma concretização bem clara dessa construção pelo aluno, que foi a expressão do Antônio, um dos primeiros alunos que estiveram na minha sala de alfabetização e que, perguntado sobre quem o tinha ensinado a ler e escrever, disse: "Ninguém, eu aprendi pensando e perguntando". É exatamente isso. A presença do mestre desaparece diante da autoria criativa do aluno. Mas, evidentemente, ele teve mestre, e eu não estava ali para nada: eu preparei as condições para que o Antônio pensasse.

Walter: Exatamente, Esther, precioso esse testemunho sobre o Antônio! Mas imagine se, a partir dele, alguns pensassem que, como ninguém o ensinou, então o professor não precisa saber nada nem ensinar nada... Minha impressão, com Paulo Freire, é que ele estaria totalmente de acordo com o que você diz, mas tem-se feito uma leitura pífia, como alguém poderia fazer do seu Antônio... E, certamente, a experiência de Paulo Freire na Secretaria de Educação de São Paulo mostra que uma coisa são as ideias, as teorias, e outra a realidade de um sistema educacional tão complexo como o de São Paulo... Você mesma deve ter vivido enormes dificuldades para colocar suas ideias em prática em Porto Alegre... Pena que o governo Lula não tenha te dado a oportunidade de viver essas dificuldades no próprio Ministério da Educação... mas isso é conjeturar sobre o passado... Também parece claro que Paulo Freire propõe ideias, mais do que um método, ou seja, uma maneira de pensar a educação. Além dessa questão do saber popular, o que pensa de suas outras ideias mais significativas – por exemplo, a impossibilidade da neutralidade do educador, o que ele chama da "politicidade" da educação?

Esther: Claro, toda pessoa, todo profissional é embalado pela sua posição política, religiosa... Isso impregna o seu fazer. Porém, realmente, em minha opinião, eu, como alfabetizadora, alfabetizando os alunos ou apresentando uma boa matemática, estou levando meus alunos àquilo que desejo: que eles pensem e tenham critérios para fazerem suas opções... Então, eu penso que, realmente, "politicidade" não significa uma doutrinação direta com relação a uma posição política. É evidente que nenhum professor deve se dizer neutro, porque essa neutralidade não existe... Nós todos temos com muita força as nossas ideologias, e hoje em dia eu acho um crime considerar que é ideologia, por exemplo, tratar na escola problemas como racismo ou homofobia... Eu, por exemplo, sou acusada pelo filho do Bolsonaro de estar incitando os alunos às drogas porque temos um caderno de atividades sobre o Patrick, que era um menino lá de Santa Maria que fazia três anos que estava na escola e não aprendia a ler e que, nós, ao alfabetizar, tratamos da problemática das drogas, porque ele estava envolvido nisso e nisso ele tinha aprendido muito... Então nós sabemos que, se não enganchamos aquilo que queremos ensinar nos conhecimentos que o aluno adquire no seu dia a dia e que para ele são muito importantes, nós não ensinamos... Bem concretamente, nós, do GEEMPA, quando trabalhamos a questão da morte, uma questão profunda sobre a qual cada um de nós tem seu posicionamento, nós a abordamos de forma que os alunos possam ter uma ideia a partir de sua cultura, tendo uma abertura positiva sobre a questão da morte... E trabalhamos com livros de literatura, temos uma série de livros, entre eles aquele sobre a história de uma folha, em que deixamos a questão em aberto mas, evidentemente, ajudando que os alunos pensem e se definam...

Walter: Então, penso que, sobre a não neutralidade, você estaria de acordo com Paulo Freire: ele não diz que o professor deve fazer valer sua opção, como alguns sugerem... O que ele diz é que o professor não deve ocultá-la e que ele não pode ser simplesmente neutro – o que seria impossível, como você mesma diz, pois dessa forma estaria trabalhando a favor do estado de coisas, que certamente não é neutral... Por exemplo, essa crítica que o filho do Bolsonaro faz ao GEEMPA é paralela à que se faz hoje contra Paulo Freire e o que nomeiam como "ideologia de gênero"... O que você diz – que quer que os alunos pensem com seus próprios critérios – é o que está justamente sendo criticado por esses sujeitos e a tal Escola sem Partido, que veem isso como uma ameaça aos valores da família ou da religião. O que eles pretendem é justamente tirar da escola pública esse poder de contribuir para a formação de pessoas pensantes, com critério próprio. E Paulo Freire apostava nisso mesmo como sentido principal da educação pública, ou não?

Esther: Pode ser que hoje essa turma da direita esteja infligindo a Paulo Freire essa responsabilidade de querer doutrinar as pessoas... Mas infelizmente não é essa a confusão a que eu me refiro do ponto de vista didático-pedagógico... Houve, a partir de uma má interpretação de Paulo Freire, a ideia de que o professor não deve nem sequer ter conhecimento sobre o que vai ensinar, porque isso já seria um autoritarismo: o professor teria que estar aprendendo com os alunos, *pari passu*... Então ele não leva nada preparado para a sala de aula, porque vai escutar o que os alunos vão entregar, desorganizado, para ele devolver estruturado... Isso realmente é um equívoco... Um professor que vai alfabetizar tem que estar alfabetizado... E inclusive, a partir dessa má compreensão de Paulo Freire, se construiu o MOVA, movimento de alfabetização em que os professores alfabetizadores não eram professores, eram quaisquer leigos já alfabetizados... E, nesse movimento, aparece outra falha de que o professor não precisaria ter conhecimento daquilo que ele vai ensinar. Por exemplo, eu tenho que ensinar matemática, não posso contar com o que os alunos trazem como saber popular de matemática... Em matemática nós sabemos muito bem que, por exemplo, é possível que uma pessoa construa a estrutura aditiva no seu dia a dia, como tão bem Terezinha Nunes indicou no livro *Na vida dez e na escola zero*: alguns conhecimentos se constroem com mais sentido na vida, mas esses conhecimentos têm um limite superior bastante restrito... Está superdemonstrado, em ciência de ensino da matemática, que a estrutura da multiplicação é impossível de ser construída sem a sistematização organizada da didática, então preciso conhecer a didática da matemática além de conhecer a matemática... Essa foi a confusão que houve: "Os professores não precisam ter conhecimentos: eles vão para aprender junto com seus alunos". Isso é um absurdo, mas infelizmente, ancorado equivocadamente em Paulo Freire, aconteceu muito, tanto que, em alfabetização, nós temos um desastre, não conseguimos sequer sair das mesmas cifras de quarenta anos atrás: cinquenta milhões de analfabetos adultos que passaram pela escola... Por quê? Por causa dessa confusão.

Walter: Há muitos testemunhos nos quais Paulo Freire enfatiza a necessidade do saber do professor, de ele ensinar etc. etc. A questão que temos hoje é realmente essa tragédia que você diz: cinquenta milhões de analfabetos...

Esther: Como consequência desse equívoco, as próprias faculdades de Pedagogia se desviaram do foco, e disciplinas periféricas tomaram o centro... Agora, em Cachoeira, na Bahia, fui visitar uma escola, e duas professoras choraram quando cheguei... Era uma visita absolutamente gratuita, fui conhecer uma escola de uma das primeiras cidades brasileiras, e duas professoras choraram e disseram: "Nós temos classes de alfabetização, e nas faculdades de Pedagogia não aprendemos nada sobre como alfabetizar. E mesmo de matemática não aprendemos nada nos cursos de Pedagogia, e depois nos vemos diante dos alunos para realizar esse ensino". Mas, em compensação, elas aprenderam muito sobre educação popular, sobre ecologia, sobre muitos outros assuntos que realmente as desviam de seu foco principal, de sua obrigação política.

Walter: Pois é, uma das pernas dessa tragédia dos cinquenta milhões de analfabetos é a pífia formação de professores... Mas, se me permite, Esther, não acredito que as professoras tenham uma boa formação política, mas uma deficitária formação "técnica"... Tomara fosse pelo menos isso, mas penso que é mais grave ainda...

Esther: Infelizmente, os professores absorvem a ideologia dominante e também acreditam que os alunos pobres não podem aprender.

Walter: Exatamente, Esther. Ali temos um princípio da "politicidade" da educação, que tanto temos trabalhado juntos, inspirados em *O mestre ignorante*: ninguém pode ensinar de verdade se não pressupõe que todos, para além de sua idade, classe, gênero, são igualmente capazes de aprender... Esse saber, político, é imprescindível para ensinar qualquer coisa, e, embora possa estar politizada em outros sentidos, a formação de professores no Brasil está pouco orientada por tal princípio...

Esther: Exatamente, Walter. Para que alguém aprenda essa verdade universal, científica, de que todos podem aprender... ele tem que superar a ideologia de que pobre não vai aprender, de que todos podem, menos os pobres, aqueles que são de outra classe, que é dominada...

A conversa com Esther parou por aqui. Ficamos de continuá-la em outro momento. Por diversas errâncias, acabamos não retomando-a. Nada mal. Assim, a entrevista fica aberta, como o pensamento, a palavra, a vida... E este livro, como ela, fica também com seu final em aberto.

Referências

ABDI, Ali. Identities in the Philosophies of Dewey and Freire: Select Analysis. *The Journal of Educational Thought*, Calgary, Canadá, v. 35, n. 2, p. 181-200, ago. 2001.

ACCORINTI, Stella. Matthew Lipman y Paulo Freire: conceptos para la libertad. *Utopía y Praxis Latinoamericana*, Maracaibo, Venezuela, v. 7, n. 18, p. 35-56, set. 2002.

ALBUQUERQUE, Susana Lopes de. Filosofia panecástica de Jacotot nos periódicos brasileiros oitocentista (1847-1848). In: ALBUQUERQUE, Susana Lopes de; SILVA, Edgleide de Oliveira Clemente da; SANTOS, Ivanildo Gomes dos (Orgs.). *A história da educação em manuscritos, periódicos e compêndios do XIX e XX*. Rio de Janeiro: EdUERJ, 2019. p. 78-96.

ANDREOLA, Bauduino Antonio. Pedagogia do oprimido: um projeto coletivo. In: FREIRE, Ana M. A. (Org.). *A pedagogia da libertação em Paulo Freire*. São Paulo: Unesp, 2001. p. 43-46.

ANZALDÚA, Gloria. *Borderlands: la frontera*. São Francisco: Aunt Lute Books, 1999.

ARONOWITZ, Stanley. Paulo Freire's Radical Democratic Humanism. In: LEONARD, Peter; McLaren, Peter (Eds.). *Paulo Freire: A Critical Encounter*. New York: Routledge, 1993. p. 8-23.

BADIOU, Alain; TRUONG, Nicolas. *Elogio ao amor*. São Paulo: Martins Fontes, 2013.

BARAD, Karen. Troubling Time/s and Ecologies of Nothingness: On the Im/Possibilities of Living and Dying in the Void. In: FRITSCH, Matthias; LYNES, Philippe; WOOD, David (Eds.). *Eco-Deconstruction: Derrida and Environmental Philosophy*. New York: Fordham University Press, 2018. p. 160-186.

BARRIENTOS, José. *Filosofía para niños y capacitación democrática freiriana*. Madrid: Liber Factory, 2013.

BERINO, Aristóteles de Paula. *A herança de Paulo Freire – um leitor (marxista) de Foucault escreve a Paulo Freire: carta a respeito de uma estética da existência*. In: RIZO, Gabriela; RAMOS, Lílian (Orgs.). *Um encontro com Paulo Freire*. Rio de Janeiro: Arco-Íris; EDUR, 2008. p. 33-45.

BIESTA, Gert. *Para além da aprendizagem*. Belo Horizonte: Autêntica, 2013.

BIESTA, Gert; STENGEL, Barbara. Thinking Philosophically About Teaching. In: GITOMER, Drew; BELL, Courtney (Eds.). *Handbook of Research on Teaching*. 5. ed. Washington: AERA, 2016. p. 7-68.

BIESTA, Gert. Touching the Soul? Exploring an Alternative Outlook for Philosophical Work with Children and Young People. *Childhood & Philosophy*, Rio de Janeiro, v. 13, n. 28, p. 415-452, 2017.

BLOIS, Marlene Montezi. *Reencontros com Paulo Freire e seus amigos*. Niterói: Fundação Euclides da Cunha, 2005.

BOLSONARO, Jair. O caminho da prosperidade. Proposta de Plano de Governo. 2018. Disponível em: <https://flaviobolsonaro.com/PLANO_DE_GOVERNO_JAIR_BOLSONARO_2018.pdf>. Acesso em: 12 fev. 2019.

BRANDÃO, Carlos Rodrigues. Paulo Freire – a educação, a cultura e a universidade: memória de uma história de cinquenta anos atrás. *Revista Festim*, Natal, v. 1, n. 2, p. 157-172, mar. 2015.

BRAYNER, Flávio. *Nós que amávamos tanto a libertação*. Brasília: Liber Livro, 2011.

BRECHT, Bertolt. Aos que vierem depois de nós. *Folha de S.Paulo*, São Paulo, 07 fev. 2002. Caderno Mais!.

BURBULES, N. *The Limits of Dialogue as a Critical Pedagogy*. In: TRIFONAS, P. (Ed.). Revolutionary Pedagogies. New York: Routledge, 2000.

CAMNITZER, Luis. *Conceptualism in Latin American Art: Didactics of Liberation*. Austin: University of Texas Press, 2017.

CARNOY, Martin; TARLAU, Rebecca. Paulo Freire continua relevante para a educação nos EUA. In: GADOTTI, Moacir; CARNOY, Martin (Orgs.). *Reinventando Paulo Freire: a práxis do Instituto Paulo Freire*. São Paulo: Instituto Paulo Freire; Stanford: Lamann Center; Stanford Graduate School of Education, 2018. p. 87-100.

CARVALHO, Bernardo. Jogos cotidianos e lições metafísicas. Matthew Lipman fala sobre seu método de ensino. *Folha de S.Paulo*, São Paulo, 1 maio 1994. Caderno Mais.

CASALI, Alípio Márcio Dias. A Pedagogia do oprimido: clandestina e universal. In: FREIRE, Ana Maria Araújo (Org.). *A pedagogia da libertação em Paulo Freire*. São Paulo: Paz e Terra, 2001. p. 17-22.

CHETTY, Daren. Philosophy for Children, Learnification, Intelligent Adaptive systems and racism – a Response to Gert Biesta. *Childhood & Philosophy*, Rio de Janeiro, v. 13, n. 28, p. 471-480, set./dez. 2017.

CHETTY, Daren. Racism as "Reasonableness": Philosophy for Children and the Gated Community of Inquiry. *Ethics and Education*, v. 13, n. 1, p. 39-54, 2018.

CINTRA, Benedito Eliseu Leite. *Paulo Freire entre o grego e o semita*. Educação: filosofia e comunhão. Porto Alegre: EdiPUCRS, 1998.

CORTELLA, Mário Sergio. Paulo Freire: utopias e esperanças. In: GADOTTI, Moacir; CARNOY, Martin (Orgs.). *Reinventando Paulo Freire: a práxis do Instituto Paulo Freire*. São Paulo: Instituto Paulo Freire; Lamann Center; Stanford Graduate School of Education, 2018. p. 21-28.

COSTELLO, Patrick; MOREHOUSE, Richard. Liberation Philosophy and the Development of Communities of Inquiry: A Critical Evaluation. *Analytic Teaching and Philosophical Praxis*, La Crosse, EUA, v. 33, n. 2, p. 1-7, 2012.

DALE, John; HYSLOP-MARGISON, Emery. *Paulo Freire: Teaching for Freedom and Transformation. The Philosophical Influences on the Work of Paulo Freire*. New York: Springer, 2010.

DARDER, Antonia. *Reinventing Paulo Freire: A Pedagogy of Love*. Boulder: Westview Press, 2002.

DURÁN, Maximiliano; KOHAN, Walter Omar. *Manifesto por uma escola filosófica popular*. Rio de Janeiro: NEFI edições, 2018.

ELIAS, John. *Paulo Freire: Pedagogue of Liberation*. Malabar, Florida: Krieger Publishing Company, 1994.

ESCOBAR GUERRERO, Miguel, *La pedagogía erótica. Paulo Freire y el EZLN*. México: Miguel Escobar Editor, 2012.

FACUNDO, Blanca. *Freire-inspired Programs in the United States and Puerto Rico: a Critical Evaluation*. Reston, EUA: Latino Institute, 1984. 143 p. Disponível em: <https://www.bmartin.cc/dissent/documents/Facundo/Facundo.html>. Acesso em: 19 fev. 2019.

FEINBERG, Walter; TORRES, Carlos Alberto. Democracy and Education: John Dewey and Paulo Freire. In: ZAJDA, Joseph (Ed.). *Education & Society*. Melbourne: James Nicholas Publishers, 2002. p. 59-70.

FERNÁNDEZ MOUJÁN, Inés. *Elogio de Paulo Freire: sus dimensiones ética, política y cultural*. Buenos Aires: Noveduc, 2016.

FERRARO, Giuseppe. *A escola dos sentimentos*. Rio de Janeiro: NEFI Edições, 2018.

FISCHMAN, Gustavo Enrique; SALES, Sandra Regina; PRETTI, Esther do Lago e. Para além das métricas simplistas na pesquisa educativa. As lições da contínua relevância e impacto freiriano. *EccoS – Revista Científica*, São Paulo, n. 47, p. 23-40, set./dez. 2018. Disponível em: <https://doi.org/10.5585/EccoS. n47.10752>. Acesso em: 28 maio 2019.

FOUCAULT, Michel. Dois ensaios sobre o sujeito e o poder. In: DREYFUS, Hubert; RABINOW, Paul. *Michel Foucault: uma trajetória filosófica*. Rio de Janeiro: Forense Universitária, 1995. p. 231-249.

FOUCAULT, Michel. *A verdade e as formas jurídicas*. Rio de Janeiro: NAU, 2009.

FOUCAULT, Michel. *A coragem da verdade*. São Paulo: WMF Martins Fontes, 2011.

FREIRE, Ana Maria Araújo (Org.). *A pedagogia da libertação em Paulo Freire*. São Paulo: UNESP, 2001.

FREIRE, Ana Maria Araújo. *Paulo Freire: uma história de vida*. Indaiatuba: Villa das Letras, 2006.

FREIRE, Paulo. *Pedagogia do oprimido*. Rio de Janeiro: Paz e Terra, 1974.

FREIRE, Paulo. *Ação cultural para a liberdade*. Rio de Janeiro: Paz e Terra, 1976a.

FREIRE, Paulo. *Educação como prática da liberdade*. 6. ed. Rio de Janeiro: Paz e Terra, 1976b.

FREIRE, Paulo. *Cartas à Guiné-Bissau: registros de uma experiência em processo*. 2. ed. Rio de Janeiro: Paz e Terra, 1978.

FREIRE, Paulo. *A importância do ato de ler: em três artigos que se completam*. São Paulo: Autores Associados; Cortez, 1989.

FREIRE, Paulo. Última entrevista. PUC São Paulo, São Paulo, 17 mar. 1997. Disponível em: <https://www.youtube.com/watch?v=Ul90heSRYfE>. Acesso em: 31 maio 2019.

FREIRE, Paulo. *Pedagogia da indignação: cartas pedagógicas e outros escritos*. São Paulo: UNESP, 2000.

FREIRE, Paulo. *Pedagogia dos sonhos possíveis*. São Paulo: UNESP, 2001a.

FREIRE, Paulo. *Política e educação*. São Paulo: Cortez, 2001b.

FREIRE, Paulo. *À sombra desta mangueira*. Organização e notas de Ana Maria Araújo Freire. 11. ed. Rio de Janeiro: Paz e Terra, 2013 [1995].

FREIRE, Paulo. *Pedagogia da esperança: um reencontro com a Pedagogia do oprimido*. 21. ed. São Paulo: Paz e Terra, 2014 [1992].

FREIRE, Paulo. *Cartas a Cristina: reflexões sobre minha vida e minha práxis*. 2. ed. São Paulo: Paz e Terra, 2015 [1994].

FREIRE, Paulo. *Professora sim, tia não: cartas a quem ousa ensinar*. São Paulo: Olho d'Água, 2017 [1993].

FREIRE, Paulo. *Pedagogia da autonomia*. 55. ed. São Paulo: Paz e Terra, 2017 [1996].

FREIRE, Paulo. *Pedagogia da tolerância*. 6. ed. São Paulo: Paz e Terra, 2018 [1995].

FREIRE, Paulo. *Pedagogia do oprimido: o manuscrito*. Projeto editorial, organização, revisão e textos introdutórios de Jason Ferreira Mafra, José Eustáquio Romão, Moacir Gadotti. São Paulo: Instituto Paulo Freire; Uninove; BT Acadêmica, 2018.

FREIRE, Paulo; BETTO, Frei. *Essa escola chamada vida: depoimentos ao repórter Ricardo Kotscho*. São Paulo: Ática, 1985.

FREIRE, Paulo; FAUNDEZ, Antonio. *Por uma pedagogia da pergunta*. 8. ed. Rio de Janeiro: Paz e Terra, 2017 [1985].

FREIRE, Paulo; FREIRE, Nita; OLIVEIRA, Walter Oliveira de. *Pedagogia da solidariedade*. Indaiatuba: Villa das Letras, 2009.

FREIRE, Paulo; GUIMARÃES, Sérgio. *Sobre educação: diálogos*. Rio de Janeiro: Paz e Terra, 1982.

FREIRE, Paulo; GUIMARÃES, Sérgio. *Aprendendo com a própria história*. 3. ed. rev. e ampl. São Paulo: Paz e Terra, 2010 [1987].

FREIRE, Paulo; HORTON, Myles. *We Made the Road by Walking*. Philadelphia: Temple University Press, 1990 [*O caminho se faz caminhando: conversas sobre educação e mudança social*. Organizado por Brenda Bell, John Gaventa e John Peters. Tradução de Vera Josceline. Notas de Ana Maria Araújo Freire. 1. reimp. Petrópolis: Vozes, 2018].

FREIRE, Paulo; MACEDO, Donaldo. *Alfabetização: leitura do mundo, leitura da palavra*. São Paulo: Paz e Terra, 2015 [1990].

FREIRE, Paulo; SHOR, Ira. *Medo e ousadia: o cotidiano do professor*. São Paulo: Paz e Terra, 1986.

FROMM, Erich. *A arte de amar*. São Paulo: Martins Fontes, 2015.

FUNSTON, James. Toward a Critical Philosophy for Children. *PSU McNair Scholars Online Journal*, v. 11, n. 1, 2017.

GADOTTI, Moacir. A filosofia para crianças e jovens e es perspectivas atuais da educação. In: KOHAN, Walter; LEAL, Bernardina (Eds.). *Filosofia para crianças em debate*. Petrópolis: Vozes, 1999.

GADOTTI, Moacir. *Paulo Freire: uma biobibliografia*. São Paulo: Cortez, 2001.

GADOTTI, Moacir; CARNOY, Martin (Orgs.). *Reinventando Paulo Freire: a práxis do Instituto Paulo Freire*. São Paulo: Instituto Paulo Freire; Stanford: Lamann Center; Stanford Graduate School of Education, 2018.

GIACOMASSI, Rejane. Diálogo e investigação filosófica com crianças. In: CONGRESSO NACIONAL DE EDUCAÇÃO (EDUCERE), 9., 2009, Curitiba. *Anais...* Curitiba: PUC-Paraná, 2009.

GIULIANO, Facundo. Situar a Paulo Freire: entre el raciscmo epistémico y la razón evaluadora. Una lectura crítica desde la filosofía de la educación. *Pensando – Revista de Filosofia*, v. 9, n. 17, p. 191-225, 2018.

GIULLIANO, Thomas (Org.). *Desconstruindo Paulo Freire*. São Paulo: História Expressa, 2017.

GREENE, Maxine. Reflexões sobre a Pedagogia do Oprimido de Paulo Freire. In: FREIRE, Ana Maria Araújo (Org.). *A pedagogia da libertação em Paulo Freire*. São Paulo: UNESP, 1999. p. 155-156.

GUILHERME, Maria Manuela Duarte. Visões de futuro em Freire e Dewey: perspectivas interculturais das matrizes (pós)coloniais das Américas. *EccoS – Revista Científica*, São Paulo, n. 44, p. 205-223, set./dez. 2017.

HENNING, Leoni Maria Padilha. O pragmatismo em Lipman e sua influência na América Latina. *Childhood & Philosophy*, Rio de Janeiro, v. 1, n. 2, p. 445-471, 2005.

HOLANDA, Aurélio Ferreira Buarque de. *Pequeno dicionário brasileiro da língua portuguesa*. 11. ed. São Paulo: Civilização Brasileira, 1969.

INSTITUTO PAULO FREIRE. *Paulo Freire. Educar para Transformar*. 2005. Vídeo. Disponível em: <http://www.acervo.paulofreire.org:8080/jspui/handle/7891/1551>. Acesso em: 31 maio 2019.

IRWIN, Jones. *Paulo Freire's Philosophy of Education: Origins, Developments, Impacts and Legacies*. London: Continuum, 2012.

JUARROZ, Roberto. *Poesía vertical*. Madrid: Visor, 1991.

KIRYLO, James D.; BOYD, Drick. *Paulo Freire: His Faith, Spirituality, and Theology*. Rotterdam: Sense, 2017.

KOHAN, Walter Omar. Fundamentos para compreender e pensar a tentativa de Matthew Lipman. In: KOHAN, Walter Omar; WUENSCH, Ana Míriam (Orgs.). *Filosofia para crianças: a tentativa pioneira de Matthew Lipman*. v. 1. Petrópolis: Vozes, 1999, p. 84-134.

KOHAN, Walter Omar. *Filosofia para crianças*. Rio de Janeiro: Lamparina, 2000.

KOHAN, Walter Omar. A infância da educação: o conceito devir-criança. In: KOHAN, Walter Omar (Org.). *Lugares da infância: filosofia*. Rio de Janeiro: DP&A, 2004. p. 51-68.

KOHAN, Walter Omar. Rancière et l'éducation. Forces et limites – philosophiques et politiques – d'un antiprogressisme. In: COLLOQUE DE CERISY. *La philosophie déplacée: autour de Jacques Rancière*. Paris: Horleu, 2006. p. 212-224.

KOHAN, Walter Omar. *Sócrates e a educação*. Belo Horizonte: Autêntica, 2009.

KOHAN, Walter Omar. *O mestre inventor: relatos de um viajante educador*. Belo Horizonte: Autêntica, 2013.

KOHAN, Walter Omar. *Philosophy and Childhood*. New York: Palgrave MacMillan, 2014.

KOHAN, Walter Omar. Paulo Freire, a filosofia e a vida. *Revista Educação Online*, Rio de Janeiro, n. 29, p. 90-112, set./dez. 2018a.

KOHAN, Walter Omar. Paulo Freire: outras infâncias para a infância. *Educação em Revista*, Belo Horizonte, v. 34, p. 1-33, 2018b.

KOHAN, Walter Omar. Paulo Freire e o valor da igualdade em educação. *Educação e Pesquisa*, São Paulo, v. 45, 2019a.

KOHAN, Walter Omar. A errância latino-americana de um outro mestre andarilho: Paulo Freire. *Utopía e Praxis Latinoamericana*, a. 24, n. 1 (extra), p. 117-127, 2019b.

KUSCH, Rodolfo. Geocultura y desarrollismo. In: KUSCH, Rodolfo. *Geocultura del hombre americano*. Buenos Aires: Fernando García Cambeiro, 1976. p. 76-90.

LACERDA, Nathercia. A *casa e o mundo lá fora: cartas de Paulo Freire para Nathercinha*. 1. ed. Rio de Janeiro: Zit, 2016.

LARROSA, Jorge; KOHAN, Walter (Orgs.). Dossiê: "Igualdade e liberdade em educação. A propósito de *O mestre ignorante*". *Educação e Sociedade*, Campinas, v. 24, n. 82, abr. 2003.

LIMA, Licínio C. Três razões para estudar Freire hoje, para além da mais óbvia. In: GADOTTI, Moacir; CARNOY, Martin (Orgs.). *Reinventando Paulo Freire: a práxis do Instituto Paulo Freire*. São Paulo: Instituto Paulo Freire; Stanford: Lamann Center; Stanford Graduate School of Education, 2018. p. 29-36.

LINHARES, Célia. O legado freireano e a educação da infância. *ALEPH*, Niterói, v. 10, p. 8-12, 2007.

LIPMAN, Matthew; SHARP, Ann Margaret; OSCANYAN, Frederick. *Philosophy in the Classroom*. 2. ed. Philadelphia: Temple University Press, 1980.

LIPMAN, Matthew. *Philosophy Goes to School*. Philadelphia: Temple University Press, 1988.

LIPMAN, Matthew. On Writing a Philosophical Novel. In: SHARP, Ann Margaret; REED, Ronald (Eds.). *Studies in Philosophy for Children. Harry Stottlemeier's Discovery*. Philadelphia: Temple University Press, 1992. p. 3-7.

LIPMAN, Matthew. *Thinking in Education*. 2. ed. Cambridge: University Press, 2001.

LIPMAN, Matthew. *A Life Teaching Thinking: An Autobiography*. Montclair: IAPC, 2008.

MACIEL, Kelvin Custódio. *Michel Foucault e Paulo Freire: um contraponto acerca da educação – sujeição e autonomia*. Riga, Letônia: Novas Edições Acadêmicas, 2017.

MACKIE, Robert. Confusion and Despair. Blanca Facundo on Paulo Freire. Austrália: University of Newcastle, 1997 [1988]. Disponível em: <https://www.bmartin.cc/dissent/documents/Facundo/Mackie.html>. Acesso em: 19 fev. 2019.

MAFRA, Jason Ferreira. *Paulo Freire, um menino conectivo: conhecimento, valores e práxis do educador.* São Paulo: Universidade Nove de Julho – UNINOVE, 2017.

MAFRA, Jason Ferreira. A conectividade do presente com a história em Freire e Foucault. *Revista Múltiplas Leituras*, v. 1, n. 2, p. 36-46, jul./dez. 2008.

MAGALHÃES, Daniel Alves. *A filosofia pragmatista na educação popular.* João Pessoa: UFPB, 2008. Tese (Doutorado em Educação) – Programa de Pós-Graduação em Educação, Centro de Educação, Universidade Federal da Paraíba, João Pessoa, 2008.

MAIA, Marcelo de Oliveira. *Sócrates e Paulo Freire: aproximações e distanciamentos. Uma aproximação ao pensamento educacional.* Recife: UFPE, 2008. Dissertação (Mestrado em Educação) – Programa de Pós-Graduação em Educação, Centro de Educação, Universidade Federal de Pernambuco, Recife, 2008.

MARX, Karl. ENGELS, Friedrich. *A ideologia alemã: Teses sobre Feuerbach.* São Paulo: Centauro, 2002.

MASSCHELEIN, Jan; SIMONS, Maarten. *Em defesa da escola.* Belo Horizonte: Autêntica, 2013.

MASSCHELEIN, Jan; SIMONS, Maarten. *A democracia, a pedagogia, a escola.* Belo Horizonte: Autêntica, 2014.

MAYO, Peter. *Gramsci, Freire and Adult Education: Possibilities for Transformative Action.* London: Zed Books, 1999.

MAYO, Peter. *Liberating Praxis: Paulo Freire's Legacy for Radical Education and Politics.* Rotterdam: Sense, 2004.

MELLO, Thiago de. *A canção do amor armado.* 4. ed. Rio de Janeiro: Civilização Brasileira, 1979.

MORROW, Raymond. A.; TORRES, Carlos A. *Reading Freire and Habermas: Critical Pedagogy and Transformative Social Change.* New York: Teachers College Press, 2002.

MURRIS, Karin. *The Posthuman Child: Educational Transformation through Philosophy with Picturebooks.* London: Routledge, 2016.

MURRIS, Karin & HAYNES, Joanna. *Literacies, Literature and Learning.* London: Routledge, 2018.

NÓVOA, António. Paulo Freire (1921-1997): a "inteireza" de um pedagogo utópico. In: APPLE, Michael W.; NÓVOA, António (Orgs.). *Paulo Freire: política e pedagogia.* Porto: Porto, 1998. p. 167-186.

OLIVEIRA, Avelino da Rosa; GHIGGI, Gomercindo. Filosofia e educação em Paulo Freire: pensando com práticas de formação de professores. *Aprender – Caderno de Filosofia e Psicologia da Educação*, Vitória da Conquista, v. 2, n. 3, p. 9-18, 2004.

OLIVEIRA, Marines Barbosa de. *Professores de Filosofia para crianças: quem são eles? Uma análise crítico-diagnóstica da construção da identidade profissional dos professores que trabalham com o Programa Filosofia para Crianças de Matthew Lipman.* Campinas: UNICAMP, 2009. Dissertação (Mestrado em Educação) – Programa de Pós-Graduação em Educação, Faculdade de Educação, Universidade Estadual de Campinas, Campinas, 2009.

OLIVEIRA, Rosangela Labre de. *Um diálogo com Freire e Foucault sobre poder e saber.* Goiânia: PUC Goiás, 2017. Dissertação (Mestrado em Educação) – Programa de Pós-Graduação Stricto Sensu em Educação, Escola de Formação de Professores e Humanidade, Pontifícia Universidade Católica de Goiás, Goiânia, 2017.

PARRA, Reyber Contreras; MEDINA, Jesús Fuenmayor. La comunidad de investigación y la formación de ciudadanos: consideraciones a partir del pensamiento de Matthew Lipman y Paulo Freire. *Telos,* Maracaibo, Venezuela, v. 9, n. 1, p. 80-89, 2007. Disponível em: <http://artificialwww.redalyc.org/articulo.oa?id=99314566006>. Acesso em: 03 dez. 2017.

PASSETTI, Edson. Paulo Freire. Os sentidos da educação. *Margem,* São Paulo, n. 6, p. 9-14, dez. 1997.

PELOSO, Franciele Clara; PAULA, Ercília Maria Angeli Teixeira de. A educação da infância das classes populares: uma releitura das obras de Paulo Freire. *Educação em Revista,* Belo Horizonte, v. 27, n. 3, p. 251-280, dez. 2011.

PLATÃO. *Banquete.* Tradução de Carlos Alberto Nunes. Belém: Editora UFPA, 2003.

PLATÃO. *Defesa de Sócrates.* Tradução e notas de Marcos Sinésio e Fernando Santoro. Rio de Janeiro: Contraponto, 2006.

PLATÃO. *Fedro.* Tradução de Carlos Alberto Nunes. Belém: Editora UFPA, 2007. (Edição bilíngue.)

PUIGGRÓS, Adriana. *De Simón Rodríguez a Paulo Freire: educación para la integración Iberoamericana.* Buenos Aires: Colihue, 2005.

RANCIÈRE, Jacques. *O maestro ignorante.* Belo Horizonte: Autêntica, 2003.

ROCHA, Ronai. *Quando ninguém educa: questionando Paulo Freire.* São Paulo: Contexto, 2017.

RODRÍGUEZ, Lidia M.; MARIN, Carlos; MORENO, Silvia M.; RUBANO, María del C. Paulo Freire: una pedagogía desde América Latina. *Ciencia, Docencia y Tecnología,* Paraná, v. 18, n. 34, p. 129-171, maio 2007.

RODRÍGUEZ, Lidia. *Paulo Freire – una biografía intelectual: surgimiento y maduración de la pedagogía del oprimido.* Buenos Aires: Colihue, 2015.

RODRÍGUEZ, Simón. *Obras Completas – v. I e II.* Caracas: República Bolivariana de Venezuela, 2001.

RODRÍGUEZ, Simón. *Inventamos ou erramos*. Apresentação, tradução e notas de M. Durán e W. Kohan. Belo Horizonte: Autêntica, 2016.

ROLLO, Toby. Feral Children: Settler Colonialism, Progress, and the Figure of the Child. *Settler Colonial Studies*, v. 8, n. 1, p. 60-79, jun. 2016.

SANTOS NETO, Elydio dos; SILVA, Marta Regina Paulo da. *Infância e inacabamento: um encontro entre Paulo Freire e Giorgio Agamben*. 2007. Disponível em: <http://www.egov.ufsc.br/portal/conteudo/inf%C3%A2ncia-e-inacabamen­to-um-encontro-entre-paulo-freire-e-giorgio-agamben>. Acesso em: 13 jun. 2018.

SANTOS NETO, Elydio dos Santos; ALVES, Maria Leila; SILVA, Maria Regina Paulo da. Por uma pedagogia da infância oprimida: as crianças e a infância na obra de Paulo Freire. *EccoS – Revista Científica*, São Paulo, n. 26, p. 37-58, jul./ dez. 2011.

SAUL, Ana Maria. Paulo Freire na atualidade: legado e reinvenção. *Revista e-Curriculum*, São Paulo, v. 14, n. 1, p. 09-34, jan./mar. 2016.

SAVIANI, Dermeval. *Escola e democracia*. São Paulo: Cortez e Autores Associados, 1987.

SCIENCIA – Revista Synthetica dos Conhecimentos Humanos, Rio de Janeiro, v. 1, n. 3, set. 1847, p. 57. Disponível em: <http://memoria.bn.br/docrea­der/730076/59>. Acesso em: 27 ago. 2019.

SCIENCIA – Revista Synthetica dos Conhecimentos Humanos, Rio de Janeiro, v. 1, n. 5, set. 1847, p. 82. Disponível em: <http://memoria.bn.br/docrea­der/730076/84>. Acesso em: 27 ago. 2019.

SCIENCIA – Revista Synthetica dos Conhecimentos Humanos, Rio de Janeiro, v. 2, n. 16, set. 1848, p. 195. Disponível em: <http://memoria.bn.br/docrea­der/730076/197>. Acesso em: 27 ago. 2019.

SCIENCIA – Revista Synthetica dos Conhecimentos Humanos, Rio de Janeiro, v. 2, n. 18, set. 1848, p. 209. Disponível em: <http://memoria.bn.br/docrea­der/730076/211>. Acesso em: 27 ago. 2019.

SILVEIRA, René José Trentin. *A filosofia vai à escola? Estudo do Programa de Filosofia para Crianças de Mattew Lipman*. Campinas: UNICAMP, 1998. Tese (Doutorado em Educação) – Programa de Pós-Graduação em Educação, Faculdade de Educação, Universidade Estadual de Campinas, Campinas, 1998.

SIMÕES JORGE, J. *A ideologia de Paulo Freire*. São Paulo: Loyola, 1975.

SOFISTE, Juarez Gomes. Freire e Lipman: possibilidades e limites de uma aproximação. *Revista Ética e Filosofia Política*, v. 12, n. 1, p. 71-87, 2010.

STRECK, Danilo Romeu; MORETTI, Cheron Zanini; PITANO, Sandro de Castro. Paulo Freire na América Latina. Tarefas daqueles/as que se deslocam por que devem. In: GADOTTI, Moacir; CARNOY, Martin (Orgs.). *Reinventando*

Paulo Freire: a práxis do Instituto Paulo Freire. São Paulo: Instituto Paulo Freire; Stanford: Lamann Center; Stanford Graduate School of Education, 2018. p. 37-46.

STRECK, Danilo Romeu; REDIN, Euclides; ZITKOSKI, Jaime J. (orgs.). *Dicionário Paulo Freire.* Belo Horizonte: Autêntica, 2008.

TORRES, Rosa M. Os múltiplos Paulo Freire. In: FREIRE, Ana Maria Araújo (Org.). *A pedagogia da libertação em Paulo Freire.* São Paulo: UNESP, 1999. p. 231-242.

TORRES, Carlos Alberto. Twenty Years after Pedagogy of the Oppressed: Paulo Freire in Conversation with Carlos Alberto Torres. *Aurora*, v. 13, n. 3, 1990, p. 12-14.

VERMEREN, Patrice. Nada está en nada. O todo el mundo sabe la lógica. El método de enseñanza universal de Joseph Jacotot y la emancipación intelectual en las clases pobres. *Hermenéutica Intercultural*, Santiago, Chile, n. 28, p. 211-227, 2017.

VERMEREN, Patrice; CORNU, Laurence; BENVENUTO, Andrea. Atualidade de O mestre ignorante. *Educação & Sociedade*, v. 24, n. 82, p. 185-202, abr. 2003.

VITTORIA, Paolo. *Narrando Paulo Freire: per una pedagogia del dialogo.* Sassari: Carlo Delfino, 2008.

WEILER, Kathleen. Freire and a Feminist Pedagogy of Difference. *Harvard Educational Review*, v. 61, n. 4, p. 449-475, dez. 1991.

WEILER, Kathleen. Rereading Paulo Freire. In: WEILER, Kathleen (Ed.). *Feminist Engagements.* Reading, Resisting, and Revisioning Male Theorists in Education. New York: Routledge, 2001. p. 67-88.

WEIMER, Mabel Strobel Moreira. *Uma interlocução entre Paulo Freire e Matthew Lipman na educação pública: educando para o pensar.* Cuiabá: UFMT, 1998. Dissertação (Mestrado em Educação) – Faculdade de Educação, Universidade Federal de Mato Grosso, Cuiabá, 1998.

WEST, Cornel. Preface. In: LEONARD, Peter; McLaren, Peter (Eds.). *Paulo Freire: A Critical Encounter.* New York: Routledge, 1993.

WILSON, Tom; PARK, Peter; COLÓN-MUÑIZ, Anaida (Eds.). *Memories of Paulo.* Rotterdam: Sense, 2010.

WONSOVICZ, Silvio. A comunidade de investigação e diálogo. Uma incursão em Paulo Freire e na essência do Programa de Filosofia para Crianças. *Philos*, v. 1, n. 1, p. 23-29, 1993.

ZANELLA, Jose Luiz. Considerações sobre a filosofia da educação de Paulo Freire e o marxismo. *Quaestio – Revista de Estudos de Educação.* Sorocaba, v. 9, n. 1, p. 101-122, maio 2007.

Este livro foi composto com tipografia Adobe Garamond Pro
e impresso em papel Off-White 90 g/m² na gráfica Rede.